U0685445

新型斜拉桥与摩天轮
复合结构体系

李毅佳　陈志华　著

科学出版社

北　京

内 容 简 介

本书介绍了斜拉桥的发展历史和趋势、新型斜拉桥与摩天轮复合结构体系的工程背景;主要论述了新型斜拉桥与摩天轮复合结构体系的静动力分析、动力特性分析、地震作用下的响应分析、施工过程分析、风场模拟分析、风洞试验分析、斜拉索的风致振动与抑振措施等内容。

本书可供从事桥梁设计、施工的工程技术人员参考,也可作为高等院校桥梁专业、土木工程专业本科生和研究生的学习资料。

图书在版编目(CIP)数据

新型斜拉桥与摩天轮复合结构体系/李毅佳,陈志华著. —北京:科学出版社,2016
ISBN 978-7-03-046829-1

Ⅰ.①新⋯ Ⅱ.①李⋯②陈⋯ Ⅲ.①斜拉桥-研究 Ⅳ.①U448.27

中国版本图书馆 CIP 数据核字(2015)第 311325 号

责任编辑:裴 育 纪四稳 / 责任校对:郭瑞芝
责任印制:张 伟 / 封面设计:蓝正设计

科 学 出 版 社 出版
北京东黄城根北街 16 号
邮政编码:100717
http://www.sciencep.com
北京教图印刷有限公司 印刷
科学出版社发行 各地新华书店经销
*
2016 年 1 月第 一 版 开本:720×1000 B5
2016 年 1 月第一次印刷 印张:13 1/4
字数:256 000
定价:**88.00 元**
(如有印装质量问题,我社负责调换)

前　言

现代斜拉桥作为一种梁桥和悬索桥的组合体系,虽然起步较晚,但因其结构受力性能好、跨越能力大、结构造型多样化、抗震性能好等特点,在国内外得到迅猛发展,修建数量急剧增加,跨径纪录也被不断刷新。现代斜拉桥已成为大跨度桥梁的主要桥型之一,并促使悬索桥向更大跨度范围发展。

目前,国内外关于斜拉桥的专著不多,尤其是在复合结构体系斜拉桥的研究方面。天津永乐桥作为一种新型斜拉桥与摩天轮复合结构体系,因具有独特的造型,自建成以来就成为天津市的标志性建筑。此复合结构体系与一般斜拉桥存在着诸多不同,主要体现在斜拉桥桥塔的形式、斜拉索的布置、桥塔功能的利用、传力机制、动力特性等方面。本书重点介绍该复合结构体系在动力特性、地震响应、施工过程受力、风场分析、风振抑振等方面的研究,以期为复合结构体系斜拉桥的发展提供设计和理论依据,为从事复合结构体系设计、研究及施工的人员提供参考。

全书共6章,第1章是斜拉桥的历史与发展,由李毅佳撰写;第2章是斜拉桥与摩天轮复合结构静动力特性分析,由李毅佳撰写;第3章是斜拉桥与摩天轮复合结构地震响应分析,由李毅佳撰写;第4章是斜拉桥与摩天轮复合结构施工过程分析,由陈志华撰写;第5章是斜拉桥风场数值模拟与风洞试验研究,由李毅佳、陈志华撰写;第6章是斜拉桥索的风致振动与抑振措施研究,由李毅佳撰写。

本书在撰写过程中得到了刘锡良先生的指导,王小盾教授也给予了大量的帮助,在此表示感谢。同时感谢同门师弟闫翔宇的鼎力相助。

限于作者水平,书中难免存在不妥之处,恳请读者批评指正。

作　者

2015 年 9 月

目　　录

第1章 概　　述

1.1　斜拉桥的定义

斜拉桥是由主梁、横向与纵向联结系、桥面、支撑部分以及斜拉索组成的承重体系,是一种以斜拉索受拉、桥塔受压、梁体受弯为特征的空间结构体系[1]。在斜拉桥中,索、塔、梁都是承重构件,并借助斜拉索组成整体受力体系[2]。

斜拉桥与悬索桥的区别在于:斜拉桥主梁上的荷载是通过锚固点直接传至斜拉索,而悬索桥则是经由吊索传至柔性承重索,因而两者的结构刚度有较大差别。悬索桥的承重索系锚固在桥台或台后专设的地锚上,主梁不承受轴力,而斜拉桥主梁承受巨大的轴向力,形成偏心受压构件。斜拉桥可以进行内力调整,以获得合理的内力分布,悬索桥则不能。

1.2　斜拉桥结构

1.2.1　斜拉桥体系

按梁、塔、索三者的结合方式,斜拉桥可分为四种不同的结构体系(图 1-1),即飘浮体系(塔墩固结、塔梁分离,主梁除两端有支承,其余全部用拉索悬吊,为多跨弹性支承梁)、支承体系(塔墩固结、塔梁分离,主梁在塔墩上设置竖向

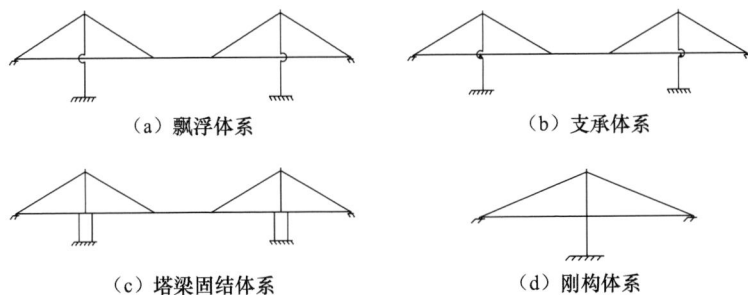

（a）飘浮体系　　　　　　　　　　　　（b）支承体系

（c）塔梁固结体系　　　　　　　　　（d）刚构体系

图 1-1　斜拉桥结构体系

支承,成为具有多点支承的连续梁或悬臂梁)、塔梁固结体系(塔梁固结并支承在墩上,斜拉索为弹性支承)和刚构体系(梁塔墩互为固结,形成跨度内具有多点弹性支承的刚构)。斜拉桥的主要特点是利用由桥塔引出的斜拉索作为梁跨的弹性中间支承,借以降低梁跨的截面弯矩、减小梁重影响、提高主梁的跨越能力[3]。

1.2.2　斜拉索的布置

根据桥面的宽度以及美观要求,斜拉索分为双面索、单面索和多面索。索形应根据设计的整体构思、受力情况等因素确定,一般有辐射形、竖琴形、扇形、星形和非对称形等,见表 1-1。

表 1-1　斜拉索的布置方式

拉索形式		单索	双索	三索	多索	不对称索
1	辐射形	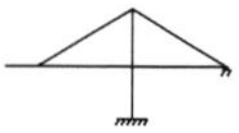	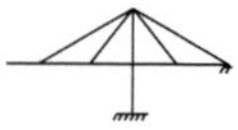	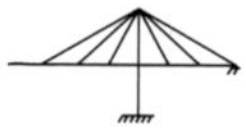	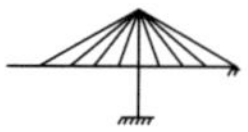	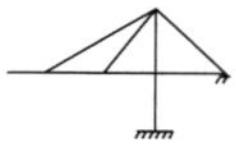
2	竖琴形		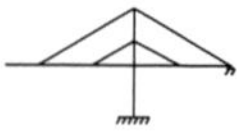	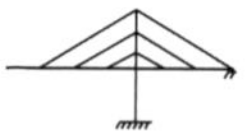	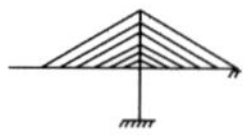	
3	扇形			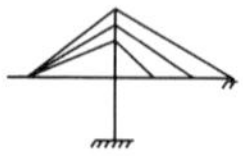	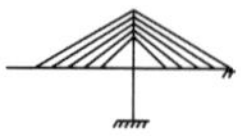	
4	星形		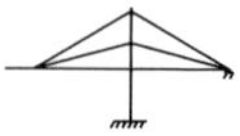			

1.2.3　桥塔的造型

桥塔的造型可简单地分为直线形塔和折线形塔。桥塔设计应满足强度、刚度、稳定等使用要求,并充分考虑施工方便、造价低及美观等要求。斜拉桥在纵桥向有单柱式、倒 Y 形和 A 字形等,如图 1-2 所示。斜拉桥横桥向索塔的形式有柱式、门式、A 字形、倒 Y 形及菱形,如图 1-3 所示。

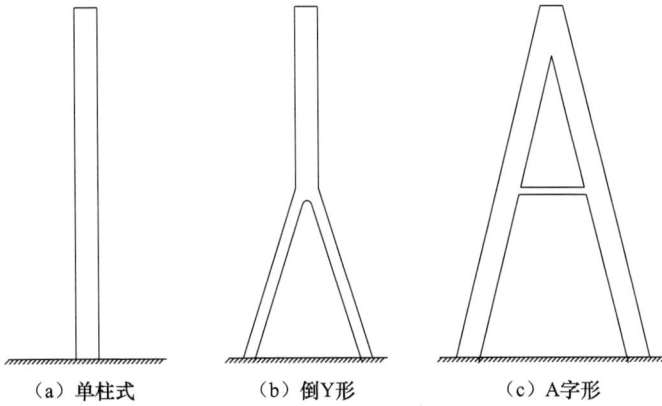

（a）单柱式　　　　　（b）倒Y形　　　　　（c）A字形

图 1-2　桥塔纵桥向布置形式

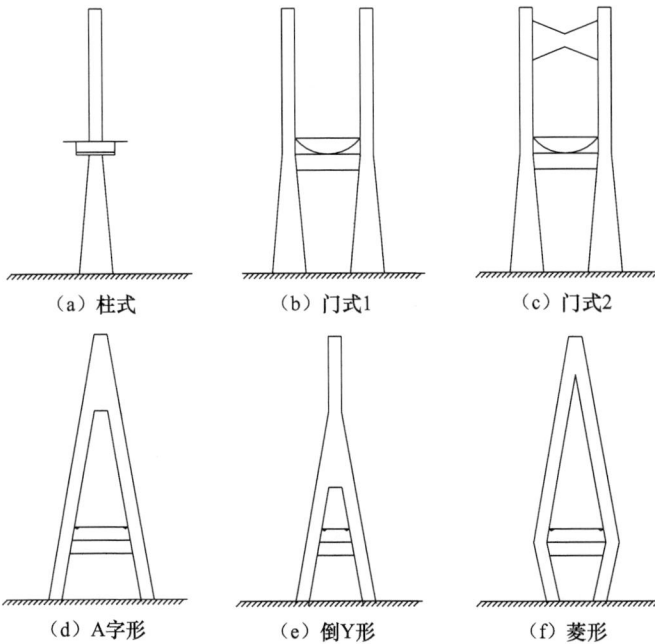

（a）柱式　　　　　（b）门式1　　　　　（c）门式2

（d）A字形　　　　　（e）倒Y形　　　　　（f）菱形

图 1-3　桥塔横桥向布置形式

1.2.4　主梁形式

斜拉桥的主梁按材料不同分为钢梁、混凝土梁及钢梁上加设混凝土桥面板的结合梁三种,这也是钢斜拉桥、混凝土斜拉桥和结合梁斜拉桥的区别标志。而钢梁又按其结构形式分为钢桁架和实腹梁。各种钢实腹梁断面形式如图 1-4 所示。

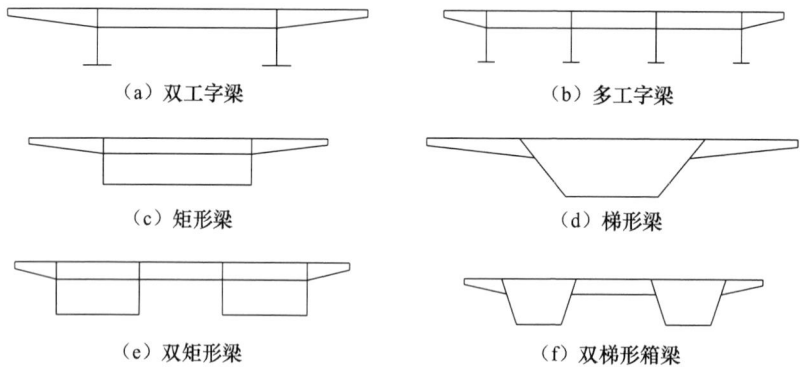

（a）双工字梁　　　　　　　　　　（b）多工字梁

（c）矩形梁　　　　　　　　　　　　（d）梯形梁

（e）双矩形梁　　　　　　　　　　（f）双梯形箱梁

图 1-4　钢实腹梁断面形式

1.3　斜拉桥的历史和发展概况

1.3.1　斜拉桥的发展历史

斜拉桥的概念是比较古老的,老挝和爪哇很早就有原始的竹制斜拉桥,古代埃及的海船上也出现过用绳索斜拉的工作天桥。1617 年意大利人 Fraustus Verantius 设计的用铁杆铁链吊拉的桥梁,1784 年 Loscher 在德国设计的木斜拉桥,1817 年在英国出现的 King's Meadow 桥和 Dryburgh 桥,都已经初具斜拉桥的特点[2]。当时修建的斜拉桥,由于缺乏高强度的材料,拉索易于松弛。而且对复杂的超静定结构缺乏计算手段,往往建成后不久就因整个体系松弛而造成很大的变形和破坏。随着斜拉桥事故的不断出现,当时调查这些事故的法国著名科学家 Navier 作出了悬索桥是比斜拉桥在力学上更为优越的桥型的结论。由此,直到近代斜拉桥诞生的一个世纪里,斜拉桥就不幸地被遗弃了[4]。

20 世纪中期以后,斜拉桥的复兴是桥梁工程发展史上最伟大的成就之一。1938 年德国的工程师迪辛格尔(F. Dishinge)首先重新认识到斜拉桥结构体系的优越性,并于 1949 年发表了他的研究成果,从而为现代斜拉桥的发展奠定了基础[5,6]。他指出对钢斜拉索必须施加足够高的初始应力来消除斜索自重垂度带来的柔性影响,借以使梁体的变形保持在较低的范围内[2]。由于迪辛格尔等桥梁工作者的创造性工作,斜拉桥首先在德国得到发展[3,5]。遵循迪辛格尔的思想,1955 年在瑞典建成的 Stromsund 桥标志着现代斜拉桥发展的开端[3,7]。1957 年在德国 Dusseldorf 建成的 Theodor Heuss 桥巩固了现代斜拉桥的地位,被作为现代斜拉桥的早期代表作[2]。1959 年在德国 Cologne 建成的 Severvin 桥,跨径 302m,采用飘浮桥面,对斜拉桥的抗震提供了有效的控制[1,8]。

　　20 世纪 60 年代初期,计算机被应用于高次超静定结构的分析,使得结构分析有了新的突破。此后,斜拉桥以其多姿多态的造型、方便的施工与竞争力在世界范围内得到了普遍推广和应用。1962 年在委内瑞拉建成的 Maracaib 桥,跨度 135m,为第一座预应力混凝土斜拉桥[3,7]。1967 年德国波恩建成的 Friedrich-Ebert 桥,跨径 280m,为单索面的密索体系,它可使索锚固点的集中力减小,使梁体应力分布更加均匀,且易于悬臂施工,这个构思在以后许多斜拉桥设计中被遵循[1]。1969 年在德国 Dusserldof 建成的 Knie 桥,跨径 320m,为第一座混合式桥面系斜拉桥[1,5,8]。1977 年法国建成的 Brotonne 桥,跨径 320m,单索面密索,整桥为混凝土结构[1,8]。1978 年美国建成的 P-K 桥,跨径 299m,双索面密索体系,预制拼装桥面体系,预应力混凝土主梁。以上两座桥的建成,树立了混凝土斜拉桥设计的典范,对我国桥梁界影响较大[9]。1986 年加拿大建成的 Annacis 桥,跨径 465m,该桥同印度 1987 年建成的 Second Hooghly 桥都是叠合梁斜拉桥的代表作[10]。1988 年美国建成的 Dame Point 桥,为双塔双索面竖琴式混凝土斜拉桥,跨径 396m,Π 形主梁断面,其特点是施工时采用永久索支承挂篮,永久索与挂篮之间用临时杆联系。Π 形横断面与上述施工工艺成为当前双索面混凝土斜拉桥发展的主流[1,9]。1991 年日本建成的 Ikuchi 桥,结合主梁,跨径 490m;同年挪威建成的 Skarn-sundet 桥,跨径 530m,成为当前跨径最大的混凝土斜拉桥[10]。

　　为使斜拉桥向更大跨径发展,20 世纪 90 年代出现了跨度能超越结合梁的复合梁斜拉桥[10]。1995 年法国建成的 Normandy 桥,主跨 856m,采用结合梁形式[5]。1999 年日本建成的 Tatara 桥,同样采用混合结构,主跨 896m,该桥为目前世界上已建成的跨度最大的斜拉桥[11]。

　　我国斜拉桥的建设始于 20 世纪 70 年代。1975 年在四川省云阳县建成了中国第一座斜拉桥——云阳桥,主跨 76m;同年 10 月上海松江县的新五桥宣告建成,主跨 54m。这两座桥的建成揭开了我国斜拉桥建设的序幕[12]。我国在 70 年代末迎来了桥梁建设的春天,几十年的成就令世人瞩目。1980 年建成的四川省三台涪江桥,主跨 128m,为我国第一座采用预应力主梁的斜拉桥[12]。1982 年上海建成的 200m 跨径的泖港大桥和同年稍后山东建成的 220m 跨径的济南黄河大桥在设计理论和施工技术方面均有较大突破[12]。1987 年山东东营黄河大桥建成,主跨 288m,是当时中国唯一一座钢斜拉桥[13];同年建成的天津永和桥,主跨 260m[12],在该桥中首次使用了斜拉桥的施工控制技术。

进入 20 世纪 90 年代,我国斜拉桥的建设在数量、跨度、桥型、结构体系等方面都进入了一个新的发展高潮。一些斜拉桥,如上海南浦大桥、湖北郧阳汉江大桥、铜陵长江大桥、重庆长江二桥、上海徐浦大桥、香港汀九大桥、汕头磐石大桥等主跨都超过了 400m。1993 年建成的主跨 602m 的杨浦大桥,是当时世界上跨径最大的斜拉桥[1]。2000 年 9 月武汉白沙洲长江大桥正式通车,为双塔双索面钢-混凝土混合型飘浮体系斜拉桥,主跨 618m,居世界斜拉桥跨度第四位。2001 年 3 月南京长江二桥建成通车,其南汊大桥钢箱梁主跨达到 628m,居世界斜拉桥跨度的第三位。2001 年建成的湖南岳阳洞庭湖多跨斜拉桥,主桥跨径组成为 130+2×310+130(m),三塔,主梁采用肋板式断面,飘浮体系,拉索为扇形双斜面索,索塔采用钻石形空心塔。2002 年建成的湖北荆沙长江大桥为主跨 500m 的双塔双索面扇形布置拉索的预应力混凝土斜拉桥,主梁采用预应力混凝土结构,主塔为 H 形预应力混凝土结构。香港于 2008 年建成的昂船洲大桥,其桥面主跨 1018m,桥塔高 290m,首次突破跨度 1000m 的大关。同年建成的苏通大桥主跨跨径达到 1088m,是世界第二大跨径的斜拉桥(截至 2013 年,最大斜拉桥主跨是俄罗斯的跨东博斯鲁斯海峡的俄罗斯岛大桥,其主跨 1104m);主塔高度达到 300.4m,为世界第二高的桥塔(第一高桥塔为俄罗斯的跨东博斯鲁斯海峡的俄罗斯岛大桥,其桥塔高超过 320m);主桥两个主墩基础分别采用 131 根直径 2.5～2.85m、长约 120m 的灌注桩,是世界最大规模的群桩基础;主桥最长的斜拉索长达 577m,也是世界最长的斜拉索。

我国至今已建成各种类型的斜拉桥 100 多座,其中有 50 余座跨径大于 200m。我国已成为拥有斜拉桥最多的国家,在世界十大著名斜拉桥排名榜上,中国有 7 座,尤其是苏通长江大桥主跨 1088m,为世界斜拉桥第二跨。由此可见,我国的斜拉桥建设已在世界桥梁界中占据了重要的地位[14]。

1.3.2 斜拉桥发展的原因

现代斜拉桥的发展虽然起步较晚,但由于它的经济性,斜拉桥在国内外都得到迅速发展,修建范围遍及世界 30 多个国家,修建数量急剧增加,跨径纪录也被不断刷新。现代斜拉桥在 200～800m 的跨度范围内已经显示出极大的优越性,成为大跨度桥梁的主要桥型之一,并促使悬索桥向更大跨度范围发展[14,15]。2013 年世界前十位大跨度斜拉桥(截至 2012 年 8 月)如表 1-2 所示。

表 1-2 世界大跨度斜拉桥一览表

排位	桥名	国家	主跨/m	建成年份
1	俄罗斯岛大桥	俄罗斯	1104	2012
2	苏通大桥	中国	1088	2008
3	香港昂船洲大桥	中国	1018	2008
4	鄂东长江大桥	中国	926	2010
5	多多罗大桥	日本	890	1999
6	诺曼底大桥	法国	856	1995
7	南京长江三桥南汊桥	中国	648	2005
8	南京长江二桥南汊桥	中国	628	2001
9	武汉白沙洲长江大桥	中国	618	2000
10	福州青州闽江大桥	中国	618	2000

斜拉桥之所以得到迅速的发展,原因可综合如下。

(1) 考虑非线性影响的超静定结构计算理论的发展。这种理论便于计算机计算,当其用于斜拉桥时不仅能正确进行结构设计计算,还能精确地进行施工过程分析和控制。

(2) 轻型桥面结构的发展[16]。以前的桥面结构是在纵梁上铺设桥面板,而纵梁由联结于主梁的横梁支承。因为假定纵梁和横梁各自独立起作用,所以必须有一个或两个纵向联结系以承受横向力。这种上部结构形式对斜拉桥是不合适的。1936 年德国采用正交异性板作为主梁的上翼缘和桥面系,但当时还未解决焊接的翘曲问题,后来由于焊接技术的进步,最主要的是自动焊接的进步,使正交异性板获得了成功。经过长期研究之后,现在正交异性板的设计计算及制造方法都达到了相当高的水平,给钢斜拉桥的发展创造了条件。这是因为正交异性板不但能作为主梁及横梁的上翼缘,而且能作为承受风力的横向杆件。这种使用正交异性板的桥梁比以往纵向联结系的结构具有更高的横向刚性,即使对于大跨度的斜拉桥,为了平衡钢索的水平分力,也不需要另外增加材料。

（3）上部结构是连续的。斜拉桥的上部结构在塔及跨中多是连续的，这样即使地质条件不好，也可以采用斜拉桥这种连续梁结构。

（4）高强度缆索和高疲劳强度锚具的发展。斜拉桥的刚度主要取决于斜拉索的刚度，而斜拉索的变形不但受斜拉索断面及弹性模量的影响，还受垂度的影响。而考虑垂度的钢索刚度与钢索应力的三次方成比例，所以斜拉桥的钢索必须使用高强度钢材。另外，斜拉桥由活荷载产生的应力变化比悬索桥大，因此发展具有高疲劳强度的锚具对斜拉桥是很必要的。

（5）模型试验技术的发展。由于斜拉桥是高次超静定结构，且某些部位（如斜拉索的锚固区、塔梁连接部位等）应力分布又较复杂，所以常常依靠各种静、动模型试验来探求其设计参数和验证设计的安全性，可根据静力模型试验研究桥梁结构构件的应力传递；根据动力模型试验和风洞试验摸索其动力特性及抗地震、抗风振的能力；根据疲劳试验，研究构件和锚固系统的疲劳强度；根据光弹性模型试验决定锚固区的应力分布。

1.3.3　斜拉桥的发展前景及发展趋势

由于斜拉桥本身特有的优越性，斜拉桥将继续是大跨度桥梁的主要竞争桥型。由表 1-2 可见，对于 200～900m 的跨度范围，斜拉桥将保有其全部价值并极具发展潜力。正如 Rene Walther 指出，预应力混凝土加劲梁比较经济的跨度为 500～600m，叠（混）合梁可达 800m 甚至更大[17]。Leonhardt 认为，即使跨度达 1300m，斜拉桥也是有效的利用形式。林元培也指出，根据目前的理论水平、材料水平和工艺水平，建造一座跨度在 1600m 的斜拉桥也是非常现实的[1]。意大利已经为跨越 Messina 海峡设计了一座钢斜拉桥方案，主跨为 1800m，结构上并未遇到任何困难[15]。而对于跨径直至 2000m 的斜拉桥，采用传统的结构体系来设计和修建被证明仍然是可能的和安全的。Muller 国际公司提出双锚索斜拉桥的新构思，认为据此可使斜拉桥的跨径突破 3000m[8]。

从 1955 年瑞典建成第一座现代斜拉桥——Stromsund 桥至今，斜拉桥在短短的半个多世纪中取得了令人瞩目的辉煌成就：结构不断趋于轻型化；从初期的钢斜拉桥发展为混凝土和钢与混凝土的组合、复合斜拉桥；跨径不断增大[18]。相信今后随着交通运输、科学技术和建筑材料的发展，大跨径和超大跨径斜拉桥将得到广泛应用，其发展前景将十分广阔。

今后斜拉桥的发展趋势主要有以下几个方面。

（1）跨径不断增大，将刷新一个又一个跨度纪录。

（2）结构类型多样化。

（3）桥面轻巧化。

（4）斜拉索防腐保护的研究，以延长斜拉索的使用寿命。

（5）注重结构的动力性能分析，包括风振分析和抗震分析。

（6）施工阶段分析及控制，注重索力调整、施工观测与控制。

（7）注重桥塔功能的利用。

1.4　摩天轮概述

摩天轮又称巨型观览车，英文名字为 Giant Wheel，是一种在圆盘的周圈装上载客的轿厢，绕水平轴慢速回转的游乐设备。最初关于摩天轮的记载是 18 世纪初，在俄罗斯的一个公园里，人们架起一个织网，使它旋转，这可以说是摩天轮的原型。19 世纪末，摩天轮开始采用钢结构并用电气驱动。世界上第一个真正意义上的现代摩天轮是在 1893 年由美国桥梁和隧道工程师 George Ferris 在芝加哥世界博览会上为纪念哥伦布发现美洲大陆 400 周年而建立的，直径约 76.2m，座舱 36 个，每个座舱容纳 60 人，采用的结构为轮辐式，在轮中间有一圈环形桁架杆，整个结构支承在连接两个近似 A 形的塔柱的轮轴上，如图 1-5 所示。

图 1-5　第一个现代大型摩天轮

自 1893 年芝加哥出现第一台大型摩天轮以来，在世界范围内掀起了建造摩天轮的高潮。1894 年，英国建起了直径 84m 的摩天轮。1907 年，日本开始建造摩天轮，用于在东京召开的劝业博览会，高度约为 40m。1970 年在大阪万博会上建成了直径 45m 的摩天轮。1989 年，在横滨建成了高度 105m 的摩天轮;同年,在亚洲太平洋博览会上建成了直径 100m、高度 105m 的摩天轮。1995 年首次在游乐园以外的地点建造了摩天轮,在神户港湾建造了高度 50m 的摩天轮。1997 年在大阪天保山海洋馆旁边,建成了直径 100m、高度 112.5m 的摩天轮。进入 21 世纪,作为新千年建筑之一的英国"伦敦眼"是直径 135m 的摩天轮。继"伦敦眼"之后,2002 年中国上海建成高度 108m 的"上海大转盘";2003 年哈尔滨建成高 110m 的"哈尔滨大转盘";2004 年 10 月,高度 120m、直径 99m 的巨型摩天轮在长沙新世纪体育文化中心城市广场建成,是当时亚洲已建成的摩天轮中最大的一个。日本的几台 110~120m 高的摩天轮也相继问世。

纵观以上已经建成的摩天轮,它们都是一个单独的结构物。巨大的轮盘支承在连接塔柱顶部的横轴上。轮盘结构中,固定轿厢的周圈的轮缘多采用空间桁架结构体系,轮盘中间一般可采用柔性拉索体系、刚性桁架杆件体系或者拉索与刚性支撑结合的方式。

摩天轮作为一种游乐设施,在短短 100 多年的时间内在全世界范围内迅猛发展,究其原因有以下几个方面。

(1) 大直径大体型的摩天轮可以成为建造地建设水平的标志。

(2) 摩天轮是各类工业能力组合的产物,融合了许多最新科研成果,成为一个国家综合国力的一种表达方式。

(3) 摩天轮形成一道独特的景观,能给所在地带来巨大的经济效益。

(4) 结构设计技术和施工建造技术的迅速发展,为大直径大体型的结构物的建造提供了技术条件。

今后摩天轮的发展会向着越来越大的直径发展,同时融入其他结构形式,形成复合结构也是其中一个发展的方向,这就会伴随着一些需要解决的课题,如复合结构的抗风、抗震性能等,给结构设计和施工提出新的研究课题。

1.5　新型斜拉桥与摩天轮复合结构

天津永乐桥的主体结构是由直径 140m 的摩天轮与主跨 120m 的斜拉桥组合而成的新型复合结构体系,该新型复合结构体系是由国际薄壳与空间结构协会主席川口卫教授提出的,如图 1-6 所示。

永乐桥全长约 600m,最高点约 140m,主要由摩天轮、主桥和引路引桥等部分组成。摩天轮和主桥采用钢结构,引路引桥及所有下部结构采用钢筋混凝土和预应力钢筋混凝土结构。

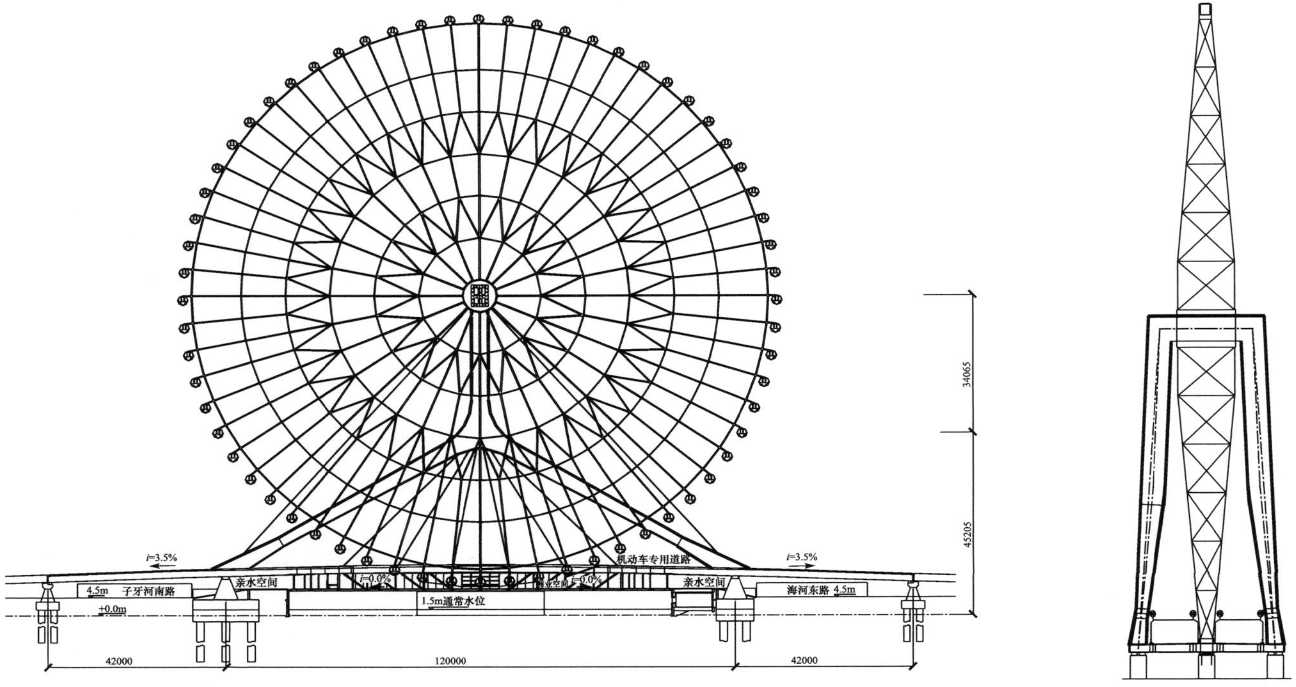

（a）顺桥向立面图

（b）横桥向立面图

图 1-6 新型斜拉桥与摩天轮复合结构立面图（单位：mm）

　　摩天轮和主桥的共同支承结构是两个倒 Y 塔架。主桥的上部结构分为两层，上层为 42＋120＋42(m) 的三跨，120m 跨结构采用钢箱梁，梁高 1.5m；42m 跨结构同样采用钢箱梁。下层为商业空间，长 90m，梁高 0.5m。

　　主支承体系的倒 Y 塔架由相互成 120° 的三条直线型钢体构成。跨度 120m 桥梁的质量主要由通过倒立 Y 塔架的交点呈辐射形配置的斜拉索来承担，因此形成了新型斜拉桥，桥的全部质量将通过完善的轴力系传达至基础。

　　倒 Y 塔架的顶部与桥面之间设置稳定索，以确保其位置稳定。两个倒 Y 塔架相互连接的横梁也是支承摩天轮的轴的重要位置点。摩天轮的全部质量也通过这一点垂直传导到 Y 字形交点上，在此点分为两个方向传向下部结构。因为倒 Y 塔架的底部通过两端与桥面钢梁连接，所以通过倒 Y 塔架传来的巨大推力，将通过桥面钢箱梁承担。永乐桥的主结构形成了巨型摩天轮和新型斜拉桥的复合结构体系，如图 1-6(a) 所示。

　　在桥的横向，两个倒 Y 塔架通过横梁连接，所以在桥的横向结构将形成门式刚架，从而具有较好的抵抗风、地震等水平荷载的能力，如图 1-6(b) 所示。

　　作为新型斜拉桥与摩天轮复合结构，其与一般斜拉桥的不同之处主要体现在以下几个方面。

　　(1) 斜拉桥桥塔的形式。新型斜拉桥与摩天轮复合结构中，桥塔纵桥向为倒 Y 形，横桥向两个倒 Y 塔架由横梁连接形成门式刚架，桥塔的横向、纵向刚度都具有较大刚度。

　　(2) 斜拉索的布置。斜拉索在桥塔上集中于倒 Y 塔架中间的分支点，不同于一般集中于桥塔靠近塔顶的位置。

　　(3) 桥面结构体系。桥分上下两层，上层结构主梁为箱梁，下层结构为工字型和箱形梁的组合，中间用纵向桁架连接，上下层桥结构与中间连接桁架共同受力。

　　(4) 桥塔功能的利用。除了作为斜拉桥的桥塔使用，还作为摩天轮的支承结构，摩天轮的直径 140m，在已建和在建的摩天轮中直径均为世界第一。

　　(5) 倒 Y 桥塔的两个分支跨越了桥的主跨，桥塔传递的水平推力可由桥面受拉来抵消，形成不同于一般斜拉桥的传力机制。

　　(6) 首次将斜拉桥与摩天轮两种大体型的结构体系组合在一起。

　　本书主要对新型斜拉桥与摩天轮复合结构的静动力分析、动力特性分析、地震作用下的响应分析、风场模拟分析、风洞试验分析、施工过程分析、斜拉索的风致振动以及抑振措施的研究内容进行介绍。

第 2 章　新型斜拉桥与摩天轮复合结构静动力特性

2.1　斜拉桥几何非线性理论

2.1.1　斜拉桥几何非线性问题的提出

Oden 说过"我们生活在一个非线性的世界里"。早在 19 世纪末,科学家就发现,固体力学的经典线性理论在许多情况下并不适用,于是开始了对非线性力学问题的研究。固体力学中有三组方程,即本构方程、几何方程和平衡方程。经典线性理论基于三个基本假定,即材料的应力、应变关系满足广义胡克定律;位移是微小的;约束是理想约束。这些假定使得三组基本方程成为线性方程。只要研究对象不能满足线性问题基本假定的其中任何一个,就转化为各种非线性问题,包括材料非线性、几何非线性、接触非线性等。

几何非线性是放弃小位移假设,从几何上严格分析单元的尺寸、形状变化,得到非线性的几何运动方程,由此造成基本控制方程的非线性问题。其特点是几何运动方程为非线性,平衡方程建立在结构变形后的位置上。结构刚度除了与材料及初始构形有关,与受荷载后的应力、位移状态也有关,如柔性桥梁结构的恒载下成桥状态的确定问题;柔性结构的恒、活载计算问题;桥梁结构的稳定分析问题。

几何非线性理论一般可以分成大位移小应变理论(即有限位移理论)和大位移大应变理论(即有限应变理论)。桥梁工程中的几何非线性问题一般都是有限位移问题。

几何非线性分析理论在桥梁工程中的发展,起因于桥跨的长大化和柔性结构的应用。早在 1888 年,Melan 就在悬索桥结构分析中提出了几何非线性挠度理论,在考虑主缆拉力二阶影响的基础上将悬索桥的平衡方程建立在变形后的位置上,但忽略了吊杆伸长、结构水平位移及加劲梁剪切变形的影响。挠度理论从 1908 年开始应用于纽约的 Manhattan 大桥设计,大大节省了工程造价,充分显示了它的优越性。此后数十年中,挠度理论为悬索桥和大跨径拱桥的发展作出了巨大贡献。但是挠度理论平衡微分方程的求解仍是十分复杂的。Timoshenko 于 1928 年提出了三角级数解。Godard 通过忽略后期荷载对结构刚度的影响提出了线性挠度理论。我国李国豪教授于 1941 年提出了用于悬索桥分析的等代梁法[19],用受轴向拉力的等代梁平衡方程来代替实际悬索桥的平衡微分方程。再假设当轴向拉力为一定值时,方程可以分离成两个线性方程的叠加,然后按照线性理论进行影响线加载计算。从此,挠度理论在实际的桥梁设计中开始被广泛地应用。

现代桥梁工程的发展和跨径的增大,使得结构越来越柔,越来越复杂,结构分析中梁柱效应、索的伸长、结构水平位移及后期荷载的二阶影响变得不可忽略,对各种复杂结构,建立挠度理论的平衡微分方程及其求解也越来越困难。为此,工程界渴望出现更精确、更方便的理论和方法。

20 世纪 60 年代初,Turner、Brotton 等学者开始发表求解结构大位移、初应力问题的研究成果,Poskitti、Saffan 等也在此领域中作出了贡献。这些理论方法都可归入几何非线性力学的有限位移理论。在建立以杆系结构有限位移理论为基础的大跨径桥梁结构几何非线性分析平衡方程时,一般考虑三方面因素的几何非线性效应[19,20]。

1) 梁柱效应

梁柱效应,即单元初内力对单元刚度矩阵的影响。一方面,单元轴力的存在会引起附加弯矩,从而影响杆件的弯曲刚度;另一方面,弯矩的存在改变杆件的轴向长度,从而影响其轴向刚度。因此,对斜拉桥进行有限元分析时应考虑梁柱效应。

2) 大位移效应

大位移效应,即大位移对建立结构平衡方程的影响。在荷载作用下,斜拉桥上部结构的几何位置变化显著。从有限元理论出发,节点坐标随荷载的增量变化较大,各单元的长度、倾角等几何特性也相应产生较大的改变,结构的刚度矩阵成为几何变形的函数,因此平衡方程不再是线性关系,小变形假设中的叠加原理也不再适用,应考虑大位移效应。

3) 斜拉索垂度效应

斜拉索垂度效应,即用杆单元近似模拟索类构件由索垂度引起的单元刚度的变化。斜拉索在重力作用下产生下垂,其端部位移一部分由材料变形产生,另一部分受拉索垂度影响,造成索力与位移之间的非线性关系。随着张拉力的增加,垂度逐渐减小,轴向刚度不断增大,因此当采用直杆单元建立有限元模型时,必须考虑斜拉索的垂度效应。

2.1.2　梁柱效应

斜拉索的梁柱效应,又称弯矩轴力相互影响作用,通常通过引入稳定函数或单元几何刚度矩阵的方法来考虑。在大跨径桥梁结构分析中遇到的初应力（或初应变）问题，就是结构现有内力引起的结构刚度变化对本期荷载响应的影响问题。对于稳定函数和单元几何刚度矩阵的推导可参阅相关文献[21-23]，这里不再阐述。

2.1.3　大位移效应

考虑大位移效应，目前流行的总体拉格朗日列式法（total Lagrangian formulation，T.L 列式法）和更新的拉格朗日列式法（updated Lagrangian formulation，U.L 列式法）[19]各有不同的处理方法。前者将参考坐标选在未变形的结构上，通过引入大位移单元刚度矩阵来考虑大位移问题；后者将参考坐标选在变形后的位置上，使节点坐标跟随结构一起变化，从而使平衡方程直接建立在变形后的位置上。

1. T.L 列式法

在整个分析过程中，以 $t=0$ 时的构形作为参考，且参考位形保持不变，这种列式称为总体拉格朗日列式。

对于任意应力-应变关系与几何运动方程，杆系单元的平衡方程可由虚功原理推导得到，即

$$\int_V [B]^{\mathrm{T}}\{\sigma\}\mathrm{d}V - \{f\} = 0 \qquad (2\text{-}1)$$

式中，$\{\sigma\}$ 为单元的应力向量；$\{f\}$ 为单元的杆端力向量；V 为单元体积积分域，对 T.L 列式，V 是变形前的单元体积域；$[B]$ 为应变矩阵，是单元应变与节点位移的关系矩阵，即

$$\{\varepsilon\} = [B][\delta] \qquad (2\text{-}2)$$

式中，$[\delta]$ 为杆端位移向量。

在有限位移情况下，$[B]$ 是位移 $[\delta]$ 的函数。$[B]$ 矩阵可分解为与杆端位移无关的部分 $[B_0]$ 和与杆端位移相关的部分 $[B_L]$，即

$$[B] = [B_0] + [B_L] \qquad (2\text{-}3)$$

直接按式(2-1)建立单元刚度方程并建立结构有限元列式，称为全量列式法。在几何非线性分析中，按全量列式法得到的单元刚度矩阵和结构刚度矩阵往往是非对称的，对求解不利，因此多采用增量列式法。

将式(2-1)写成微分形式

$$\int_V \mathrm{d}([B]^{\mathrm{T}}\{\sigma\})\mathrm{d}V - \mathrm{d}\{f\} = 0 \qquad (2\text{-}4)$$

或

$$\int_V \mathrm{d}[B]^\mathrm{T}\{\sigma\}\mathrm{d}V + \int_V [B]^\mathrm{T}\mathrm{d}\{\sigma\}\mathrm{d}V = \mathrm{d}\{f\} \tag{2-5}$$

根据式(2-3),式(2-5)左边第一项可写为

$$\int_V \mathrm{d}[B]^\mathrm{T}\{\sigma\}\mathrm{d}V = \int_V \mathrm{d}[B_L]^\mathrm{T}\{\sigma\}\mathrm{d}V = [k]_\sigma^0 \mathrm{d}\{\delta\} \tag{2-6}$$

另外,单元的应力、应变增量关系可表示为

$$\mathrm{d}\{\sigma\} = [D]\mathrm{d}\{\varepsilon\} \tag{2-7}$$

式中,$[D]$为弹性矩阵。

当材料满足线弹性时有

$$\{\sigma\} = [D](\{\varepsilon\} - \{\varepsilon_0\}) + \{\sigma_0\} \tag{2-8}$$

式中,$\{\varepsilon_0\}$为单元的初应变向量;$\{\sigma_0\}$为单元的初应力向量。

将式(2-2)和式(2-3)代入式(2-7)得

$$\mathrm{d}\{\sigma\} = [D]([B_0] + [B_L])\mathrm{d}\{\delta\} \tag{2-9}$$

于是式(2-5)左边第二项可表达为

$$\int_V [B]^\mathrm{T}\mathrm{d}\{\sigma\}\mathrm{d}V = \left(\int_V [B_0]^\mathrm{T}[D][B_0]\mathrm{d}V + \int_V [B_0]^\mathrm{T}[D][B_L]\mathrm{d}V \right.$$
$$\left. + \int_V [B_L]^\mathrm{T}[D][B_0]\mathrm{d}V + \int_V [B_L]^\mathrm{T}[D][B_L]\mathrm{d}V\right)\mathrm{d}\{\delta\} \tag{2-10}$$

记

$$[k]_0^0 = \int_V [B_0]^\mathrm{T}[D][B_0]\mathrm{d}V \tag{2-11}$$

$$[k]_L^0 = \int_V [B_0]^\mathrm{T}[D][B_L]\mathrm{d}V + \int_V [B_L]^\mathrm{T}[D][B_0]\mathrm{d}V + \int_V [B_L]^\mathrm{T}[D][B_L]\mathrm{d}V \tag{2-12}$$

则式(2-5)最后可表达为

$$([k]_0^0 + [k]_L^0 + [k]_T^0)\mathrm{d}\{\delta\} = [k]_T^0\mathrm{d}\{\delta\} = \mathrm{d}\{f\} \tag{2-13}$$

这就是增量形式的 T. L 列式的单元平衡方程。

式(2-13)中,$[k]_T^0$是三个刚度矩阵之和,称为单元切线刚度矩阵,它表示荷载增量与位移增量之间的关系,也可理解为单元在特定应力、变形下的瞬时刚度。$[k]_0^0$与单元节点位移无关,是单元弹性刚度矩阵。$[k]_L^0$称为单元初位移刚度矩阵或单元大位移刚度矩阵,是由大位移引起的结构刚度的变化,是$\mathrm{d}\{\delta\}$的函数。$[k]_\sigma^0$称为初应力刚度矩阵,它表示初应力对结构刚度的影响。当应力为压应力时,单元切线刚度矩阵减小;反之,单元切线刚度矩阵增加。

将各单元切线刚度方程按节点力平衡条件组集成结构增量刚度方程,即有

$$[k]_T^0 \mathrm{d}\{\Delta\} = \mathrm{d}\{P\} \tag{2-14}$$

式中,$[k]_T^0$ 为结构切线刚度矩阵,可以由单元切线刚度矩阵按常规方法进行组集而成;$\mathrm{d}\{P\}$ 为荷载增量。

由于荷载增量一般取为有限值而不可能取成微分形式,结构在求得的位移状态下,抗力与总外荷载之间有一差量,即失衡力,结构必须产生相对位移以改变结构的抗力来消除这个失衡力,在计算中,一般通过迭代法求解。

2. U.L 列式法

在建立 $t+\Delta t$ 时刻物体平衡时,如果选择的参照构形不是为变形状态 $t=0$ 时的构形,而是最后一个已知平衡状态,即以本增量步起始的 t 时刻为参照构形,这种列式法称为更新的拉格朗日列式法。

由于采用了 U.L 列式,平衡方程(2-5)中的积分需在 t 时刻单元内进行,且 $[k]_L^t$ 的积分式是 $[k]_0^t$ 的一阶或二阶小量,所以以代表 $[k]_L$ 的积分式可以忽略。这是 U.L 列式与 T.L 列式的一个重要区别。增量形式的 U.L 列式结构平衡方程可写为

$$([k]_0^t + [k]_\sigma^t)\mathrm{d}\{\Delta\} = \mathrm{d}\{P\} \tag{2-15}$$

2.1.4　斜拉索垂度效应

考虑斜拉索垂度效应的几何非线性有许多不同的方法,比较简单的方法是把它视为与其弦长等长的桁架直杆,通过等效模量法来近似修正包括材料变形、构造伸长和垂度变化等因素的影响。其等效弹性模量的表达式称为 Ernst 公式,其详细的推导过程可看相关文献[22-27],这里直接给出公式

$$E_{\mathrm{eq}} = \frac{E_{\mathrm{eff}}}{1 + \dfrac{(WL)^2 A E_{\mathrm{eff}}}{12F^3}} \tag{2-16}$$

式(2-16)为给定拉索张力 F 时等效弹性模量的切线值,如果拉索张力是在施加某一个荷载增量过程中从 F_i 增加到 F_j,那么荷载增量范围内的等效割线弹性量可表达为

$$E_{\mathrm{eq}} = \frac{E_{\mathrm{eff}}}{1 + \dfrac{(WL)^2 (F_i + F_j) A E_{\mathrm{eff}}}{24F_i^2 F_j^2}} \tag{2-17}$$

式中,E_{eff} 为考虑钢束压密影响的有效弹性模量;W 为单位长度斜拉索的重力;L 为索的水平投影长度;A 为索的横截面积;F 为索内的张力。

2.1.5　单元刚度矩阵

1. 空间杆单元

斜拉桥中的拉索通常用杆单元模拟。空间杆单元有两个节点,每个节点有三个平动自由度,如图 2-1 所示,空间杆单元包含几何刚度的切线刚度矩阵,如式(2-18)所示:

$$[K]^e = \begin{bmatrix} EA/L & & & & & \\ 0 & N/L & & & & \\ 0 & 0 & N/L & & & \\ -EA/L & 0 & 0 & EA/L & & \\ 0 & -N/L & 0 & 0 & N/L & \\ 0 & 0 & -N/L & 0 & 0 & N/L \end{bmatrix} \qquad (2\text{-}18)$$

式中,E 为单元弹性模量,考虑斜拉索垂度效应时,应用按式(2-16)计算的等效弹性模量 E_{eq} 代替;A 为单元截面积;L 为单元长度;N 为单元轴力。

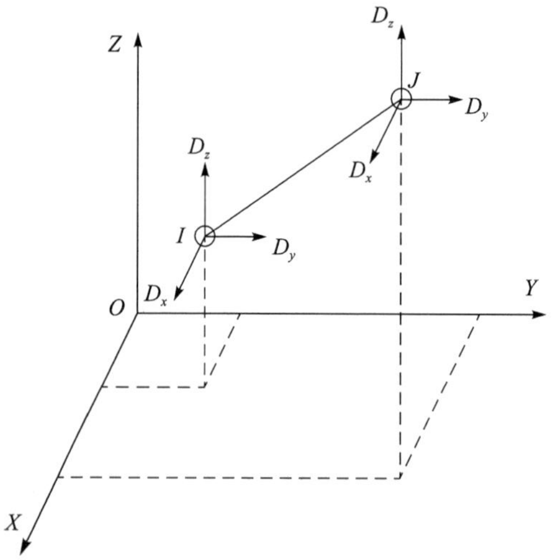

图 2-1　空间杆单元自由度

2. 空间梁单元

斜拉桥中的主梁和桥塔通常采用梁单元进行模拟。每个梁单元有两个杆端节点,每个节点有三个平动自由度和三个转动自由度,如图 2-2 所示。

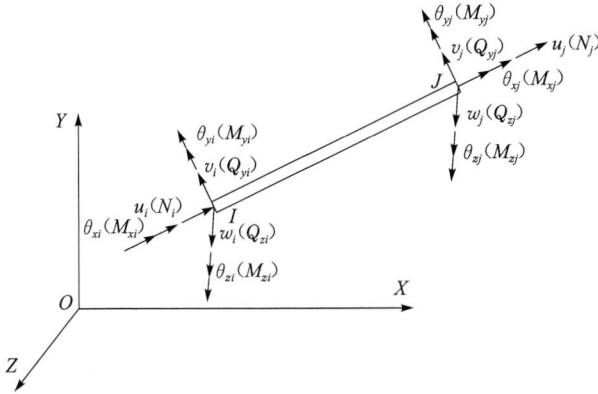

图 2-2　空间梁单元

其节点位移矢量为

$$\delta_{be} = [u_i, v_i, w_i, \theta_{xi}, \theta_{yi}, \theta_{zi}, u_j, v_j, w_j, \theta_{xj}, \theta_{yj}, \theta_{zj}]^{\mathrm{T}}$$

空间梁单元可以是空间任意方位的,第三个节点(K 节点)是用来给空间梁单元定位的,如图 2-3 所示。梁单元的每个节点有三个正交方向的力,即一个轴向力和两个剪切力;三个正交方向的力矩,即一个扭矩和两个弯矩,最大应力可以由轴向力和弯矩组合而成。

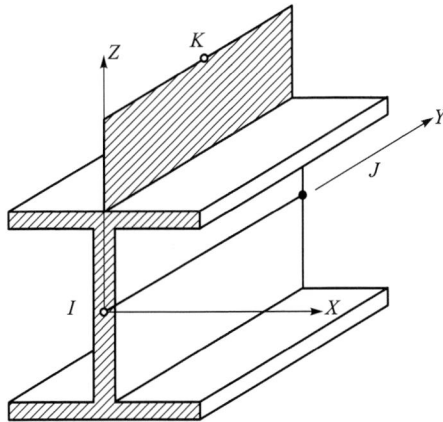

图 2-3　空间梁单元的空间方位

空间梁单元的弹性刚度矩阵$[K_E]^e$和几何刚度矩阵$[K_\sigma]$分别如式(2-19)和式(2-20)所示:

$$
[K_E]^e = \frac{E}{L}
\begin{bmatrix}
A & 0 & 0 & 0 & 0 & 0 & -A & 0 & 0 & 0 & 0 & 0 \\
0 & \dfrac{12I_z}{L^2} & 0 & 0 & 0 & \dfrac{6I_z}{L} & 0 & -\dfrac{12I_z}{L^2} & 0 & 0 & 0 & \dfrac{6I_z}{L} \\
0 & 0 & \dfrac{12I_y}{L^2} & 0 & -\dfrac{6I_y}{L} & 0 & 0 & 0 & -\dfrac{12I_y}{L^2} & 0 & -\dfrac{6I_y}{L} & 0 \\
0 & 0 & 0 & \dfrac{GJ_d}{E} & 0 & 0 & 0 & 0 & 0 & -\dfrac{GJ_d}{E} & 0 & 0 \\
0 & 0 & -\dfrac{6I_y}{L} & 0 & 4I_y & 0 & 0 & 0 & \dfrac{6I_y}{L} & 0 & 2I_y & 0 \\
0 & \dfrac{6I_z}{L} & 0 & 0 & 0 & 4I_z & 0 & -\dfrac{6I_z}{L} & 0 & 0 & 0 & 2I_z \\
-A & 0 & 0 & 0 & 0 & 0 & A & 0 & 0 & 0 & 0 & 0 \\
0 & -\dfrac{12I_z}{L^2} & 0 & 0 & 0 & -\dfrac{6I_z}{L} & 0 & \dfrac{12I_z}{L^2} & 0 & 0 & 0 & -\dfrac{6I_z}{L} \\
0 & 0 & -\dfrac{12I_y}{L^2} & 0 & \dfrac{6I_y}{L} & 0 & 0 & 0 & \dfrac{12I_y}{L^2} & 0 & \dfrac{6I_y}{L} & 0 \\
0 & 0 & 0 & -\dfrac{GJ_d}{E} & 0 & 0 & 0 & 0 & 0 & \dfrac{GJ_d}{E} & 0 & 0 \\
0 & 0 & -\dfrac{6I_y}{L} & 0 & 2I_y & 0 & 0 & 0 & \dfrac{6I_y}{L} & 0 & 4I_y & 0 \\
0 & \dfrac{6I_z}{L} & 0 & 0 & 0 & 2J_z & 0 & -\dfrac{6I_z}{L} & 0 & 0 & 0 & 4I_z
\end{bmatrix}
\tag{2-19}
$$

$$[K_\sigma]=N\begin{bmatrix}
0 & 0 & 0 & 0 & 0 & 0 & 0 & 0 & 0 & 0 & 0 & 0 \\
0 & \dfrac{6}{5L} & 0 & 0 & 0 & \dfrac{1}{10} & 0 & -\dfrac{6}{5L} & 0 & 0 & 0 & \dfrac{1}{10} \\
0 & 0 & \dfrac{6}{5L} & 0 & -\dfrac{1}{10} & 0 & 0 & 0 & -\dfrac{6}{5L} & 0 & -\dfrac{1}{10} & 0 \\
0 & 0 & 0 & \dfrac{I_z+I_y}{AL} & 0 & 0 & 0 & 0 & 0 & -\dfrac{I_z+I_y}{AL} & 0 & 0 \\
0 & 0 & -\dfrac{1}{10} & 0 & \dfrac{2L}{15} & 0 & 0 & 0 & \dfrac{1}{10} & 0 & -\dfrac{L}{30} & 0 \\
0 & \dfrac{1}{10} & 0 & 0 & 0 & \dfrac{2L}{15} & 0 & -\dfrac{1}{10} & 0 & 0 & 0 & -\dfrac{L}{30} \\
0 & 0 & 0 & 0 & 0 & 0 & 0 & 0 & 0 & 0 & 0 & 0 \\
0 & -\dfrac{6}{5L} & 0 & 0 & 0 & -\dfrac{1}{10} & 0 & \dfrac{6}{5L} & 0 & 0 & 0 & -\dfrac{1}{10} \\
0 & 0 & -\dfrac{6}{5L} & 0 & \dfrac{1}{10} & 0 & 0 & 0 & \dfrac{6}{5L} & 0 & \dfrac{1}{10} & 0 \\
0 & 0 & 0 & -\dfrac{I_z+I_y}{AL} & 0 & 0 & 0 & 0 & 0 & \dfrac{I_z+I_y}{AL} & 0 & 0 \\
0 & 0 & -\dfrac{1}{10} & 0 & -\dfrac{L}{30} & 0 & 0 & 0 & \dfrac{1}{10} & 0 & \dfrac{2L}{15} & 0 \\
0 & \dfrac{1}{10} & 0 & 0 & 0 & -\dfrac{L}{30} & 0 & -\dfrac{1}{10} & 0 & 0 & 0 & \dfrac{2L}{15}
\end{bmatrix}$$

$$(2\text{-}20)$$

式中,E 为材料的弹性模量;G 为材料的剪切模量;A 为单元截面面积;I_y、I_z 为截面绕 Y、Z 轴的惯性矩;J_d 为圣维南扭转常数;N 为单元的轴力。

2.1.6 非线性方程组的求解

1. 求解方法简介

用有限元法进行结构非线性分析,其控制方程最终是一组非线性代数方程。非线性代数方程组的求解方法有很多,方法的选择往往与物理问题的性质、特点、非线性程度、对计算结构的要求以及计算机的容量和计算速度等因素有关,这就要求研究者对非线性问题的求解过程以及程序设计有较全面的了解。常用的求解方法如下。

1) 直接求解法

直接求解法是基于全量列式的求解过程,应用最多的是直接迭代法。由虚功原理建立的非线性有限元平衡方程为

$$[K(\{\delta\})]\{\delta\} = \{P\} \tag{2-21}$$

当设定位移向量$\{\delta\}$的初值$\{\delta_0\}$后,改进的近似解可由式(2-22)得到:

$$\{\delta_1\} = [K_0]^{-1}\{P\} \tag{2-22}$$

整个迭代过程可用式(2-23)表示:

$$\{\delta_n\} = [K_{n-1}]^{-1}\{P\} \tag{2-23}$$

当迭代结果满足预定的收敛准则时,就得到了所要求的节点位移向量。图 2-4(a)为$\{\delta_0\}=\{0\}$时单自由度问题的迭代过程取得收敛的示意图。

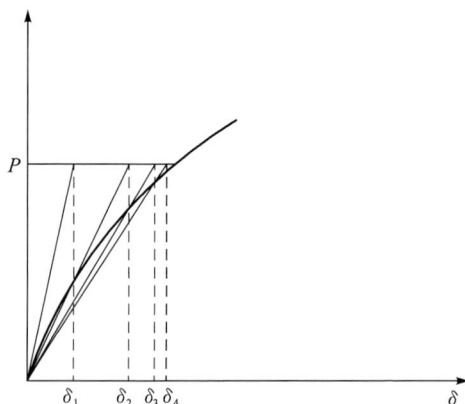

(a) 收敛

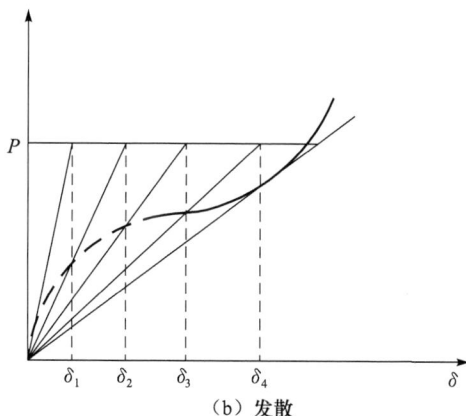

（b）发散

图 2-4　直接迭代法的收敛和发散过程

　　直接迭代法应用简单,运算速度一般也较快,可应用于具有轻微非线性的问题。这一求解过程的成功与否很大程度上取决于对初值位移$\{\delta_0\}$的正确估计。图 2-4(b)为直接迭代法迭代过程发散时的情形。为改善收敛性和收敛速度,可以采用将荷载分成若干级的方法。

　　2) 增量法

　　增量形式的有限元列式方法具有一个共同的特点:将整个荷载变形过程划分为一连串增量段,每一增量段中结构的荷载反应被近似地线性化。简单增量法将每一级增量荷载下直接求得的状态变量视为结构平衡状态,计算相应的切线刚度矩阵,进而做下一级荷载计算,并不断累加其位移增量。图 2-5描述了简单增量法的求解过程。

　　几何非线性问题的有限元分析最初多采用简单增量法进行,虽然这种求解方法对每一级荷载作用时的计算速度较快,但由于每一级荷载作用前结构并未精确地到达平衡位置,所求得的解会随着增量过程的继续而越来越偏离真实的荷载-变形曲线。为了保证计算精度,常常将增量区间划分得相当小。此外,为了评价解的精度,一般要对同一问题在进一步细分增量区间后再次求解,通过两次解的比较判定是否收敛,这就需要消耗大量的计算时间。

　　作为对这一方法的改进,可将不平衡力作为一种修正荷载并入下一级荷载增量,这就是有一阶自校正的增量法。一阶自校正增量法求解过程的示意图如图 2-6 所示。一阶自校正增量法具有较高的求解速度,同时也比简单增量法的计算精度高。这一方法在求解非线性问题特别是求解塑性问题时得到广泛的应用。

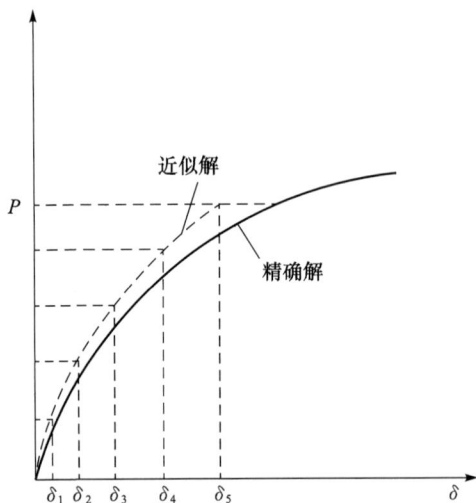

图 2-5　简单增量法的求解过程

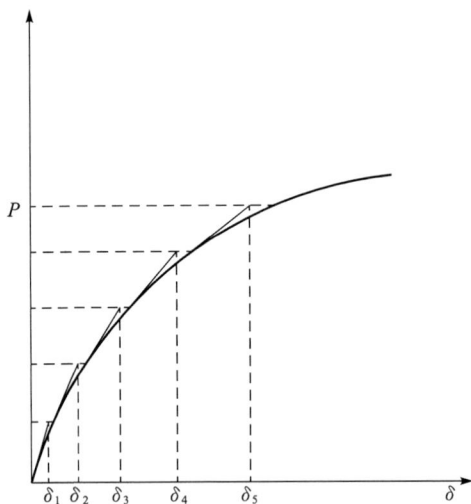

图 2-6　一阶自校正增量法的收敛过程

2. Newton-Raphson 法

Newton-Raphson(N-R)法是解非线性方程组的切线法,在有限元中又称切线刚度法。

对于单自由度非线性平衡方程

$$\varphi(x) = 0 \tag{2-24}$$

将 $\varphi(x)$ 在 x_n 点展开成泰勒级数,取线性近似公式

$$\varphi(x) = \varphi(x_n) + \left(\frac{\mathrm{d}\varphi}{\mathrm{d}x}\right)_n (x - x_n) \tag{2-25}$$

求非线性方程(2-24)的根 x 可按如下公式进行迭代计算,即

$$\Delta x_{n+1} = -\varphi(x_n) \bigg/ \left(\frac{\mathrm{d}\varphi}{\mathrm{d}x}\right)_n$$

$$x_{n+1} = x_n + \Delta x_{n+1} \tag{2-26}$$

单自由度非线性刚度方程一般为

$$k(\delta)\delta = R \tag{2-27}$$

或

$$\varphi(\delta) = k(\delta) - R = F(\delta) - R \tag{2-28}$$

把式(2-28)代入式(2-25),有

$$\left(\frac{\mathrm{d}\varphi}{\mathrm{d}\delta}\right)_n \Delta\delta_{n+1} = -\varphi(\delta_n) = R - F(\delta_n) \tag{2-29}$$

对式(2-28)求导,对于保守力系,注意到 $\dfrac{\mathrm{d}R}{\mathrm{d}\delta}=0$,得

$$\frac{\mathrm{d}\varphi}{\mathrm{d}\delta} = \frac{\mathrm{d}F(\delta)}{\mathrm{d}\delta} = k_T(\delta) \tag{2-30}$$

式(2-30)为体系在 δ 处的切线刚度表达式。求 δ 相应的迭代公式为

$$k_T \Delta\delta_{n+1} = R - F(\delta_n) = \Delta R_n$$

$$\delta_{n+1} = \delta_n + \Delta\delta_{n+1} \tag{2-31}$$

式中,ΔR_n 为失衡力。式(2-31)为 N-R 法求解非线性问题的最简单形式,其收敛过程如图 2-7(a)所示。

对于多自由度体系,可以推导出相应的公式

$$[K(\delta_n)]_T\{\Delta\delta_{n+1}\} = \{R\} - \{F(\delta_n)\} = \{\Delta R_n\}$$

$$\delta_{n+1} = \delta_n + \Delta\delta_{n+1} \tag{2-32}$$

这是求解结构非线性平衡方程组的 N-R 法。

由式(2-32)可见,N-R 法在每次迭代后都要重新形成 $[K]_T$,对于大跨度桥梁结构进行这一过程很费机时。为了减少形成总刚及其三角化分解的次数,有时用 $[K(\delta_0)]_T$ 代替 $[K(\delta_n)]_T$,这样,仅进行一次切线刚度矩阵和三角化分解计算,后面的迭代只是线性方程组的回代,这种方法称为修正的 N-R

法(MN-R 法)。图 2-7(b)给出了该方法的迭代过程。MN-R 法在每次迭代中均用同一斜率,收敛性较 N-R 法差。

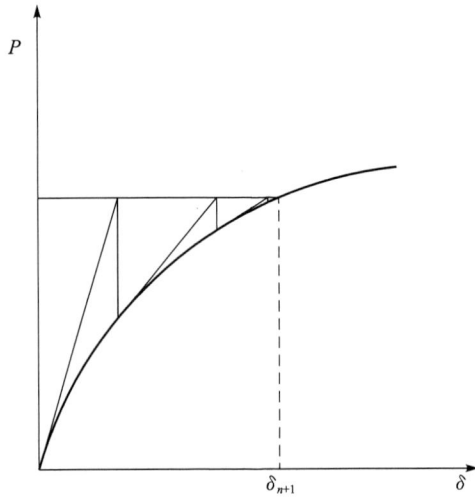

（a）

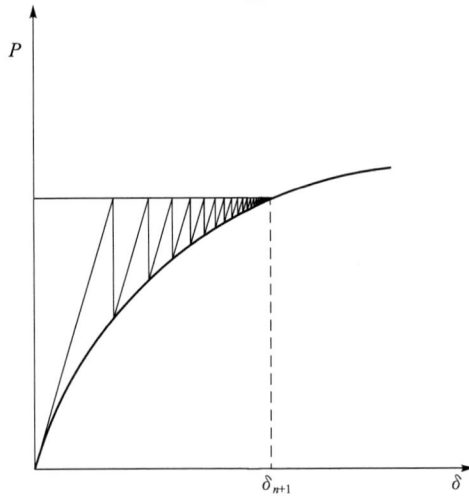

（b）

图 2-7　N-R 法的收敛过程

3. 收敛准则

在迭代计算过程中,为了终止迭代过程,必须确定一个收敛标准。在实际应用中,可以从结构的不平衡力向量和位移增量向量两方面来判断迭代计算的敛散性。

数的大小可以用其绝对值来衡量,对于一个结构,无论其节点力还是节点位移都是向量,其大小一般用该向量的范数来表示。

设列向量 $\{V\} = (V_1, V_2, V_3, \cdots, V_n)^{\mathrm{T}}$,该向量的范数可以定义如下。

(1) 各元素绝对值之和:

$$\| V \|_1 = \sum_{i=1}^{n} | V_i |$$

(2-33)

(2) 各元素平方和的根:

$$\| V \|_2 = \left(\sum_{i=1}^{n} | V_i^2 | \right)^{1/2}$$

(2-34)

(3) 元素中绝对值最大者:

$$\| V \|_\infty = \max_n | V_i |$$

(2-35)

这三个范数记为 $\| V \|_P (P = 1, 2, \cdots, \infty)$,应用中可任选其中的一种。

有了列向量的范数,无论是节点力向量还是节点位移向量,其"大小"均可按其范数的大小来判断。所谓足够小就是指其范数已小于预先指定的某个小数。取位移向量为衡量收敛标准的准则称为位移准则,若满足下列条件就认为迭代收敛

$$\| \Delta u_{i+1} \| \leqslant \alpha_d \| u_i + \Delta u_{i+1} \|$$

(2-36)

式中,α_d 为位移收敛容差;$\| \Delta u_{i+1} \|$ 为位移增量向量的某种范数。

实践证明,对有些问题,前后两次迭代所得到的位移向量范数之比会出现剧烈跳动,导致收敛不可靠。

取不平衡节点力向量为衡量收敛标准的准则称为平衡力准则,若满足下列条件就认为迭代收敛,即

$$\| \Delta P_i \| \leqslant \alpha_P \| P \|$$

(2-37)

式中,P 为外荷载向量;ΔP_i 为不平衡力向量;α_P 为不平衡力收敛容差。

关于上面公式中范数的选择,有学者认为,在用平衡力准则时,取 $\| \Delta P \|_2$ 比较好;在用位移准则时,取 $\| \Delta u \|_\infty$ 更为方便。在非线性比较严重的问题中,用位移准则更合适。有的学者还用能量 $\{P\}^{\mathrm{T}} \{\Delta u\}$ 作为收敛标准,综合了力与位移两个方面,但要增加更多的计算量。

2.2　新型斜拉桥与摩天轮复合结构静力分析

斜拉桥的静力分析,根据计算理论的不同又可分为采用微小变形理论进

行线性分析和有限变形理论进行非线性分析。采用微小变形理论的分析方法有力法、模拟弹性支承连续梁法、位移法和力法的混合法以及传递力矩法。这几种方法的计算值通常在拉索中大于实际值,而在塔和主梁中却小于实际值。目前结合计算机技术的发展,一般通过计算机程序及有限元软件,采用有限变形理论进行计算。

采用有限元法进行斜拉桥的静力分析时,由于斜拉桥一般是柔性高次超静定结构,一般要考虑以下几方面的几何非线性行为:斜拉索自重作用下垂度引起的几何非线性效应,又称拉索垂度效应;桥塔和主梁的轴向力与弯矩相互影响效应(常称为梁柱效应或 $P\text{-}\delta$ 效应);结构大位移效应。

自从 20 世纪 60 年代以来,各国学者就开始研究斜拉桥静力几何非线性行为。各国学者对斜拉桥几何非线性的研究是从斜拉索的非线性行为开始的。

考虑拉索垂度效应进行索单元模拟时,出现了各种各样的单元类型,归纳起来,主要有以下几种[26-30]。①将索模拟成杆单元,并通过 Ernst 公式计算等效弹性模量法,考虑索的垂度效应。②多段直杆法,包括一系列无质量、铰接的直线连杆,并且轴向刚度采用重力刚度,主缆自重和其他任意荷载集中作用于连杆的节点上。无限数量的连杆能够有效地模拟主缆的自然状态,而通常有限小数量的连杆就能给出满意的结果。③曲线单元法,用大量单元来模拟索在自重作用下的悬链线形状。其单元刚度矩阵由多项式或拉格朗日插值函数通过考虑斜拉索在共同节点处的位移和变位的连续性而形成。

对于斜拉索几何非线性的处理方法已经进行了全面的研究,已有的方法已基本满足斜拉桥设计和计算分析的工程需要,这些方法中以 Ernst 的等效弹性模量法最简便,因而普遍采用,本书考虑斜拉索垂度效应时就采取了这种方法。

对于梁柱效应,目前通常采用引入稳定函数或单元几何刚度矩阵的方法来考虑。在桥梁结构分析中遇到的初应力问题,就是结构现有内力引起的结构刚度变化对本期荷载响应的影响问题。

对于大位移效应,目前比较常用的有两种不同的处理方法,即 T.L 列式法和 U.L 列式法。前者将参考坐标选在未变形的结构上,通过引入大位移刚度矩阵来考虑大位移问题;后者将参考坐标选在变形后的位置上,使节点坐标跟随结构一起变化,从而使平衡方程直接建立在变形后的位置上。

2.2.1 新型斜拉桥与摩天轮复合结构空间有限元模型

在对新型斜拉桥与摩天轮复合结构的静力性能进行分析研究时,主要是通过 ANSYS 并结合二次开发语言 APDL 实现的[25,27,31]，下面结合 ANSYS 中的建模介绍整体结构空间模型的建立。

1. 桥塔

复合结构的桥塔，纵向为倒 Y 形塔，横向为门式桥塔，采用空间梁单元模拟[23-25]，倒 Y 塔架中间横梁截面为□4000×5400×30×40，倒 Y 塔架上部的塔柱截面为□4000×6000×30×40，倒 Y 塔架下部塔腰截面为□4000×6000×30×40～□2400×2800×30×40～□4300×4200×30×30（上述截面各长度尺寸单位为 mm）。横梁和倒 Y 的上部塔柱选取 BEAM44 单元，倒 Y 的下部塔腰选取 BEAM188 单元。桥塔的有限元模型如图 2-8 所示。

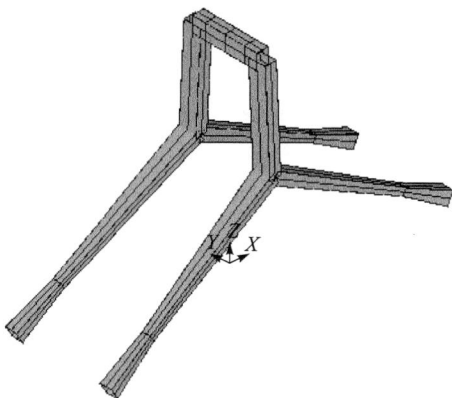

图 2-8　桥塔模型

2. 斜拉索

复合结构中承担荷载的斜拉索共 12 根，为双索面，呈辐射型布置。还有 4 根是连接倒 Y 顶部到底部的稳定索。索均采用空间杆单元模拟[32-34]，选用 LINK10 单元。12 根传递桥面荷载的斜拉索选用 7×379 的缆索，面积 14586mm²，4 根稳定索选用 7×139 的缆索，面积 5349mm²。其模型如图 2-9 所示。

3. 上层桥结构

主梁由四根主纵梁和若干横梁组成，四根主纵梁为箱型梁，横梁根据位置不同有箱型梁和工字型梁，均采用空间梁单元模拟，选用 BEAM44 单元。梁

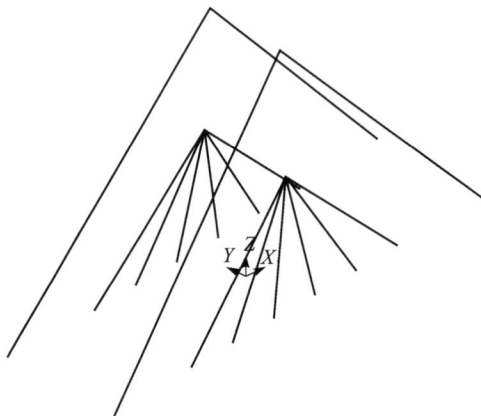

图 2-9　斜拉索模型

高均为 1500mm,宽度从 500mm 到 2500mm 不等。为了全面反映桥面的弯曲、扭转、惯性矩等特性,桥面板采用空间壳单元模拟,选用 SHELL63 单元,桥面板厚度取为 18mm。上层桥结构如图 2-10 所示。

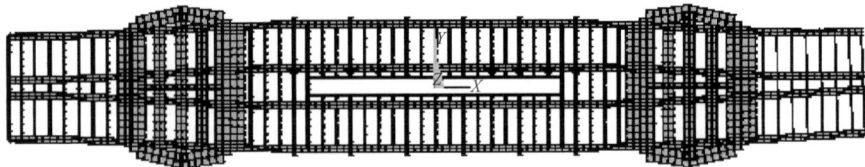

图 2-10　上层桥模型

4. 下层桥结构及斜撑桁架

下层桥主要由纵梁、横梁和桥面板组成,纵梁、横梁主要采用箱型梁和工字型梁,用空间梁单元模拟,选用 BEAM44 单元,在梁端铰接连接的部位,释放节点转动自由度。桥面板厚 4.5mm,用空间壳单元模拟,选用 SHELL63 单元。

连接上层桥和下层桥的桁架有箱型截面及工字型截面,采用释放了两端节点转动自由度的空间梁单元模拟。

下层桥结构及桁架模型如图 2-11 所示。

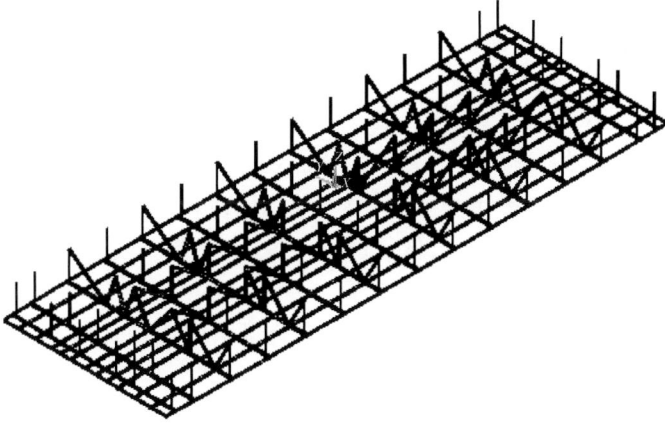

图 2-11　下层桥及桁架模型

5. 摩天轮结构

摩天轮结构根据杆件组成的不同,采用空间梁单元和杆单元,尺寸根据具体位置不同而不同,其中梁单元选取 BEAM44 单元,杆单元选取 LINK8 单元。

整体结构的有限元模型如图 2-12 所示。

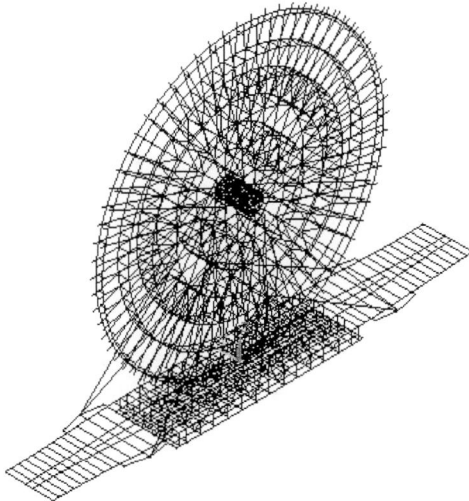

图 2-12　整体结构有限元模型

2.2.2　斜拉桥几何非线性分析在 ANSYS 中的实现

1. 斜拉桥几何非线性的实现

1）拉索垂度效应

将拉索模拟为空间杆单元 LINK10,并采用式(2-16)结合 ANSYS 二次开发语言 APDL 对弹性模量进行修正。

2）梁柱效应

斜拉桥的构件在轴向力作用下的横向挠度会引起附加弯矩,而弯矩又影响轴向刚度的大小,此时叠加原理不再适用。但如果构件承受着一系列的横向荷载和位移的作用,而轴向力假定保持不变,那么这些横向荷载和位移还是可以叠加的。因此,轴向力可以被看作影响横向刚度的一个参数,一旦该参数对横向刚度的影响确定下来,就可以采用线性分析的方法进行近似计算。通常引入考虑轴向力对弯曲刚度影响的单元几何刚度考虑梁柱效应,即初应力问题,就是结构现有内力引起的结构刚度变化对本期荷载响应的影响问题。在 ANSYS 中通过打开应力刚化开关 SSTIF 考虑斜拉桥的梁柱效应引起的几何非线性[25]。

3）大位移效应

ANSYS 非线性分析将荷载分解成一系列增量的荷载步,并且在每一荷载步内进行一系列线性逼近以达到平衡,并利用更新单元空间方位作为结构变形来解决大变形问题。在 ANSYS 中通过打开大变形开关 NLGEOM 考虑大位移引起的几何非线性。

2. ANSYS 中斜拉桥几何非线性分析的基本过程

通过上述 ANSYS 中对斜拉桥三个几何非线性的处理,并结合 ANSYS 提供的二次开发语言 APDL,在 ANSYS 中实现斜拉桥几何非线性静力分析的基本过程如下。

（1）定义单元特性,包括几何特性、材料特性,对于索还要定义初始应变。初始应变是根据斜拉索初张力按照胡克定律计算的。

（2）建立有限元计算模型。

（3）考虑梁柱效应、大位移效应进行初始分析。

（4）提取索力,修正斜拉索弹性模量以及初始应变,重新计算分析。

（5）提取索力,比较计算索力与初始索力,是否在允许值的范围内,若是,计算结束；否则重复步骤(4)和(5)，直至计算结束。

2.2.3　新型斜拉桥与摩天轮复合结构支承体系的选择

斜拉桥上部结构的各种荷载是通过支承体系直接传递到下部结构的，支承布置对斜拉桥的结构性能影响很大。新型斜拉桥与摩天轮复合结构为塔梁固结体系，布置有两排边墩、两排主墩，每排墩设有三个支承点。这里通过比较两种不同的顺桥向的支承布置方式来比较结构支承体系对整体结构性能的影响，包括位移、内力以及支座反力等。

两种支承布置体系中，在竖向，12 个支承点均设置约束；在横桥向，均在中间两排墩柱的中间支点设置约束。其不同之处在于顺桥向的约束布置方式，A 支承体系(图 2-13(a))仅在第二排墩柱的中间支点设置约束；B 支承体系(图 2-13(b))在第二排墩柱的三个支点设置约束。

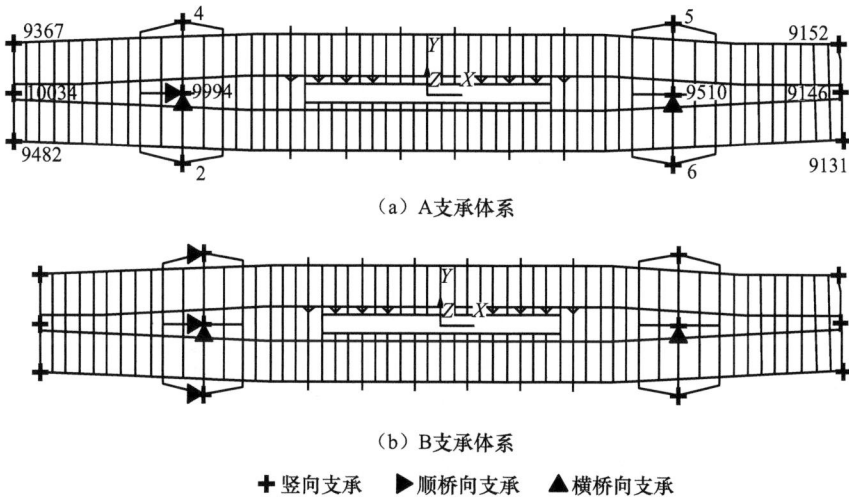

（a）A 支承体系

（b）B 支承体系

✚ 竖向支承　▶ 顺桥向支承　▲ 横桥向支承

图 2-13　新型斜拉桥与摩天轮两种支承体系

1. 恒载作用

在恒载作用下考虑了结构的大位移效应、梁柱效应和拉索垂度效应分别对两种支承体系进行分析，对结构变形、单元内力和支座反力的比较如表 2-1 和表 2-2 所示。

表 2-1　恒载结构位移与内力的比较

项目 \ 支承体系		A 支承体系	B 支承体系	$\mid (A-B)/A \mid \times 100\%$
结构最大竖向位移/m		-0.14884	-0.14861	0.15
倒 Y 塔架根部四个节点的顺桥向位移/m	节点 2	-0.49405×10^{-2}	0	(100.00)
	节点 4	-0.50230×10^{-2}	0	(100.00)
	节点 5	0.21353×10^{-1}	0.23739×10^{-1}	(11.13)
	节点 6	0.21194×10^{-1}	0.23590×10^{-1}	(11.31)
单元最大轴力 /N	倒 Y 塔架	-0.35925×10^{8}	-0.35943×10^{8}	0.05
	主梁	0.15225×10^{8}	0.15260×10^{8}	0.23
	索	0.39149×10^{7}	0.39237×10^{7}	0.22
单元最大弯矩 /(N·m)	倒 Y 塔根（绕单元 Y）	-0.65090×10^{7}	-0.65844×10^{7}	1.16
	主梁（绕单元 Z）	-0.16988×10^{8}	-0.16859×10^{8}	0.76

注:表中最大是指相应数据的绝对值最大。

表 2-2　恒载下支座反力比较

支承体系 \ 节点号	A 支承体系/N	B 支承体系/N	$\mid (A-B)/A \mid \times 100\%$
9367	$(0.000, 0.000, 0.749\times10^{6})$	$(0.000, 0.000, 0.750\times10^{6})$	(0,0,0.13)
10034	$(0.000, 0.000, 0.189\times10^{7})$	$(0.000, 0.000, 0.189\times10^{7})$	(0,0,0)
9482	$(0.000, 0.000, 0.749\times10^{6})$	$(0.000, 0.000, 0.750\times10^{6})$	(0,0,0.13)
4	$(0.000, 0.000, 0.211\times10^{8})$	$(0.138\times10^{8}, 0.000, 0.211\times10^{8})$	$(\infty,0,0)$
9994	$(0.376\times10^{3}, 0.345\times10^{3}, 0.126\times10^{8})$	$(-0.275\times10^{8}, -0.109\times10^{5}, 0.126\times10^{8})$	$(\infty,30.6,0)$
2	$(0.000, 0.000, 0.211\times10^{8})$	$(0.137\times10^{8}, 0.000, 0.211\times10^{8})$	$(\infty,0,0)$
5	$(0.000, 0.000, 0.213\times10^{8})$	$(0.000, 0.000, 0.213\times10^{8})$	(0,0,0)
9510	$(0.000, -0.205\times10^{3}, 0.128\times10^{8})$	$(0.000, 0.111\times10^{5}, 0.128\times10^{8})$	(0,53.1,0)
6	$(0.000, 0.000, 0.214\times10^{8})$	$(0.000, 0.000, 0.214\times10^{8})$	(0,0,0)
9152	$(0.000, 0.000, 0.732\times10^{6})$	$(0.000, 0.000, 0.733\times10^{6})$	(0,0,0.14)
9146	$(0.000, 0.000, 0.178\times10^{7})$	$(0.000, 0.000, 0.178\times10^{7})$	(0,0,0)
9131	$(0.000, 0.000, 0.776\times10^{6})$	$(0.000, 0.000, 0.777\times10^{6})$	(0,0,0.13)

注:(1) 支座节点号的位置参见图 2-13(a)。
(2) 各支承点反力为(F_x, F_y, F_z), F_x, F_y, F_z 依次为该支点 X 方向、Y 方向和 Z 方向的反力。

从表 2-1 可以看出,在恒载作用下,两种支承体系结构的最大位移、单元的最大轴力和梁中最大弯矩等基本一致,一般不超过 1%,最大相差不超过 2%,由此可说明两种支承体系对整体结构的变形和单元内力影响不大。

从表 2-2 可以看出,当采用 B 支承体系时,所引起的在各支座处的竖向反力与 A 支承体系相比相差不大,一般不超过 1%。但是,在第二排的三个支座处,即节点 2、4、9994 引起了相当可观的水平力,特别是在节点 9994 处 X 方向的支座反力,在恒载下对下部结构要产生 $-0.275 \times 10^8 \mathrm{N}$(2750 吨力)的反力,这会大大增加下部结构的负担。

从表 2-1 可以看出,当采用 A 支承体系时,在恒载作用下就不会产生上述的水平力,而此时对应的释放掉 X 方向约束的节点 2 和 4 仅产生约 5mm 的位移,此时在主跨右排的三个支承点在 X 方向的位移仅相差 2.5mm。

将结构的变形和内力综合考虑,在恒载作用下,A 支承体系要优于 B 支承体系。

2. 纵桥向地震作用

这里对结构在上述分析的基础上施加 X 方向的地震加速度 $0.3g$,进行地震拟静力分析,计算结果如表 2-3 和表 2-4 所示。

表 2-3　恒载和纵桥向地震荷载作用下结构位移与内力的比较

项目 支承体系		A 支承体系	B 支承体系	$\|(B-A)/A\| \times 100\%$
结构最大竖向位移/m		-0.23544	-0.23518	0.11
结构最大水平位移/m		0.26616	0.26831	0.81
倒 Y 塔架根部四个节点的顺桥向位移/m	节点 2	-0.19087×10^{-2}	0	100
	节点 4	-0.20255×10^{-2}	0	100
	节点 5	0.28993×10^{-1}	0.29927×10^{-1}	3.22
	节点 6	0.28811×10^{-1}	0.29761×10^{-1}	3.30
单元最大轴力 /N	倒 Y 塔架	-0.38297×10^8	-0.38303×10^8	0.02
	主梁	0.17277×10^8	0.17286×10^8	0.05
	索	0.39654×10^7	0.39720×10^7	0.17
单元最大弯矩 /(N·m)	倒 Y 塔根(绕单元 Y)	0.21292×10^7	0.21906×10^7	2.88
	主梁(绕单元 Z)	0.17120×10^8	0.17062×10^8	0.34

注:表中最大是指相应数据的绝对值最大。

表 2-4　恒载与地震荷载作用下支座反力比较

支承体系 节点号	A 支承体系/N	B 支承体系/N	$\mid(B-A)/A\mid\times100\%$
9367	$(0.000,0.000,0.766\times10^6)$	$(0.000,0.000,0.767\times10^6)$	$(0,0,0.13)$
10034	$(0.000,0.000,0.191\times10^7)$	$(0.000,0.000,0.191\times10^7)$	$(0,0,0)$
9482	$(0.000,0.000,0.766\times10^6)$	$(0.000,0.000,0.767\times10^6)$	$(0,0,0.13)$
4	$(0.000,0.000,0.191\times10^8)$	$(0.550\times10^7,0.000,$ $0.191\times10^8)$	$(\infty,0,0)$
9994	$(-0.285\times10^8,$ $-0.962\times10^3,0.127\times10^8)$	$(-0.394\times10^8,$ $-0.150\times10^5,0.127\times10^8)$	$(38.2,1459,0)$
2	$(0.000,0.000,0.191\times10^8)$	$(0.539\times10^7,0.000,$ $0.191\times10^8)$	$(\infty,0,0)$
5	$(0.000,0.000,0.232\times10^8)$	$(0.000,0.000,0.232\times10^8)$	$(0,0,0)$
9510	$(0.000,0.793\times10^3,$ $0.129\times10^8)$	$(0.000,0.152\times10^5,$ $0.129\times10^8)$	$(0,1916,0)$
6	$(0.000,0.000,0.233\times10^8)$	$(0.000,0.000,0.233\times10^8)$	$(0,0,0)$
9152	$(0.000,0.000,0.706\times10^6)$	$(0.000,0.000,0.706\times10^6)$	$(0,0,0)$
9146	$(0.000,0.000,0.174\times10^7)$	$(0.000,0.000,0.174\times10^7)$	$(0,0,0)$
9131	$(0.000,0.000,0.750\times10^6)$	$(0.000,0.000,0.750\times10^6)$	$(0,0,0)$

注:(1) 支座节点号的位置参见图 2-13(a)。
(2) 各支承点反力为(F_x,F_y,F_z),F_x,F_y,F_z 依次为该支点 X 方向、Y 方向和 Z 方向的反力。

从表 2-3 可以看出,在恒载与地震荷载共同作用下,两种支承体系所引起的结构的最大变形和单元内力相差不大,水平位移相差较大的点为支承点 6(节点 2、4 由于在 B 支承体系是约束点,除外),两种体系相差 3.20%。两种体系单元的轴力和弯矩相差不大,一般不超过 1%,最大不超过 3%。可以得出结论,在恒载和地震荷载作用下,两种支承体系下整体结构的变形和内力相差不大。

从表 2-4 可以看出,恒载与地震荷载作用下,两种支承体系所引起的各支点的竖向反力比较一致,基本保持不变;但是所引起的部分支点的水平反力相差较大,在 Y 方向的水平反力虽然增加较多,但是本身力比较小,这里不再讨论。但是对于 X 方向的水平反力,支承点 9994 由 A 支承体系的 0.285×10^8N(2850 吨力)增加到 B 支承体系的 0.394×10^8N(3940 吨力),增加了 38.2%,而且数值很大,对于下部结构是很不利的。

相比之下,在恒载和地震荷载共同作用下,A 支承体系要优于 B 支承体系。

　　在风荷载作用下对两种支承体系的结构进行分析,可以得到同样的结论。

　　综合以上的比较可以看出,在各种荷载工况作用下,A 支承体系在引起结构位移增加微小的情况下,会大大降低支座反力,减小对下部结构的负担,因此后面均以 A 支承体系为基准进行分析计算。

2.2.4　指定荷载工况下复合结构的空间静力几何非线性分析

　　以新型斜拉桥与摩天轮复合结构成桥状态下的几何和内力状态为初始状态,在汽车活载作用工况下[23,35],分别考虑拉索垂度效应、梁柱效应、大位移效应对结构静力行为的影响。

　　汽车活载用一个均布荷载和一个集中力模拟,主跨:均布荷载 2500N/m²,每个车道集中荷载 300kN;边跨:均布荷载 2100N/m²,每个车道集中荷载 300kN,下层桥面施加 3500N/m²。摩天轮的活荷载:外圈每个节点施加 3000N 的集中力,如图 2-14 所示。

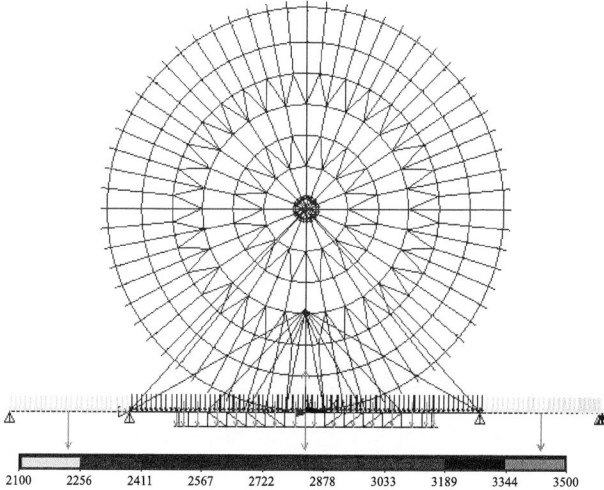

| 2100 | 2256 | 2411 | 2567 | 2722 | 2878 | 3033 | 3189 | 3344 | 3500 |

图 2-14　加载示意图(单位:Pa)

1. 分析描述

　　对斜拉桥的几何非线性效应,包括拉索垂度效应、梁柱效应和大位移效应,分别考虑其中一种或几种的组合,对新型斜拉桥与摩天轮复合结构在上述荷载工况下进行分析,以研究斜拉桥几何非线性对新型斜拉桥与摩天轮复合结构静力行为的影响。主要分析的类型如下。

(1) 非线性分析 1(NLA1):仅考虑大位移对结构非线性的影响。

(2) 非线性分析 2(NLA2):仅考虑主梁和桥塔的梁柱效应对结构性能的影响。

(3) 非线性分析 3(NLA3):考虑大位移效应和梁柱效应。

(4) 非线性分析 4(NLA4):考虑斜拉索垂度效应和梁柱效应。

(5) 非线性分析 5(NLA5):考虑斜拉索垂度效应和大位移效应。

(6) 非线性分析 6(NAL6):综合考虑拉索垂度效应、大位移效应和梁柱效应等对结构性能的影响。

2. 结果分析

在图 2-14 所示荷载作用下,结构变形如图 2-15 所示。

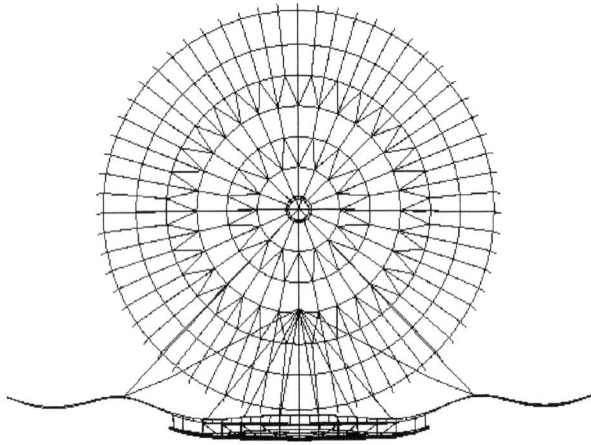

图 2-15　指定工况下的结构变形示意图

按照以上 6 种情况分别计算,选择典型位置的位移和内力进行比较。

位移选取位置为:①主梁四个点,BD1 为边跨中央截面,BD2 为主梁开口左端截面,BD3 为主梁开口中央截面,BD4 为主梁开口右端截面,以上四点仅比较其竖向位移;②塔架三个点,TD1 为塔架顶的横梁端部,TD2 为横梁中间,TD3 为倒 Y 塔架分叉点,这三点比较其 X、Y、Z 三个方向的位移。同时在摩天轮与主桥交界处选择控制点 WD1。各种工况下各控制点的位移如表 2-5 所示。

表 2-5　位移静力分析比较表

分析描述	位移/m							
	主梁竖向位移				塔架			摩天轮
	BD1	BD2	BD3	BD4	TD1	TD2	TD3	WD1
NLA1	−0.0684	−0.1700	−0.1819	−0.1732	0.0098 0.0005 −0.08807	0.0098 0.0007 −0.0888	0.0093 0.02507 −0.0860	−0.0938
NLA2	−0.0684	−0.1696	−0.1817	−0.1729	0.01058 0.0006 −0.0891	0.0106 0.0007 −0.0899	0.0101 0.0245 −0.0870	−0.0949
NLA3	0.0684	−0.1700	−0.1819	−0.1732	0.0098 0.005 −0.0881	0.0098 0.0007 −0.0888	0.0094 0.0251 −0.0860	−0.0938
NLA4	−0.0684	−0.1699	−0.1818	−0.1732	0.0106 0.0006 −0.0890	0.0105 0.0007 −0.0899	0.0101 0.0245 −0.0870	−0.0948
NLA5	−0.0683	−0.1702	−0.1821	−0.1732	0.0098 0.0005 −0.0880	0.0098 0.0007 −0.0888	0.0094 0.0251 −0.0860	−0.0938
NLA6	−0.0683	−0.1702	−0.1821	−0.1735	0.0098 0.0005 −0.0880	0.0098 0.0007 −0.0888	0.0094 0.0251 −0.0860	−0.0938

注:塔架每个控制点的位移从上到下依次为 X、Y、Z 方向位移。

内力选取的控制位置如下。①主梁三处,BF1 为主跨边纵梁左端靠近塔根处,BF2 为中间纵梁主跨中央处,BF3 为主跨边纵梁右端靠近塔根处,以上三个控制位置比较其轴力和绕单元 Z 轴的弯矩;②塔架两处,TF1、TF2 分别为左、右侧塔架塔根处,这两个控制点比较其轴力以及扭矩和弯矩;③拉索三根,左侧从外到内依次为 CF1、CF2、CF3,比较其轴力。各工况控制位置内力计算结构如表 2-6 所示。

下面根据上述 7 种情况的计算结果分析斜拉桥各种几何非线性因素对新型斜拉桥与摩天轮复合结构性能的影响。

1)斜拉索垂度的影响

比较 NLA3 和 NLA6,考虑斜拉索垂度效应后,结构主跨竖向位移和塔顶水平位移的变化很小,接近于 0。结构的内力变化也很小,由此可见,斜拉索垂度效应不是该结构几何非线性的主要因素。

表 2-6　内力分析比较表

分析描述	内力(轴力为 kN,弯矩为 kN·m)							
	主梁			塔架		拉索		
	BF1	BF2	BF3	TF1	TF2	CF1	CF2	CF3
NLA1	18002.0 587.6 1238.9 534.3	2560.8 0.6 −372.9 −4.3	18086.0 607.8 −1229.9 −422.0	−42260.0 3750.3 −2132.5 6436.0	−42560.0 3787.0 2108.8 −7179.4	4617.3	4909.5	3683.9
NLA2	18206.0 574.2 1257.7 567.4	2545.5 0.5 −373.0 −4.1	18297.0 594.1 −1250.9 −458.5	−42141.0 3710.8 −2013.5 6093.4	−42441.0 3751.0 1999.2 −6814.0	4606.8	4909.5	3685.3
NLA3	18002.0 587.6 1239.5 534.7	2560.8 0.6 −373.0 −4.4	18086.0 607.8 −1230.4 −422.4	−42260.0 3750.3 −2132.5 6436.1	−42560.0 3787.0 2108.8 −7179.4	4617.3	4909.5	3683.9
NLA4	18202.0 571.5 1257.4 574.6	2547.7 0.5 −372.1 −4.1	18293.0 592.3 −1250.7 −464.5	−42119.0 3710.2 −2009.5 6128.1	−42420.0 3750.4 1995.4 −6844.1	4592.6	4910.9	3689.8
NLA5	17997.0 585.0 1238.6 541.5	25630.0 0.6 −372.0 −4.3	18082.0 606.1 −1229.7 −427.9	−42238.0 3749.6 −2128.3 6470.8	−42539.0 3786.4 2104.9 −7209.1	4603.1	4910.9	3688.4
NLA6	17997.0 585.0 1239.1 541.9	2563.0 0.6 −372.1 −4.4	18082.0 606.1 −1230.2 −428.3	−42238.0 3749.6 −2128.3 6470.9	−42539.0 3786.4 2104.9 −7209.1	4603.1	4910.9	3688.3

注:主梁和塔架每个控制点的内力从上到下依次为轴力和绕 X 轴的扭矩以及绕 Y、Z 轴的弯矩。

2)大位移效应的影响

分别比较 NLA4 和 NLA6,NLA2 和 NLA3 的计算结果可以发现,考虑大位移效应后,边跨跨中和主跨跨中竖向位移变化很小,但是塔顶 X 方向水平位移减小了 8.84%,摩天轮与主桥交界处的竖向位移也减小了 1.05%。大位移效应是引起结构非线性的主要因素。

3)主梁和桥塔的梁柱效应的影响

比较 NLA5 和 NLA6 的计算结果可以看出,考虑梁柱效应后,结构主跨和边跨的竖向位移基本不变,结构内力变化相当小,可见梁柱效应也不是引起新型斜拉桥与摩天轮复合结构几何非线性的主要因素。

需要说明的是,上述的加载情况是恒载、活载共同作用下的一种加载模式,对于主跨的竖向位移和塔顶位移可能不是最大的荷载工况,相当于一种抽样计算。

综上所述,在指定工况下,通过单独与综合考虑各种几何非线性,对复合结构进行分析,在斜拉桥的三个几何非线性因素中,对于新型斜拉桥与摩天轮复合结构,大位移效应是导致结构几何非线性的主要因素,梁柱效应和斜拉索垂度效应所引起的几何非线性相当小,可以忽略不予考虑。

2.3　新型斜拉桥与摩天轮复合结构动力特性分析

2.3.1　斜拉桥动力分析概述

斜拉桥结构轻巧柔韧,在车辆动荷载和个别的人群动荷载、地震和风力作用下,必然会引起各种振动现象。各种振动轻则影响行车、行人舒适,重则使桥梁毁坏。一般来讲,对斜拉桥进行动力分析有三方面内容:一是抗风,二是抗地震,三是消除行车行人的不适感。因此,对斜拉桥进行动力分析,掌握其在动荷载作用下的反应十分重要。

进行结构动力分析的最终目的在于确定动力荷载作用下结构的内力、位移等量值随时间的变化规律,从而找出其最大值以作为设计或验算的依据。结构在动荷载作用下各截面的最大内力和位移都与结构自由振动的频率和振动形式密切相关,因而寻求自振频率和振型是进行各项动力分析包括抗风和抗震分析的前提和基础。

斜拉桥动力特性分析属于结构动力学分析方法范畴,可分为解析法和数值法。解析法建立在对结构充分简化的基础之上,此方法发展历史较长,可溯源于古典弦、杆振动理论。它抓住了一些控制桥梁结构动力安全的主要因素,它所基于的经典振动分析理论都得到了充分研究,在处理梁、拱及其简单组合体系方面已经建立起了一套较为完整的动力分析近似解析法[22,36]。

而随着电子计算机技术和结构有限元理论的长足发展,分析和计算复杂结构体系的能力得到了极大的增强,设计人员可以选择更接近于实际结构的力学模型进行分析。

本节主要介绍结构动力有限元法,并采用通用有限元程序 ANSYS 结合二次开发语言 APDL 分析新型斜拉桥与摩天轮的固有振动特性。

2.3.2 结构动力特性分析有限元法

1. 有限元法求解结构自振频率的步骤

(1) 将结构离散为杆件单元,用单元坐标系建立单元刚度方程,即

$$\{\bar{F}\}^m = [\bar{K}]^m \{\bar{\delta}\}^m - \omega^2 [\bar{m}]^m \{\bar{\delta}\}^m \tag{2-38}$$

式中,$\{\bar{\delta}\}^m$、$\{\bar{F}\}^m$ 为单元的节点位移和节点力向量;$[\bar{K}]^m$、$[\bar{m}]^m$ 为单元的刚度矩阵和质量矩阵。

单元刚度矩阵可按式(2-39)求得,即

$$[\bar{K}]^m = \int^e [B]^{\mathrm{T}} [D] [B] \mathrm{d}z \tag{2-39}$$

式中,$[B]$ 为应变矩阵;$[D]$ 为弹性矩阵。

单元质量矩阵可按(2-40)求得,即

$$[\bar{m}]^m = \int^e \int_F \rho [a]^{\mathrm{T}} [a] \mathrm{d}F \mathrm{d}z \tag{2-40}$$

式中,ρ 为单位体积的质量;$[a]$ 为单元内质点位移与单元节点位移的关系矩阵。

(2) 建立整体坐标系的单元刚度方程。

利用直接集成法,求出整体结构的刚度方程为

$$([K] - \omega^2 [M]) \{\delta\} = [F] \tag{2-41}$$

式中,$\{\delta\}$ 及 $[F]$ 分别是结构整体的节点位移和节点力向量;$[K]$ 及 $[M]$ 分别是结构整体的刚度矩阵和质量矩阵。

(3) 根据支承条件、斜拉桥的几何非线性影响对刚度方程进行修正,得到如下的基本方程,即

$$([K]^* - \omega^2 [M]^*) \{\delta\} = 0 \tag{2-42}$$

因为是讨论自由振动,所以 $[F] = 0$。

(4) 建立频率方程,为使齐次方程有非零解,其系数行列式应为零,即

$$[K]^* - \omega^2 [M]^* = 0 \tag{2-43}$$

解此方程,即可求出自振频率。

2. 有限元法求解结构自振特性在 ANSYS 中的实现

在 ANSYS 中,寻找结构的自振频率和振型主要通过模态分析来实现。

模态分析用于确定结构或机器部件的振动特性(固有频率和振型)。固有频率和振型是承受动力荷载结构设计的重要参数,也是其他动力学(瞬态动力学分析、谐响应分析等)的起点。谐分析、模态叠加法谐响应分析、瞬态动力学分析的前期分析过程中包含模态分析的内容。

典型的无阻尼模态分析求解的基本方程是经典的特征值问题。

$$[K]\{\Phi_i\} = \omega_i^2[M]\{\Phi_i\} \qquad (2\text{-}44)$$

式中,$[K]$ 为刚度矩阵;$\{\Phi_i\}$ 为第 i 阶模态的振型向量(特征向量);ω_i 为第 i 阶模态的固有频率;$[M]$ 为质量矩阵。

ANSYS 求解上述方程常用的方法有子空间法、兰索斯(Lanczos)法、缩减法等。其中子空间法使用子空间迭代技术,内部使用广义 Jacobi 迭代算法,采用完整的质量矩阵、刚度矩阵,精度很高,但计算速度比缩减法慢。常用于精度要求高但无法选择主自由度的情形,特别适用于大型对称特征值求解问题。本书对结构的自振特性分析采用了子空间法。

2.3.3　新型斜拉桥与摩天轮复合结构自振特性分析

新型斜拉桥与摩天轮复合结构动力分析模型中,结构中各构件的模拟与静力分析相同,这里不再对其详细阐述。本节采用上述理论在 ANSYS 中分别对新型斜拉桥、摩天轮和新型斜拉桥与摩天轮复合结构进行动力学分析。

1. 摩天轮与斜拉桥各自的自振特性

(1)单独考虑新型斜拉桥时,其前 15 阶自振频率及振型描述如表 2-7 所示,相应的各振型如图 2-16 所示。

表 2-7　新型斜拉桥前 15 阶自振频率

振型序号	频率/Hz	振型描述
1	0.4648	主梁局部弯曲
2	0.6398	桥塔横向振动
3	1.5635	桥塔纵向弯曲振动
4	1.7048	主梁竖向振动
5	1.9663	桥塔横向对称振动
6	1.9883	主梁竖弯、塔纵弯
7	2.1522	主梁扭、桥塔弯
8	2.3645	主梁竖向振动

续表

振型序号	频率/Hz	振型描述
9	2.5084	主梁竖弯
10	2.5891	主梁竖弯
11	2.6764	主梁竖弯
12	3.0057	主梁局部弯曲
13	3.0830	塔梁横弯
14	3.0895	主梁横弯
15	3.2185	塔梁纵扭

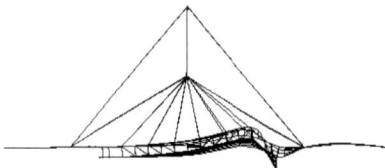
（a）振型1（f=0.4648Hz）

（b）振型2（f=0.6398Hz）

（c）振型3（f=1.5635Hz）

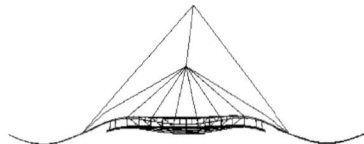
（d）振型4（f=1.7048Hz）

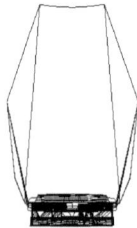
（e）振型5（f=1.9663Hz）

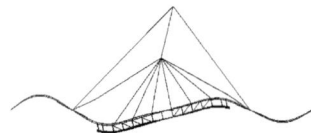
（f）振型6（f=1.9883Hz）

（g）振型7（f=2.1522Hz）

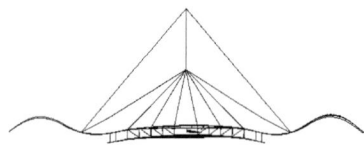
（h）振型8（f=2.3645Hz）

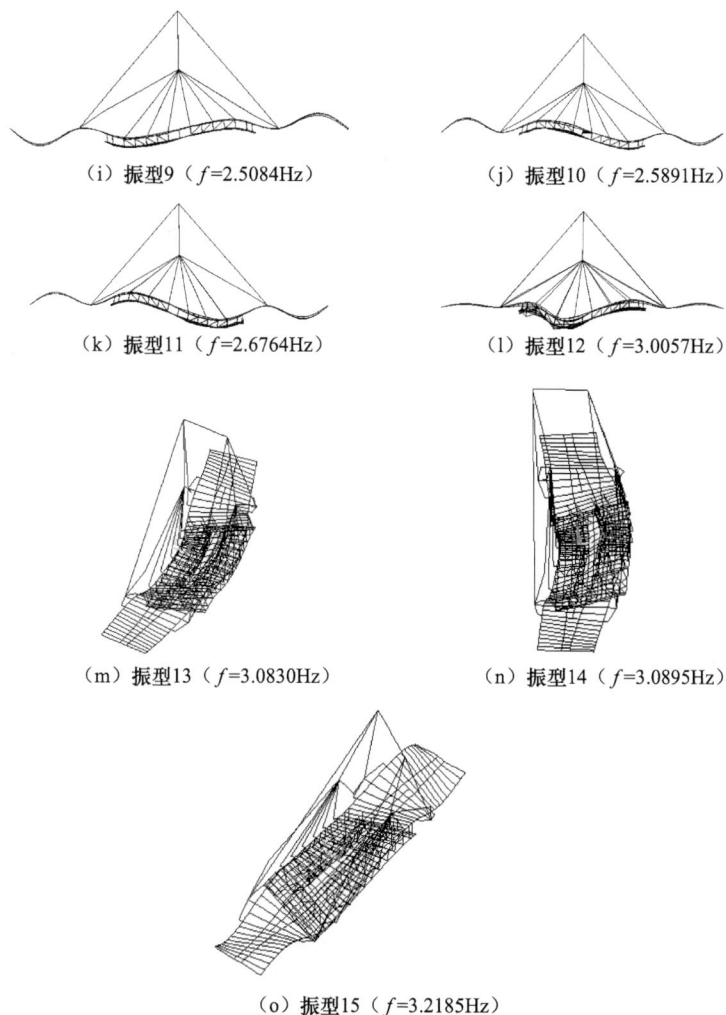

（i）振型9（f=2.5084Hz）　　　　　（j）振型10（f=2.5891Hz）

（k）振型11（f=2.6764Hz）　　　　　（l）振型12（f=3.0057Hz）

（m）振型13（f=3.0830Hz）　　　　　（n）振型14（f=3.0895Hz）

（o）振型15（f=3.2185Hz）

图 2-16　新型斜拉桥前 15 阶振型图

（2）单独考虑摩天轮时,其前 15 阶自振频率和振型描述如表 2-8 所示,相应的各振型如图 2-17 所示。

表 2-8　摩天轮前 15 阶自振频率

振型序号	频率/Hz	振型描述
1	0.6113	以外第三圈环杆为界转动
2	1.7879	以外第五圈环杆为界转动

续表

振型序号	频率/Hz	振型描述
3	1.8953	绕 Z 轴沿 Y 向摆动
4	1.9270	绕 X 轴沿 Y 向摆动
5	2.0802	整体面外振动
6	2.0917	二阶扭摆
7	2.2397	二阶扭摆
8	2.5997	外两圈反向转动
9	2.6196	三阶扭摆
10	2.6288	三阶扭摆
11	3.0625	四阶扭摆
12	3.0649	四阶扭摆
13	3.4514	五阶扭摆
14	3.4516	五阶扭摆
15	3.5154	内圈扭振

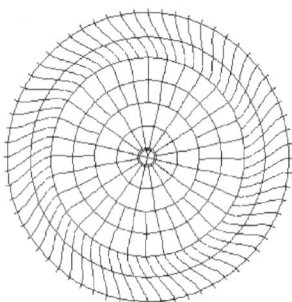

（a）振型1（f=0.6113Hz）

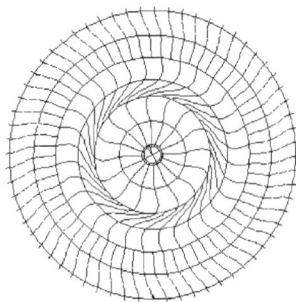

（b）振型2（f=1.7879Hz）

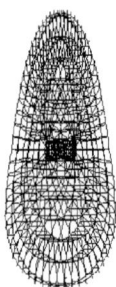

（c）振型3（f=1.8953Hz）

（d）振型4（f=1.9270Hz）

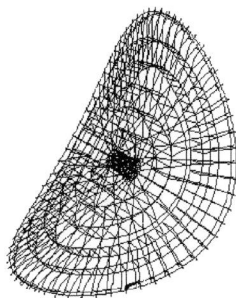

（e）振型5（f=2.0802Hz）　　　　　　　　（f）振型6（f=2.0917Hz）

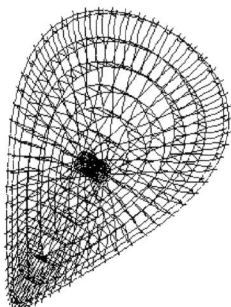
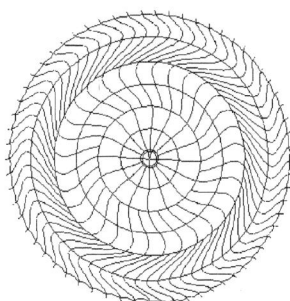

（g）振型7（f=2.2397Hz）　　　　　　　　（h）振型8（f=2.5997Hz）

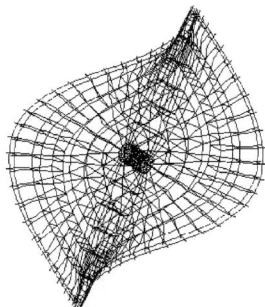
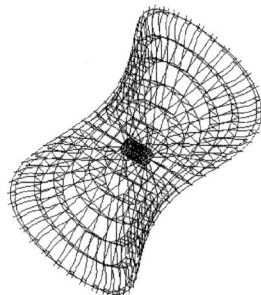

（i）振型9（f=2.6196Hz）　　　　　　　　（j）振型10（f=2.6288Hz）

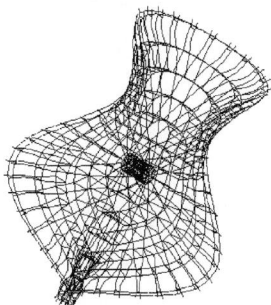
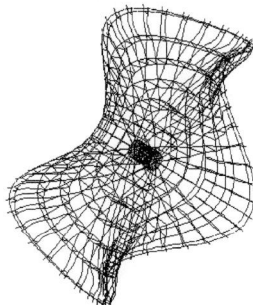

（k）振型11（f=3.0625Hz）　　　　　　　　（l）振型12（f=3.0649Hz）

（m）振型13（*f*=3.4514Hz）　　　　　　（n）振型14（*f*=3.4516Hz）

（o）振型15（*f*=3.5154Hz）

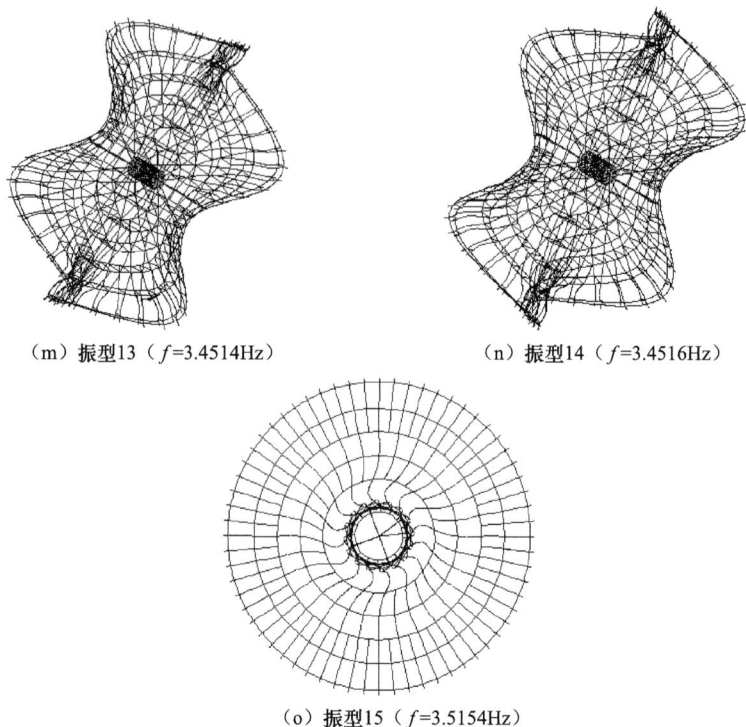

图 2-17　摩天轮振型图

2. 新型斜拉桥与摩天轮复合结构的自振特性

新型斜拉桥与摩天轮复合结构的前 30 阶自振频率及振型描述如表 2-9 所示，前 15 阶振型如图 2-18 所示。

表 2-9　新型斜拉桥与摩天轮复合结构前 30 阶自振频率

振型序号	频率/Hz	振型描述
1	0.4420	塔横向振动
2	0.5602	摩天轮外两圈转动
3	0.8169	塔局部弯曲、摩天轮绕 *Z* 轴面外摆
4	0.8214	摩天轮绕 *Z* 轴面外摆
5	0.8731	摩天轮外两圈转动、*X* 向振动
6	1.2107	摩天轮绕 *X* 向面外摆动
7	1.6688	主梁竖向振动

续表

振型序号	频率/Hz	振型描述
8	1.8351	摩天轮内两圈转动
9	1.9458	主梁竖弯、摩天轮中间两圈转动
10	1.9628	桥塔横向振动、主梁竖弯
11	1.9872	摩天轮下部沿 Y 向摆动、塔横弯
12	2.0836	摩天轮扭摆
13	2.1043	摩天轮外一、三、五圈转动
14	2.2388	摩天轮扭摆
15	2.3529	主梁竖向振动
16	2.5259	主梁竖弯
17	2.6149	摩天轮扭摆
18	2.6257	摩天轮扭摆
19	2.9161	主梁边跨扭摆、摩天轮横弯
20	2.9435	塔、主梁、摩天轮横弯
21	2.9691	主梁边跨扭、摩天轮横弯
22	2.9915	主梁边跨扭、摩天轮横弯
23	3.0017	主梁、塔、摩天轮竖向振动
24	3.0342	摩天轮、主梁主跨竖向振动
25	3.0623	摩天轮扭摆
26	3.0646	摩天轮扭摆
27	3.1787	摩天轮、主梁横弯
28	3.2232	摩天轮横弯、主梁扭转
29	3.2247	主梁边跨竖弯
30	3.2306	主梁局部竖弯、摩天轮局部扭弯

（a）振型 1（f=0.4420Hz）

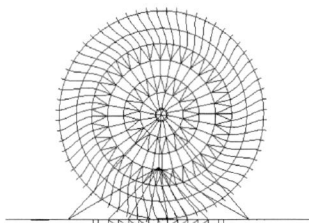

（b）振型 2（f=0.5602Hz）

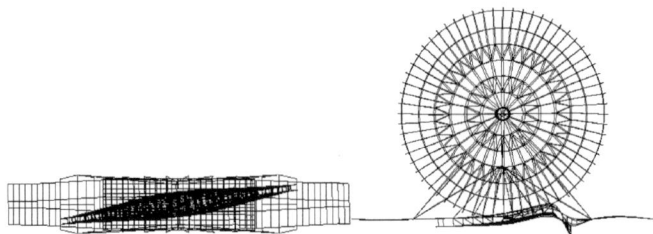

（c）振型3（f=0.8169Hz）

（d）振型4（f=0.8214Hz）

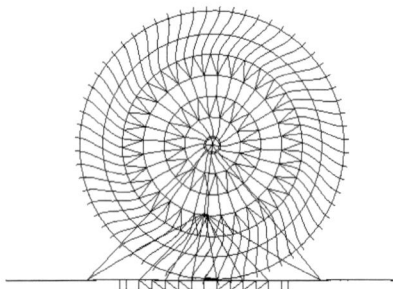

（e）振型5（f=0.8731Hz）

（f）振型6（f=1.2107Hz）

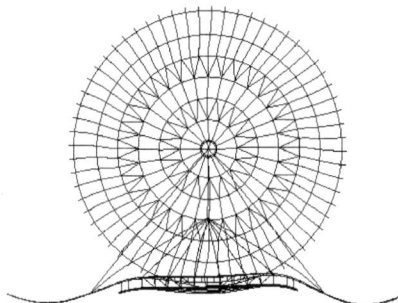

（g）振型7（f=1.6688Hz）

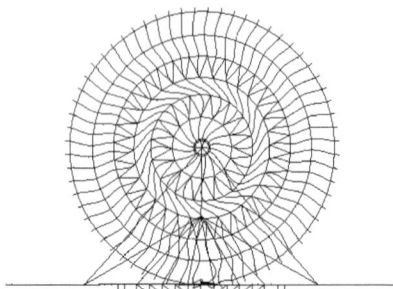

（h）振型8（f=1.8351Hz）

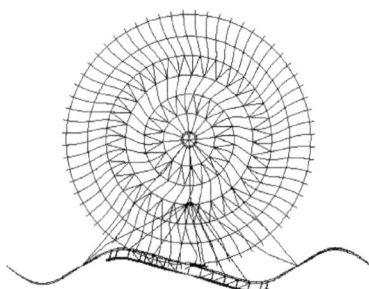

（i）振型9（f=1.9458Hz）

（j）振型10（ f=1.9628Hz）　　　　　　　（k）振型11（ f=1.9872Hz）

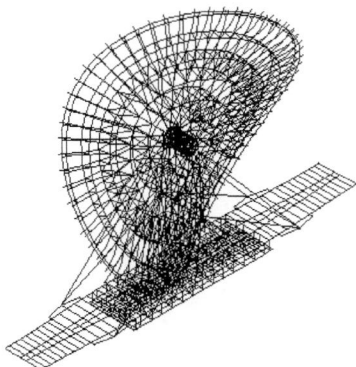 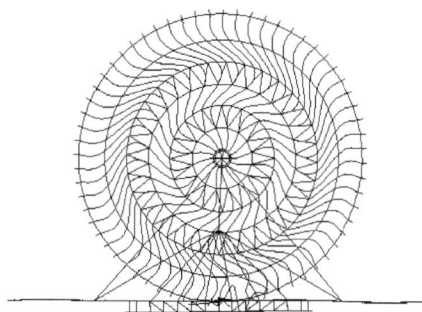

（l）振型12（ f=2.0836Hz）　　　　　　　（m）振型13（ f=2.1043Hz）

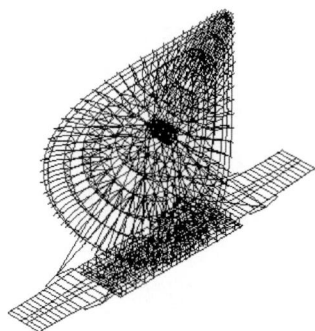 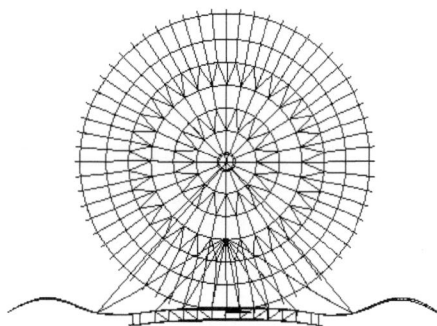

（n）振型14（ f=2.2388Hz）　　　　　　　（o）振型15（ f=2.3529Hz）

图 2-18　新型斜拉桥与摩天轮复合结构前 15 阶振型图

　　将表 2-7～表 2-9 中斜拉桥、摩天轮和复合结构的频率绘制成图,如图 2-19
所示。

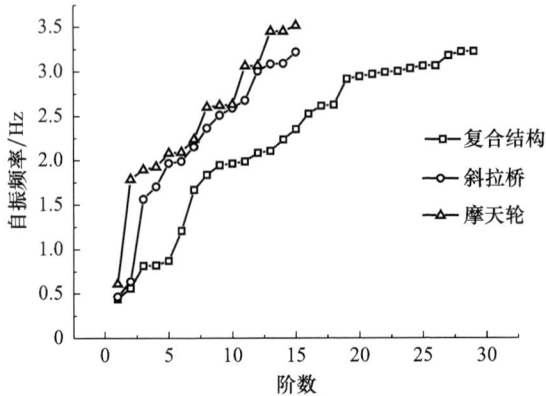

图 2-19 斜拉桥、摩天轮和复合结构频率分布图

3. 计算结果分析

从表 2-7～表 2-9 和图 2-19 可以看出,新型斜拉桥与摩天轮复合结构的自振特性不是两种独立结构斜拉桥与摩天轮的简单叠加,由于两种结构的组合,复合结构的自振特性与每种结构自振特性主要有以下几点不同。

(1) 单独考虑斜拉桥时,其第一阶振型为主梁的局部弯曲,而复合结构整体分析时,其第一阶振型为塔的横向振动。

(2) 塔的振动。

单独考虑斜拉桥时,桥塔的基本振动即横向振动为结构第二阶振型,频率为 0.6398Hz;其纵向弯曲振动为第三阶振型,其频率为 1.5635Hz;塔的横向对称振动为振型 5,频率 1.9663Hz。

而在复合结构中,塔的横向振动为整体结构的第一振型,频率为 0.4420Hz,较之单独考虑斜拉桥有所降低;而纵向振动与摩天轮的振动耦合,频率为 0.8731Hz,比单独考虑降低近一半;桥塔的横向对称摆振为第十阶振型,频率为 1.9628Hz,与单独考虑基本持平。

可以看出,由于摩天轮的存在,桥塔的振动偏向高阶,且频率有所降低。

(3) 摩天轮的振动。

单独考虑摩天轮,其第一阶振型为以外第三圈环杆为界的转动,频率为 0.6113Hz;在复合结构中,为整体结构第二阶振型,频率为 0.5602Hz。

对于以外第五圈环杆为界的转动,单独考虑摩天轮时为第二阶振型,频率为 1.7879Hz;在复合结构中为第八阶振型,频率为 1.8351Hz。

对于摩天轮的横摆,频率为 1.8953Hz,在复合结构中出现了两个横摆振型,频率分别为 0.8169Hz 和 0.8214Hz,前者还与主梁的局部振动耦合在一起。

(4) 主梁的振动。

① 主梁的局部振动,单独考虑时频率为 0.4648Hz,在复合结构中频率为 0.8169Hz。

② 主梁的一阶竖向振动,单独考虑时频率为 1.7048Hz,在复合结构中频率为 1.6688Hz;主梁的二次竖向振动,单独考虑时频率为 2.3645Hz,在复合结构中频率为 2.3529Hz。

③ 主梁的一次竖弯振动,单独考虑时频率为 1.9883Hz,在复合结构中频率为 1.9458Hz;主梁的二次竖向弯曲振动,单独考虑时频率为 2.5084Hz,在复合结构中为频率为 2.5259Hz。

④ 主梁第一次横弯,单独考虑时频率较高,为 3.0830Hz,且与塔弯耦合;在复合结构中频率为 2.9435Hz,且与塔、摩天轮的横弯耦合在一起。

4. 新型斜拉桥与摩天轮复合结构自振特性总结

综合分析,新型斜拉桥与摩天轮复合结构的自振特性有以下特点。

(1) 新型斜拉桥与摩天轮具有分段密集的频谱,且振型复杂,通常是各种振动耦合在一起。

(2) 由于新型斜拉桥与摩天轮的相互作用,各斜拉桥与摩天轮各自的基本自振频率都较之单独考虑时要低,且出现在相对较高的振型上。

(3) 由于新型斜拉桥与摩天轮复合结构的桥宽约为梁高的 20 倍,并且塔梁固结对梁有横向约束作用,使得梁的横向刚度较大,因此梁的横弯出现在较高阶的振型上。

(4) 在低阶的频率中,摩天轮的振型所占比例较多,而新型斜拉桥占有比例较少,且多数与摩天轮的振动耦合在一起。

第3章 新型斜拉桥与摩天轮复合结构
地震响应分析

3.1 斜拉桥地震响应研究的发展与现状

地震历来是严重危害人类的一大自然灾害,尤其是最近 20 余年,全球发生了许多次大地震,其中多次破坏性地震都是在城市,造成了非常惨重的生命财产损失,如 1971 年美国 San Fernando 地震(M6.6)、1976 年中国唐山地震(M7.8)、1989 年美国 Loma Prieta 地震(M7.0)、1994 年美国 Northridge 地震(M6.7)以及 1995 年日本阪神地震(M7.2)。这几次地震灾害的共同特点是:桥梁工程遭到严重破坏,切断了震区交通生命线,造成救灾工作的巨大困难,使次生灾害加重,导致了巨大的经济损失。几次大地震一再显示了桥梁工程破坏的严重后果,也一再显示了桥梁工程抗震研究的重要性。

桥梁结构的地震响应分析是一个抗震动力学问题。需要建立结构地震振动微分方程,然后通过求解振动方程得到结构地震响应(位移、内力等)。微分方程的解包含两部分:一个是对应的齐次方程的通解;另一个是微分方程的特解。前者代表结构的固有振动或自由振动,后者代表地震作用下的强迫振动。实际桥梁结构的阻尼比一般都小于 0.05,所以总会出现自由振动,而且阻尼对结构自振频率的影响微不足道。桥梁结构的自振周期和地震波的卓越(主要)周期越接近,它的振型受地震力的影响越大;而它的阻尼比越小,结构所受的震害也越大。分析和认识桥梁结构的自振周期、振型和阻尼比等动力特性对桥梁结构的地震响应分析意义重大。

大跨度桥梁的抗震分析理论可分为确定性分析和随机振动分析两类。近一个世纪以来,逐步建立并发展起来的确定性地震响应分析方法有静力法、动力反应谱法和动态时程分析法。

3.1.1 静力法

静力法是早期采用的分析方法。假定结构物与地震动具有相同的振动,

把结构物在地面运动加速度作用下产生的惯性力视为静力作用于结构物上进行抗震计算。惯性力计算公式为

$$F = \ddot{\delta}_g M = \ddot{\delta}_g \frac{W}{g} = KW \tag{3-1}$$

式中,$\ddot{\delta}_g$ 为地面运动加速度;M 为结构物质量;W 为结构物各部分重量;K 为地面运动加速度峰值与重力加速度 g 的比值。

静力法忽略了结构的动力特性这一重要因素,把地震加速度看成结构地震破坏的单一因素,因而有很大的局限性,只有当结构物的基本固有周期比地面运动卓越周期小很多时,结构物在地震振动时才可能几乎不产生变形而可以被当作刚体,静力法才能成立。

3.1.2　动力反应谱法

反应谱法是动力分析的方法之一。采用"地震荷载"的概念,从地震动出发求结构的最大地震响应,但同时考虑了地面运动和结构的动力特性,比静力法有很大的进步。

1) 单质点体系的最大地震力计算

单质点体系的最大地震力为

$$
\begin{aligned}
P &= M \mid \ddot{\delta}_g + \ddot{\delta} \mid_{\max} \\
&= M \cdot g \cdot \frac{\mid \ddot{\delta}_g \mid_{\max}}{g} \cdot \frac{\mid \ddot{\delta}_g + \ddot{\delta} \mid_{\max}}{\mid \ddot{\delta}_g \mid_{\max}} \\
&= k_H \cdot \beta \cdot W
\end{aligned}
\tag{3-2}
$$

式中,g 为重力加速度;W 为体系的总重量;$k_H = \dfrac{\mid \ddot{\delta}_g \mid_{\max}}{g}$ 定义为水平地震系数,根据设防烈度选用;$\beta = \dfrac{\mid \ddot{\delta}_g + \ddot{\delta} \mid_{\max}}{\mid \ddot{\delta}_g \mid_{\max}}$ 定义为动力放大系数,根据选定的反应谱线及体系的自振周期确定。

2) 多质点体系的最大地震力计算

多质点体系的最大地震力计算的反应谱法主要包括两个基本步骤:首先根据强震记录统计用于设计的地震响应谱;其次将结构振动方程进行振型分解,将物理位移用振型广义坐标表示,而广义坐标的最大值由单质点体系的反应谱理论计算各振型的最大反应。最后,反应最大值可通过适当的方法将各振型的反应组合起来得到,反应谱组合方法有 SRSS、CQC、IGQC、SUM、

DSC、分组方法等[37,38]。

动力反应谱法的优点是,一旦设计反应谱确定后,反应谱法的计算工作量主要就集中在振型分解及其反应的组合工作上。此外,地震动的能量主要集中在 20Hz 以下的频带,激发的建筑结构反应的震动频率较低。应用反应谱法,只取少数几个低阶振型就可以求得较为满意的结果,计算量少。另外,反应谱法将时变动力问题转化为拟静力问题,易于为工程师所接受[22]。

动力反应谱法的最大缺点是,原则上只适用于线性结构体系,但结构在强烈地震中一般都要进入非线性状态,弹性反应谱法不能直接使用,在《公路工程抗震设计规范》(JTJ 004—89)中通过一个综合影响系数 C_z 考虑结构的延性耗能作用,则 $P = C_z \cdot k_H \cdot \beta \cdot W$。另外,地震响应谱损失相位信息,不能反映结构在地震动过程中的经历。经叠加得到的结构反应最大值是一个近似值,尽管可能是一个很好的近似值。反应谱的各种叠加方案都有一定的局限性,不是任何情况下都能给出满意结果。因此,我国桥梁抗震设计规范只适用于 150m 以下的梁桥和拱桥,不适用于大跨斜拉桥与悬索桥的抗震设计。

3.1.3 动态时程分析法

由于反应谱法存在上述局限性,20 世纪 60 年代后,时程分析法被引入大跨度桥梁的分析中。它将连续结构物离散为多节点、多自由度的体系,建立有限元动力方程,将地震加速度时程直接输入,计算结构的响应,使大跨度桥梁的地震响应分析进入动力分析阶段[22]。与反应谱法只能得到结构的最大响应不同,时程分析得到的是结构在地震动作用下的响应时程,可详细了解结构在整个地震持时内的结构响应,可同时反映出地震动的三要素,即振幅、频谱、持时对结构响应的影响。而且除了在进行时程积分时引入一些假定,时程分析法基本没有其他限制,适用范围较广,既能处理线性问题,又能处理非线性问题;既能处理一致激励的情况,又能处理地震时程相位差及不同地震时程多分量多点输入的非一致激励情况,并且桩-土结构相互作用也能得到合理的处理。但地震动是一个随机过程,结构的地震响应也同样如此,因此必须采用一定数量的时程进行计算,才能对结构的抗震性能进行较为客观的评价,这是时程分析较为突出的一个特点。此外时程分析法的计算结果对所选取的地震动时程依赖较大,采用在同一地震中相隔不远的几个观测站记录到的若干条地震记录进行时程分析时,得到的响应可能相差若干倍[39]。

当前国内外在大跨度桥梁结构的抗震分析中,仍以规范推荐的反应谱法作为主要方法。在应用时必须假定所有的支座之间是刚性连接,而且仅能考虑线性分析,所以反应谱法适用于跨度不大的结构。因为地震时从震源释放出来的能量以波的形式传到地面,在地面上不同的点接收到的地震波可能经过不同的路径、不同的地形和不同的地质条件,反映在地表上的振动不会完全相同。即使场地土情况变化不大,也可能因地震波沿桥纵轴向先后到达的时间差,引起各支承处输入地震时程的相位差,这被称为行波效应。因此,地面的非一致激励是客观存在的。地面一致激励假定结构各支承点的地震波完全相同,这种假定对平面尺寸和跨度都很小的结构物是可以接受的,但对于平面尺寸和跨度较大的结构,如大跨度斜拉桥[40]、大坝[41]等,地面运动的空间变化显著,这种空间变化对地震响应的影响是很重要的。这时必须考虑因地面变形或相位差而引起的结构支座之间的相对运动,即考虑多点不均匀激励。这些复杂因素用反应谱法难以计算,而用时间历程法就可以很好地处理上述问题。

3.1.4 随机振动法

随机振动法是基于随机地震动场的概率性地震响应分析方法。该方法建立在地面运动统计特征的基础上,提供对响应的统计度量,而不受任意选择的某一个输入运动的控制,被认为是处理大跨度结构抗震的有力手段。长期以来,由于此方法数学处理比较复杂,计算量很大,所以难以在工程中广泛应用。

近 20 年来,布设于世界各地的密集台阵的强震记录积累,推动了空间变化地震动的发展,建立了地震动模拟的随机模型。该模型将桥梁场地的地震动作为一个多维随机场或多维矢量随机过程,用互谱密度函数来表达地面各点运动的相关性以考虑部分相关效应,以自谱密度函数来反映局部场地效应,采用数值方法模拟地震动时程[42-45]。近年来,出现的虚拟激励法用计算力学手段突破了随机振动法计算效率低的瓶颈,而且方法简便,在理论上属于精确解,所以正被日益广泛地接受。

3.2 一致性输入下的地震响应分析

本节采用时程分析法对新型斜拉桥与摩天轮复合结构进行分析,以获得在地震作用下结构每个时刻的动力反应。

3.2.1　斜拉桥地震响应时程分析法

在进行桥梁结构地震的时程分析时,其主要步骤为:①确定合适的地震动输入;②建立结构系统的数学模型和振动方程,采用有限元法将结构离散化,建立结构动力学模型,然后确定各离散单元的力学特性,最终建立相应的地震振动方程;③选择合适的方法求解地震振动方程以得到地震响应。

1. 地震动加速度时程的输入

结构的地震响应以及破坏与否,除和结构的动力特性、弹塑性变形性质、变形能力有关,还和地震动的特性(幅值、频谱特性和持续时间)密切相关。因此,采用时程分析法对结构进行地震响应分析时,需要正确选择输入地震动加速度时程。目前在抗震设计中有关地震动加速度时程的选择主要有下列三种方法,即直接利用强震记录、采用人工地震加速度时程和规范标准化地震加速度时程。

常用的强震记录有埃尔森特罗波(El-Centro)、塔夫特波(Taft,滦县)、天津波等。天津波适用于软弱场地,而塔夫特波、埃尔森特罗波等分别适用于坚硬、中硬和中软场地。人工加速度时程是根据随机振动理论产生的符合所需统计特征(加速度峰值、频谱特性、持续时间)的地震加速度时程。有两种途径:以规范设计反应谱为目标拟合而成;对建桥桥址场地进行地震危险性分析,提供基岩的地震运动参数,进一步生成基岩和场地的人工地震加速度时程。

2. 地震动输入模式

地震地面运动在时间上和空间上都具有高度的变化性,其输入模式直接关系到地震响应分析的结果,要根据实际情况选取。地震动的输入模式又可分为同步、不同步单点输入以及同步、不同步多点输入。

在跨度不是特别大、基础相距不远的结构的地震响应分析中,一般只考虑其时间变化性,而不考虑其空间变化性。因此,在进行地震分析时,可认为各个支承点的水平地面运动相同,进行同步输入,又称进行一致激励。对于桥梁长度(或单跨跨度)很大的桥梁,各支承点可能位于显著不同的场地上,因此应考虑地面运动的空间变化性(包括行波效应),进行不同步输入。

新型斜拉桥与摩天轮复合钢结构主桥全长204m,单跨最大为主跨120m,基础相距较近,因此在本节分析中进行同步输入,不考虑地面运动的空间变化性。

3. 地震振动方程

斜拉桥地震作用下的有限元动力平衡方程为[13,17]

$$[M]\{\ddot{\delta}\} + [C]\{\dot{\delta}\} + [K]\{\delta\} = F(t) \qquad (3-3)$$

式中，$[M]$、$[C]$、$[K]$分别为整体结构的总质量矩阵、阻尼矩阵、刚度矩阵；$\{\ddot{\delta}\}$、$\{\dot{\delta}\}$、$\{\delta\}$分别为结构的加速度、速度、位移向量；$F(t)$为地震激励，有

$$F(t) = [M]\{I_x\}\{\ddot{\delta}_g(t)\} \qquad (3-4)$$

式中，$\{I_x\}$、$\{\ddot{\delta}_g(t)\}$为地震的加速度向量。

方程(3-3)为线性时程分析的动力平衡方程。线性时程分析和非线性时程分析的本质区别在于，线性时程分析时结构的刚度矩阵和阻尼矩阵是不随时间变化的，而非线性时程分析时结构的刚度矩阵和阻尼矩阵是随时间变化而变化的，通常仍然假设在每一个小时段内的刚度矩阵是不变化的。非线性时程分析实际上是用每个时段起始时结构位置处的切线刚度矩阵和切线阻尼矩阵来描述结构，其非线性是通过一系列不断变化的线性体系来逐渐逼近的。考虑几何非线性斜拉桥的时程分析的动力增量平衡方程为

$$[M]\{\Delta\ddot{\delta}(t)\} + [C_t]\{\Delta\dot{\delta}(t)\} + [K_t]\{\Delta\delta(t)\} = \{\Delta P(t)\} \qquad (3-5)$$

式中

$$\{\Delta\delta(t)\} = \{\delta(t+\Delta t)\} - \{\delta(t)\}$$

$$\{\Delta\dot{\delta}(t)\} = \{\dot{\delta}(t+\Delta t)\} - \{\dot{\delta}(t)\}$$

$$\{\Delta\ddot{\delta}(t)\} = \{\ddot{\delta}(t+\Delta t)\} - \{\ddot{\delta}(t)\}$$

4. 动力平衡方程的求解

动力平衡方程的求解通常有两种方式：振型叠加法和直接积分法。其中，振型叠加法是利用多自由度系统的固有频率和振型的特性，将结构动力响应分解为各个振型向量，对各个振型分量分别求解后叠加到实际的响应；直接积分法是对没有经过变换的动力平衡方程直接进行逐步积分的数值积分。

用直接积分法求解时，将时间全程 T_d 分为 n 个相等的时间区间 $\Delta t(\Delta t = T_d/n)$，要求确定每个时刻 $0, \Delta t, 2\Delta t, 3\Delta t, \cdots, t, \cdots, T_d$ 上运动方程的近似解。直接积分法是根据前面时刻已经确定的位移、速度、加速度、瞬时的运动平衡方程，以及对于速度、加速度在时间区间内变化的假定而解出当前的位移、速度和加速度。

直接积分法有中心差分法、常数加速度法、平均加速度法、线性加速度法、Wilson-θ 法、Newmark-β 法、Houbolt 法等[13]。下面仅介绍本书计算时所采用的 Newmark-β 法。

结构的瞬时运动平衡方程为

$$[M]\{\ddot{\delta}(t+\Delta t)\} + [C]\{\dot{\delta}(t+\Delta t)\} + [K]\{\delta(t+\Delta t)\} = \{P(t+\Delta t)\}$$

$$(3\text{-}6)$$

结构的位移、速度和加速度假定为

$$\{\dot{\delta}(t+\Delta t)\} = \{\dot{\delta}(t)\} + [(1-\alpha)\{\ddot{\delta}(t)\} + \alpha\{\ddot{\delta}(t+\Delta t)\}]\Delta t \quad (3\text{-}7\text{a})$$

$$\{\delta(t+\Delta t)\} = \{\delta(t)\} + \{\dot{\delta}(t)\}\Delta t + [(1/2-\beta)\{\ddot{\delta}(t)\}$$
$$+ \beta\{\ddot{\delta}(t+\Delta t)\}]\Delta t^2 \quad (3\text{-}7\text{b})$$

式中，α 和 β 为积分常数。

进行求解的基本过程为：已知 t 时刻的状态向量，可以由式(3-7b)得到 $\{\ddot{\delta}(t+\Delta t)\}$，将它代入式(3-7a)得到 $\{\dot{\delta}(t+\Delta t)\}$，再一并代入式(3-7b)即可得到一个关于未知量 $\{\delta(t+\Delta t)\}$ 的拟静力平衡方程，求解拟静力平衡方程得到 $\{\delta(t+\Delta t)\}$，进而得到 $\{\dot{\delta}(t+\Delta t)\}$ 和 $\{\ddot{\delta}(t+\Delta t)\}$。

3.2.2　地震响应时程分析在 ANSYS 中的实现

斜拉桥的地震时程分析在 ANSYS 中可以通过瞬态动力学分析实现。

瞬态动力学(时间历程分析)是用于确定承受任意的随时间变化荷载的结构动力学响应的一种方法。可以用瞬态动力学分析确定结构在静荷载、瞬态荷载、简谐荷载的任意组合作用下位移、应力、应变、力随着时间变化的规律。

瞬态动力学求解的基本运动方程为

$$[M]\{\ddot{u}\} + [C]\{\dot{u}\} + [K]\{u\} = \{F(t)\} \quad (3\text{-}8)$$

式中，$[M]$ 为质量矩阵；$[C]$ 为阻尼矩阵；$[K]$ 为刚度矩阵；$\{\ddot{u}\}$ 为节点加速度向量；$\{\dot{u}\}$ 为节点速度向量；$\{u\}$ 为节点位移向量。

在 ANSYS 中，瞬态动力学分析采用 Newmark-β 法求解上述动力学方程。分析的过程可以采用完全法、缩减法、模态叠加法进行求解。完全法采用完整的系统矩阵计算瞬态响应，功能最强大，适用范围最广，允许存在各类非线性特性(如塑性、大变形、大应变等)，方便使用；允许存在各种非线性；允许施加所有类型荷载；可以在实体模型上直接加载。

进行瞬态动力学分析的基本步骤为：①建立有限元模型；②加载；③求解。

3.2.3　新型斜拉桥与摩天轮复合结构一致性输入地震响应分析

1. 模型的建立

对新型斜拉桥与摩天轮复合结构进行地震时程反应分析时,采用三维空间有限元模型,其中桥塔、主梁和索等各种构件的模拟,各种斜拉桥几何非线性的处理方法同第 2 章,这里不再赘述。

2. 地震加速度时程曲线的选取

针对新型斜拉桥与摩天轮复合结构所处的地理位置及其地质情况,本节在进行时程分析时选用东西方向适合于三类场地的天津波。其加速度时程曲线如图 3-1(a)所示。

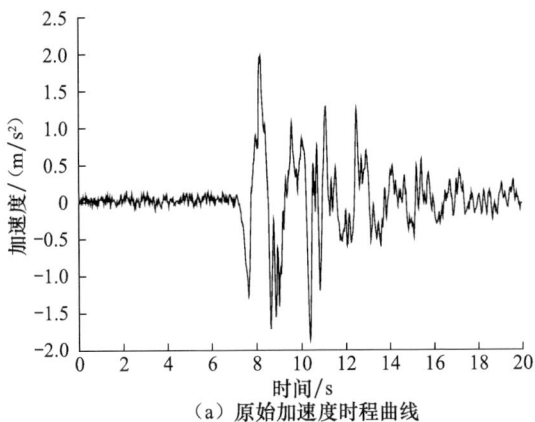

（a）原始加速度时程曲线

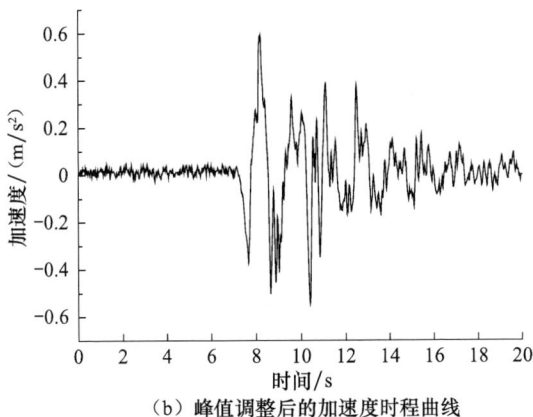

（b）峰值调整后的加速度时程曲线

图 3-1　选用的地震波加速度曲线

在对新型斜拉桥与摩天轮复合结构进行时程分析时,主要进行多遇地震下的时程反应,抗震设防烈度为 7 度,设计基本地震加速度值为 0.15g,根据文献[46],进行时程分析所采用的地震加速度时程曲线的最大值为 55cm/s²,因此须对选定的天津波进行峰值调整[42],所选地震波的峰值为 185.48cm/s²,调整系数为 55/185.48=0.29653,调整后的加速度时程曲线如图 3-1(b)所示。

3. 计算结果

沿桥纵向输入上述激励,地面加速度峰值为 1.855m/s²,逐步积分时间间隔为 0.01s,提取一些关键节点的位移和一些控制杆件的内力,结果如下。

1) 位移计算结果

(1) 桥塔位移。

桥塔塔顶 X、Y、Z 三个方向的位移时程曲线如图 3-2 所示。

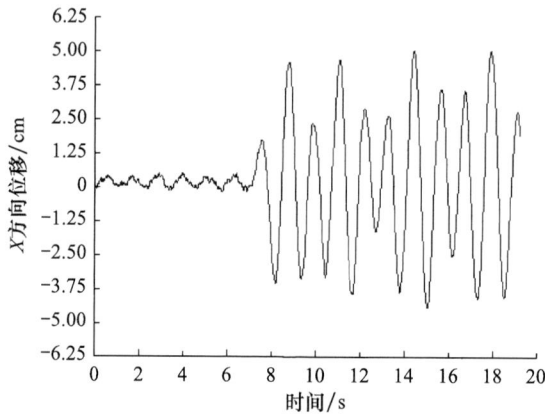

(a) 纵向

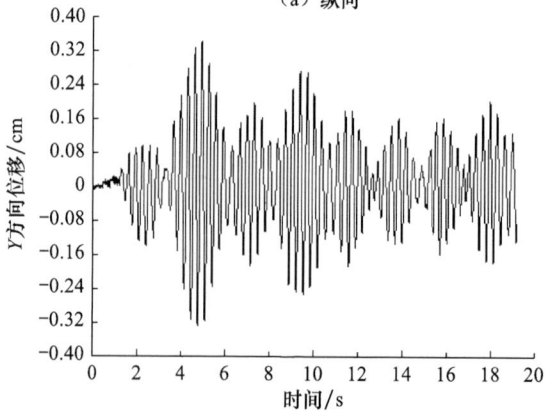

(b) 横向

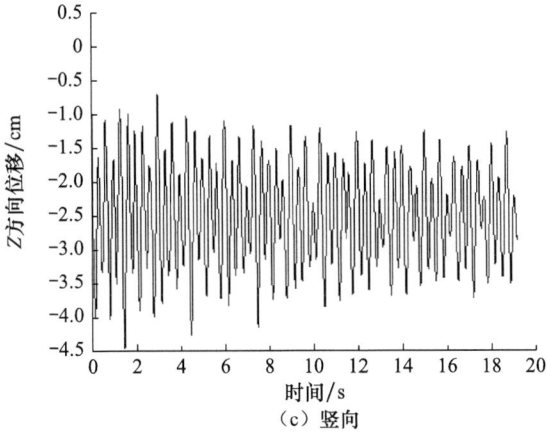

（c）竖向

图 3-2　塔顶位移时程曲线

从计算结果可知,桥塔塔顶最大位移为 5.04cm,方向与地震波方向一致,沿桥纵向;横向位移最大值为 0.3cm,竖向位移最大值为 4.5cm。

（2）主梁位移。

选取主梁上几个截面,提取计算结果,跨中控制点的 X、Y、Z 方向的位移时程曲线如图 3-3 所示。

从主梁的位移计算结果可知,主梁跨中的最大位移为 5.5cm,方向为竖向;其纵向最大位移为 0.65cm,横向最大位移为 1.8cm。

（3）摩天轮控制点位移。

选取摩天轮与主桥交界处的节点,提取其位移时程曲线如图 3-4 所示。

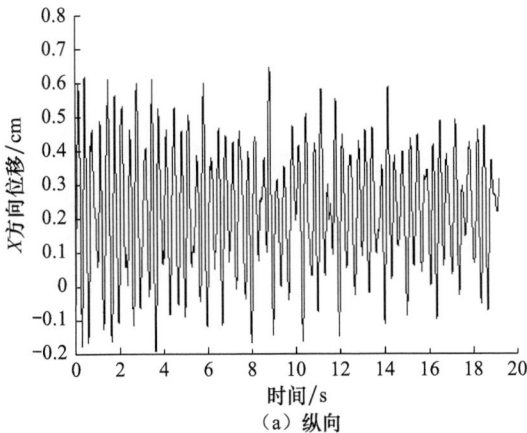

（a）纵向

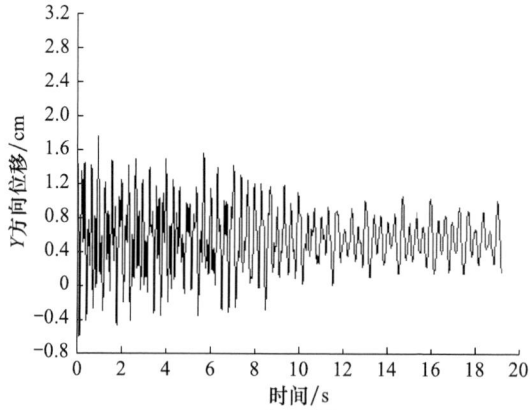

（b）横向

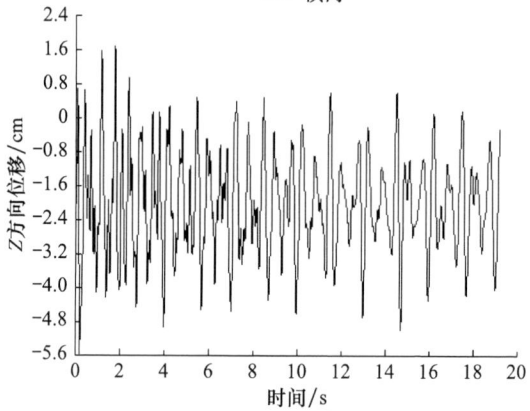

（c）竖向

图 3-3　主梁跨中位移时程曲线

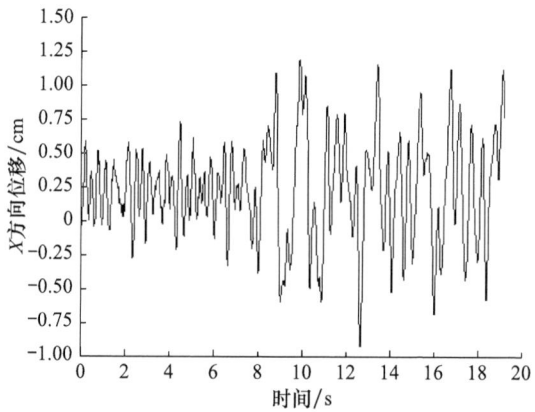

（a）纵向

（b）横向

（c）竖向

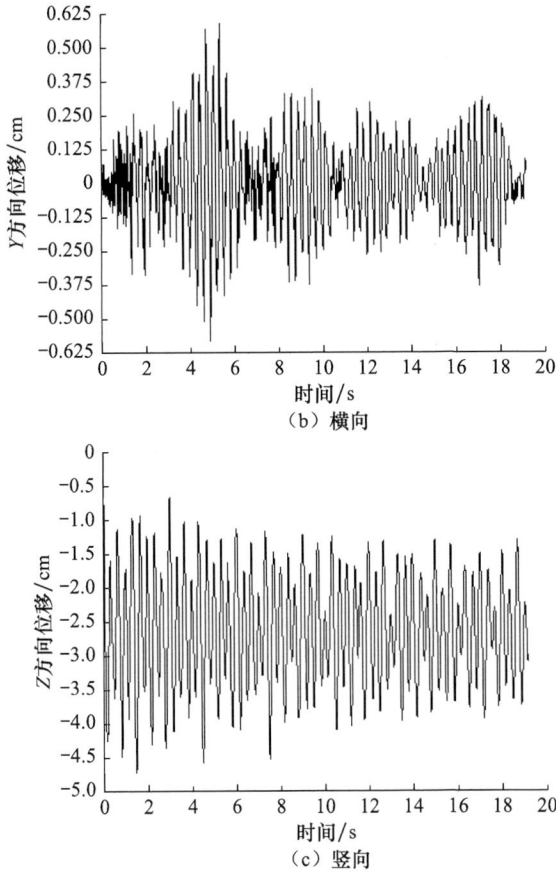

图 3-4　摩天轮与主桥交界处节点位移时程曲线

从计算结果可知，摩天轮与主桥交界处节点的最大位移为 4.7cm，方向为竖向；该点横向最大位移为 0.6cm，纵向最大位移为 1.2cm。

在顺桥向地震激励下，通过以上对各个组成部分的位移时程反应进行分析，新型斜拉桥与摩天轮的地震响应有如下特点：

（1）桥塔的响应以纵向和竖向为主，横向振动响应相当小，可以不考虑；

（2）主梁和摩天轮的反应均以竖向为主，纵向和横向为辅，但其响应数值与竖向响应同量级，在设计计算时不可忽略。

2）内力计算结果分析

（1）桥塔内力。

在顺桥向地震激励作用下，计算出了桥塔的内力结果，这里绘制出桥塔根部的内力时程曲线如图 3-5 所示。

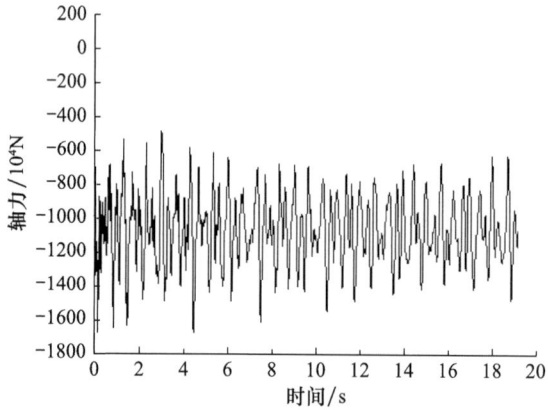

（a）轴力

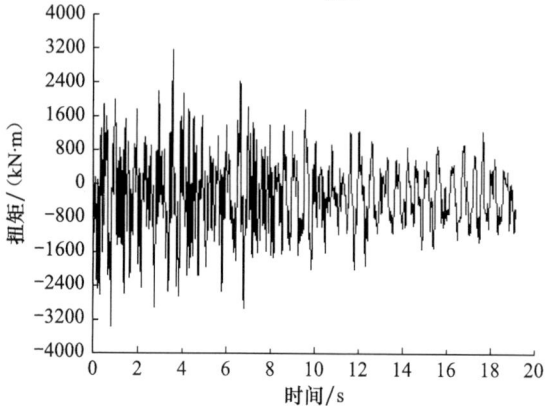

（b）扭矩

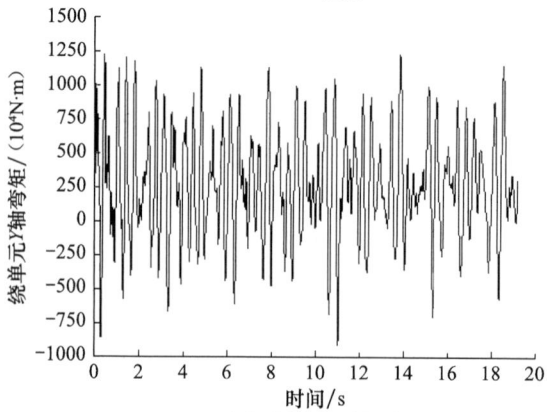

（c）绕单元 Y 轴弯矩

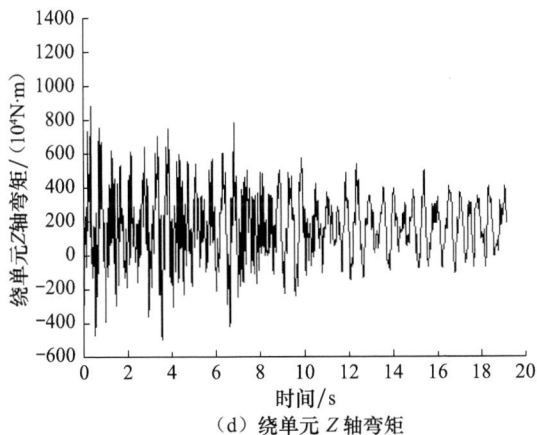

（d）绕单元 Z 轴弯矩

图 3-5　桥塔根部内力时程曲线

由计算结果可知,在纵桥向地震作用下,塔底部最大轴力为 16771.4kN,为压力,最大扭矩为 3343.6kN・m,绕单元 Y 轴最大弯矩为 12300kN・m,绕单元 Z 轴最大弯矩为 8822.9kN・m。

（2）主梁内力。

提取桥面开口的中间部位单元的内力时程曲线如图 3-6 所示。

由计算结果可以看出,在桥面开口处中间部位单元的最大轴力为 1276.2kN,绕单元 Y 轴的最大弯矩为 677.3kN・m。

需要说明的是,所提取的主梁是在发生最大位移处的单元,因此该单元不一定是最大内力的主梁单元。

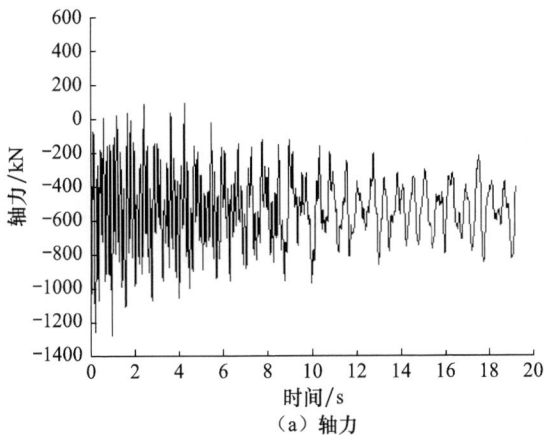

（a）轴力

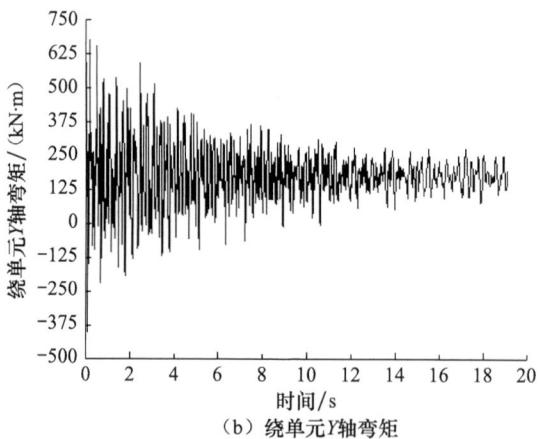

（b）绕单元Y轴弯矩

图 3-6　桥面开口中间部位单元的内力时程曲线

（3）拉索轴力。

在新型斜拉桥与摩天轮复合结构中有 4 根稳定索和 12 根承重索，根据对称性，提取 2 根稳定索、3 根承重索的内力时程曲线，分别如图 3-7 和图 3-8 所示。

从计算结果可以看出，在顺桥向地震激励的作用下，1 号索最大轴力为 1982.9kN，最小轴力为 1472.9kN；2 号索最大轴力为 1985kN，最小轴力为 1473.0kN；10 号索最大轴力为 2369kN，最小轴力为 660.5kN；5 号索最大轴力为 1599kN，最小轴力为 102.9kN；6 号索的最大轴力为 398kN，最小计算轴力为 −78.0kN，即地震激励下使拉索受拉力，但是根据表 2-6，在恒载和活载作用下 6 号索中存在 3688.3kN 轴力，因此实际结构中，该索仍然承受拉力。

总结上述分析可得，在纵桥向地震激励下新型斜拉桥与摩天轮复合结构

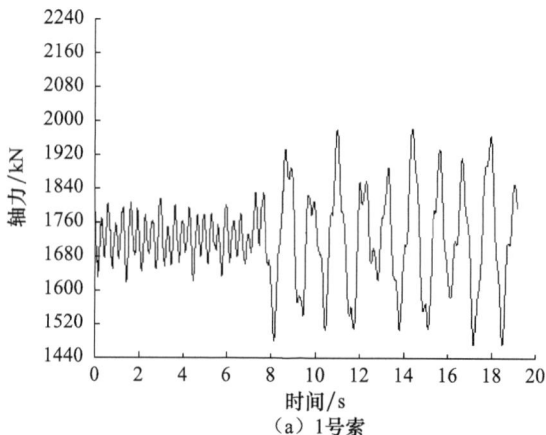

（a）1号索

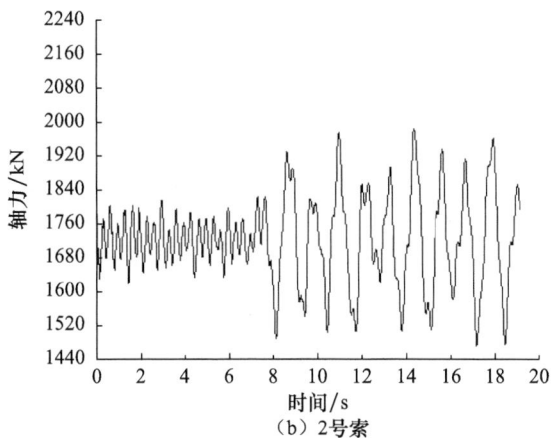

（b）2号索

图 3-7　稳定索轴力时程曲线

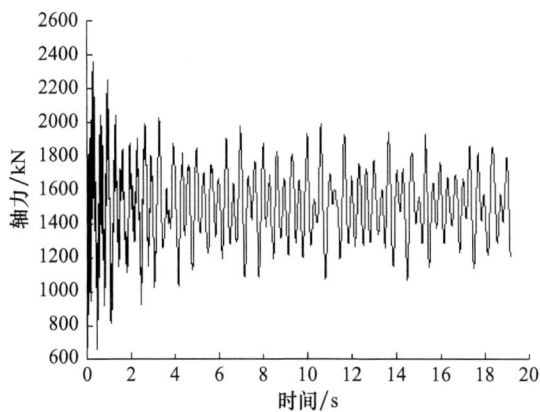

（a）10号索，尾索

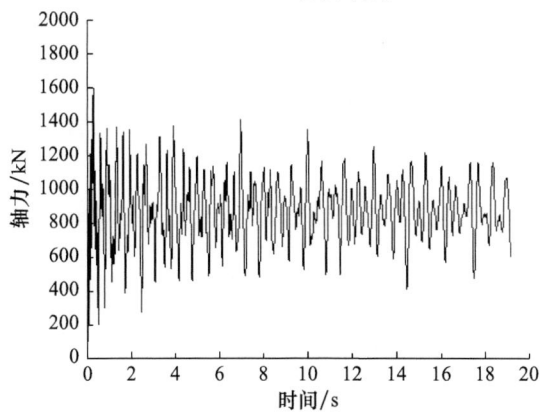

（b）5号索，中间索

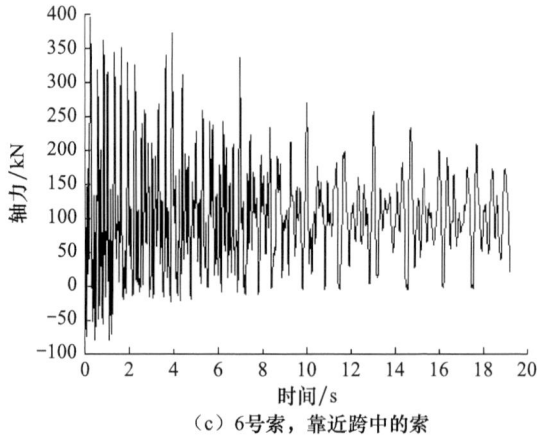

（c）6号索，靠近跨中的索

图 3-8　斜拉承重索轴力时程曲线

内力响应特点如下：

（1）桥塔底部将产生一定的轴力，所产生的扭矩、弯矩数量级相当，受力复杂，在设计计算时应以注意。

（2）桥面开口处杆件的弯矩和轴力较小，并且在地震激励初期振幅较大，后期振幅呈衰减趋势，弯矩衰减趋势更明显。

（3）稳定索的轴力在地震激励下变化相对较缓，索力处于较高的拉力水平，且索力变化幅度较小。而斜拉承重索的轴力变化相对较快，索力变化幅度较大，并且在靠近跨中的 6 号索产生了一定的压力。

3.3　考虑行波效应下的地震响应分析

3.3.1　地震波输入

针对新型斜拉桥与摩天轮复合结构所处的地理位置及其地质情况，在进行时程分析时选用适合于三类场地的三向天津波。地震波为南北方向、东西方向和竖向，三个方向的最大加速度值分别为 145.80cm/s² 、104.18cm/s² 和 73.14cm/s²。根据文献[47]，进行时程分析所采用的地震加速度时程曲线的最大值为 55cm/s²，因此须对选定的天津波进行峰值调整，调整系数分别为 0.3772、0.5279 和 0.7519。调整前后的加速度时程曲线如图 3-9～图 3-14 所示。地震动加速度的输入方式为：①三向地震加速度时程曲线输入；②沿顺桥向考虑行波效应多点激励输入。

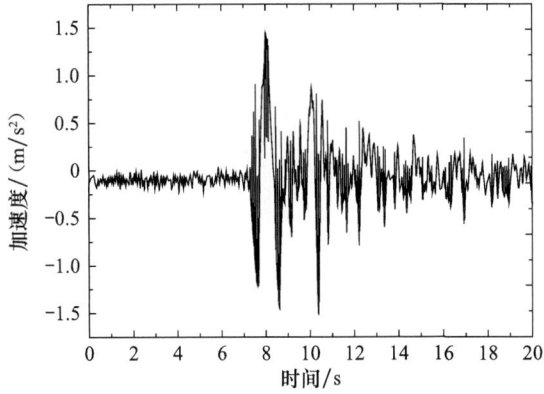

图 3-9　原始加速度时程曲线(X 方向)

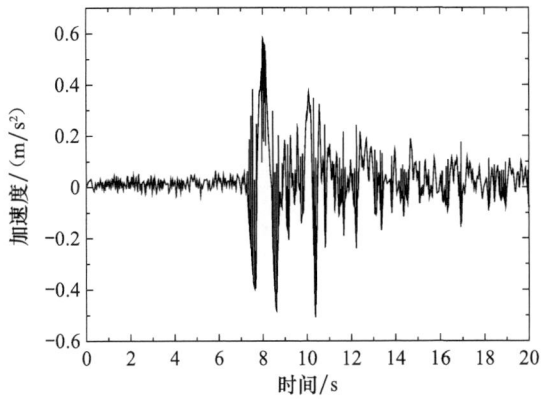

图 3-10　峰值调整后的加速度时程曲线(X 方向)

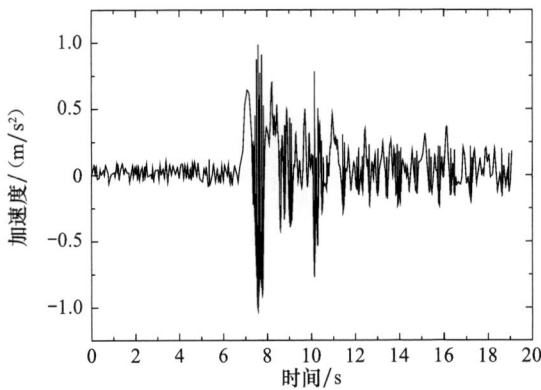

图 3-11　原始加速度时程曲线(Y 方向)

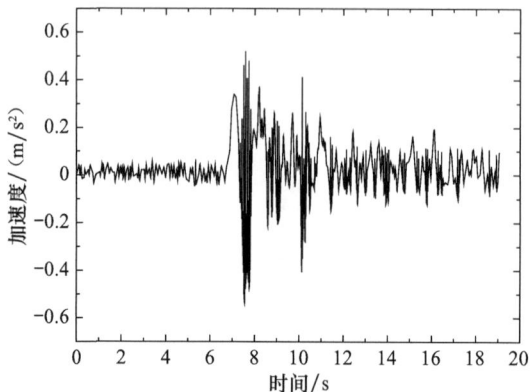

图 3-12　峰值调整后的加速度时程曲线(Y 方向)

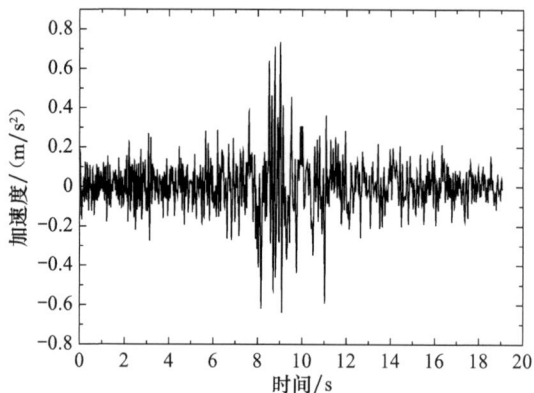

图 3-13　原始加速度时程曲线(Z 方向)

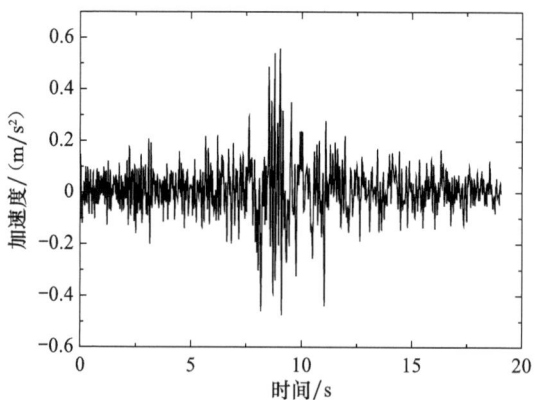

图 3-14　峰值调整后的加速度时程曲线(Z 方向)

3.3.2　三向地震波一致输入下的地震响应分析

在计算斜拉桥与摩天轮复合结构地震响应分析时,仅考虑沿纵桥方向的地震波输入,而忽略其他两个方向的地震波输入,会造成计算值与真实值相差较大。因为地震波沿横桥向和竖向输入时引起结构的内力和位移响应也较大,所以对永乐桥的抗震分析应参考三个方向的地震波输入进行计算。利用 ANSYS 中的瞬态动力学分析方法对永乐桥进行三向地震波输入的时程分析,持时 19.2s。三向地震波输入的时程分析结果如图 3-15～图 3-29 所示。

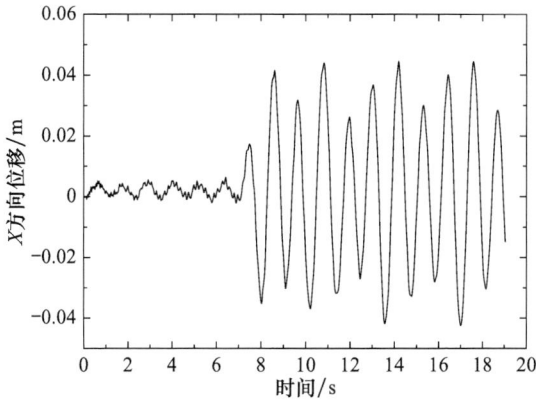

图 3-15　桥塔塔顶处 X 方向位移

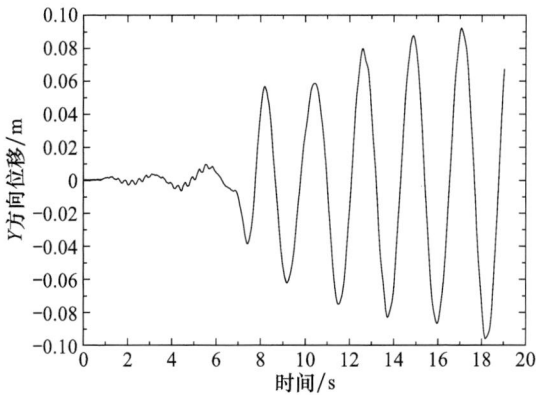

图 3-16　桥塔塔顶处 Y 方向位移

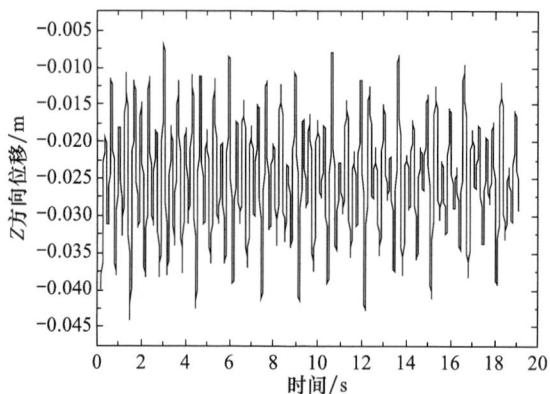

图 3-17　桥塔塔顶处 Z 方向位移

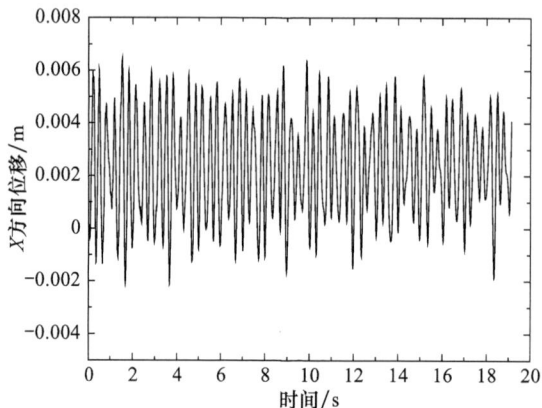

图 3-18　主梁处 X 方向位移

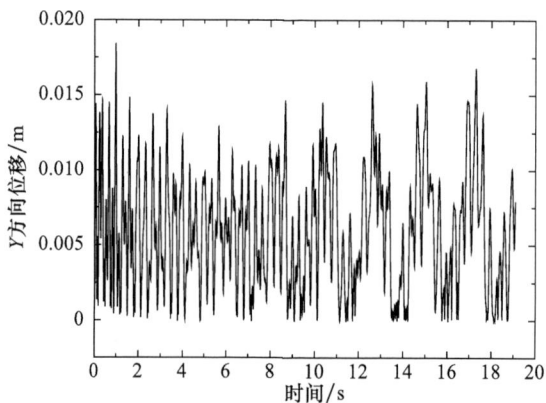

图 3-19　主梁处 Y 方向位移

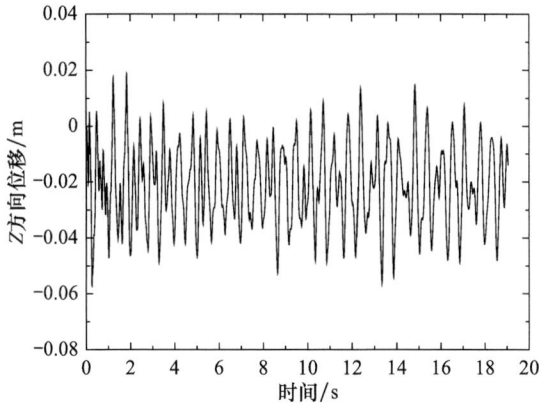

图 3-20　主梁处 Z 方向位移

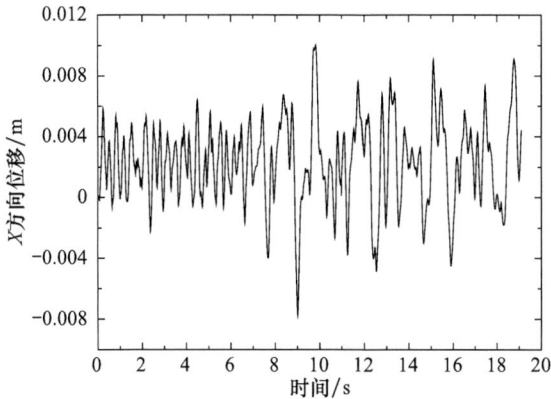

图 3-21　摩天轮上点 X 方向位移

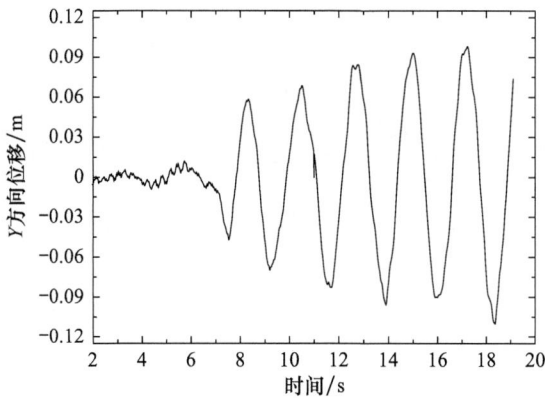

图 3-22　摩天轮上点 Y 方向位移

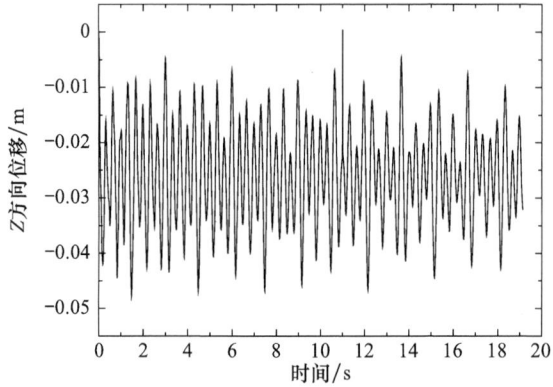

图 3-23　摩天轮上点 Z 方向位移

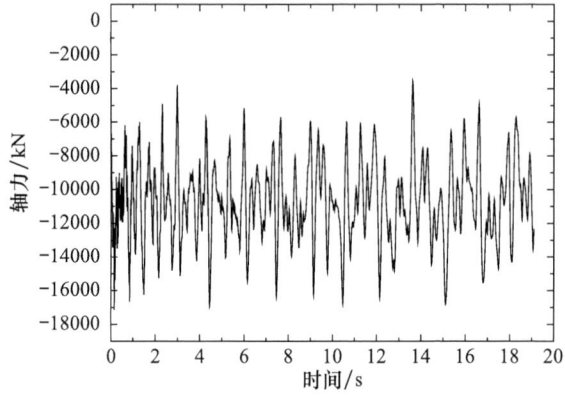

图 3-24　倒 Y 塔架根部处轴力

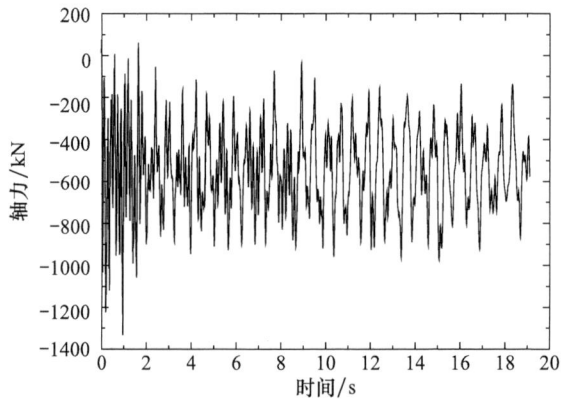

图 3-25　主梁跨中处轴力

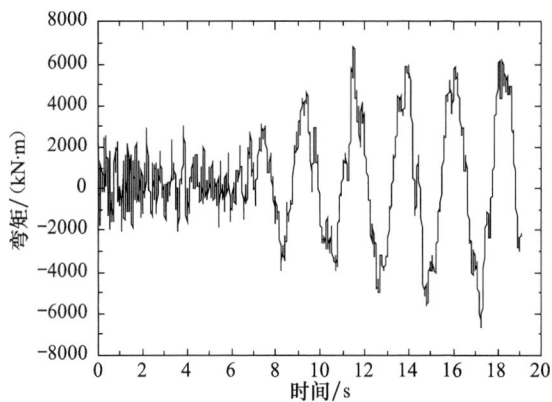

图 3-26　倒 Y 塔架根部处绕 X 轴弯矩

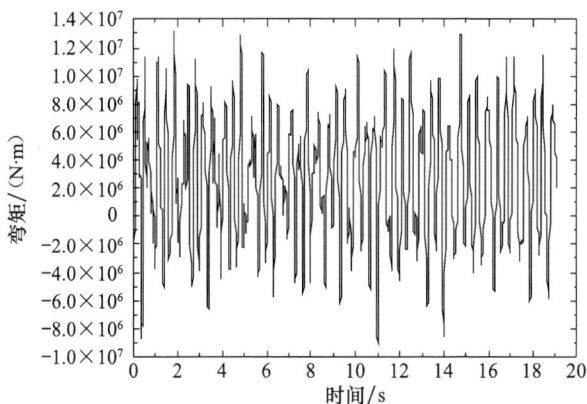

图 3-27　倒 Y 塔架根部处绕 Y 轴弯矩

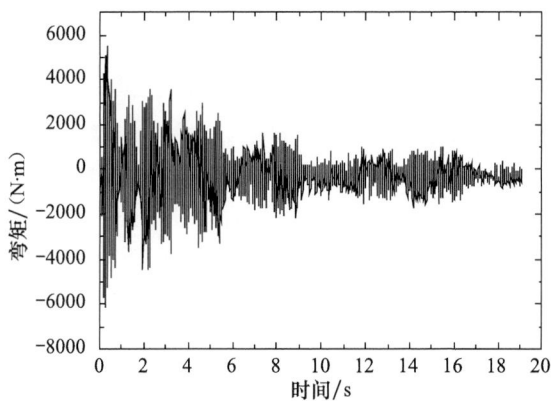

图 3-28　主梁跨中处 X 轴弯矩

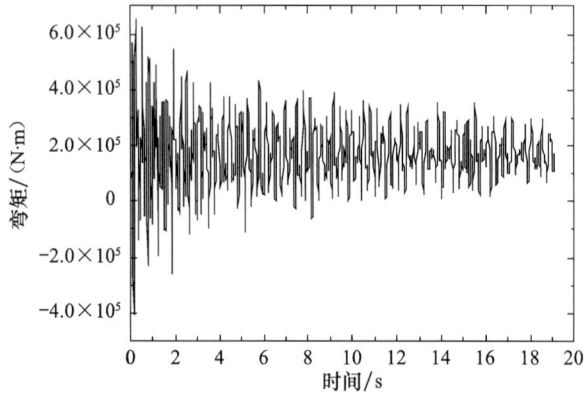

图 3-29　主梁跨中处 Y 轴弯矩

由以上位移计算结果可知,桥塔塔顶处 X 方向最大位移为 4.45cm, Y 方向最大位移为 9.56cm, Z 方向最大位移为 4.4cm;主梁跨中 X 方向最大位移为 0.628cm, Y 方向最大位移为 1.85cm, Z 方向最大位移为 5.72cm;倒 Y 交叉点处 X 方向最大位移为 0.71cm, Y 方向最大位移为 7.35cm, Z 方向最大位移为 4.17cm;摩天轮最低点处 X 方向最大位移为 0.99cm, Y 方向最大位移为 10.9cm, Z 方向最大位移为 4.82cm。

由内力计算结果可知,在三向地震波作用下,桥塔根部最大轴力为 17057.2kN,为压力,绕单元 X 轴最大弯矩为 6843.4kN·m,绕单元 Y 轴最大弯矩为 13263.3kN·m;在主梁跨中处单元的最大轴力为 1323.6kN,绕单元 X 轴最大弯矩为 6.185kN·m,绕单元 Y 轴的最大弯矩为 651.87kN·m。

表 3-1 给出了三向地震波与单向地震波计算结果的比较,由表中可以看出,三向地震波输入与单向地震波输入结果具有明显差别,当单独考虑纵桥向地震波输入计算时,横桥向的响应明显小于纵桥向与竖向响应,三向地震波作用下,斜拉桥的地震响应发生了很大的变化,桥塔与摩天轮上节点的 Y 方向位移发生了剧烈的变化,分别为 9.56cm 和 10.9cm,而单向地震波作用下,这两处的地震响应最大值分别为 0.283cm 和 0.617cm。其他方向的位移与内力也发生了不小的变化,由此可见,对于组合了摩天轮的新型斜拉桥结构仅仅考虑一个方向的地震波作用是不够的,需要考虑三个方向地震波输入才能得到较为合理的结果。

表 3-1　单向地震波与三向地震波计算结果比较

位置		三向地震波			单向地震波		
		X	Y	Z	X	Y	Z
位移/cm	桥塔塔顶	4.45	9.56	4.4	4.255	0.283	3.7
	主梁跨中	0.628	1.85	5.72	0.528	1.763	5.945
	摩天轮最低点	0.99	10.9	4.85	0.663	0.617	4.233
内力	位置	三向地震波			单向地震波		
		X 轴弯矩/(kN·m)	Y 轴弯矩/(kN·m)	轴力/kN	X 轴弯矩/(kN·m)	Y 轴弯矩/(kN·m)	轴力/kN
	桥塔根部	6843.4	13263.3	17057.2	4119.5	12300	18185.2
	主梁跨中	6.185	651.87	1323.6	7.574	677.3	1052.1

3.3.3　沿纵桥向考虑多点激励行波效应的结构响应分析

永乐桥沿纵向两桥墩间距 120m，两边各有 84m 的引桥，全桥长 204m。虽然与世界上著名的大跨度斜拉桥相比跨度不是很大，但是由于永乐桥独特的桥轮复合结构形式以及天津地区为软土层，地震波传播速度较慢，波的相位差对结构位移和内力的影响较大，所以需要对永乐桥进行行波分析。本节计算取波速 200m/s，两桥墩间距 120m，则相位差 $\dfrac{120\text{m}}{200\text{m/s}} = 0.6\text{s}$。图 3-30～图 3-35 为地震响性分析中不考虑行波效应和考虑行波效应情况下倒 Y 塔架、跨中和摩天轮最外圈一点的位移随时间变化的曲线；图 3-36～图 3-39 为倒 Y 塔架和主梁的内力随时间变化的曲线。

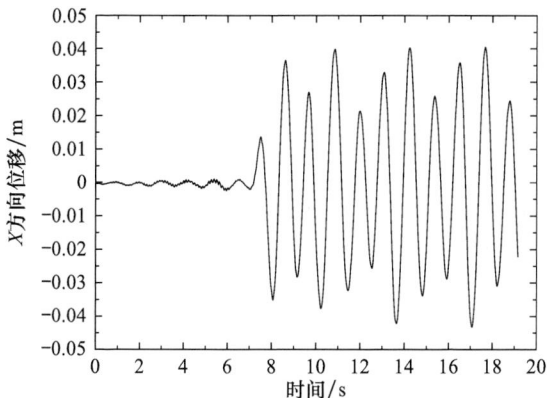

（a）不考虑行波效应

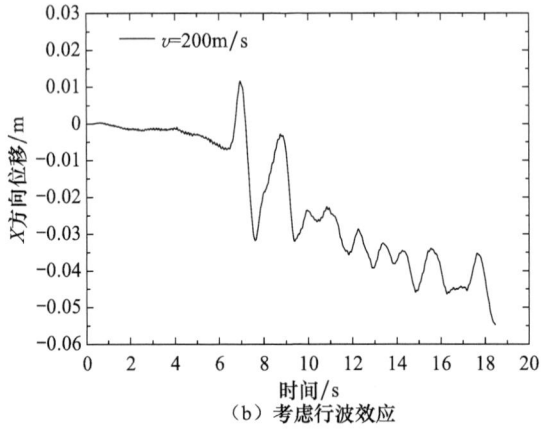

（b）考虑行波效应

图 3-30　倒 Y 塔架纵向位移时程曲线

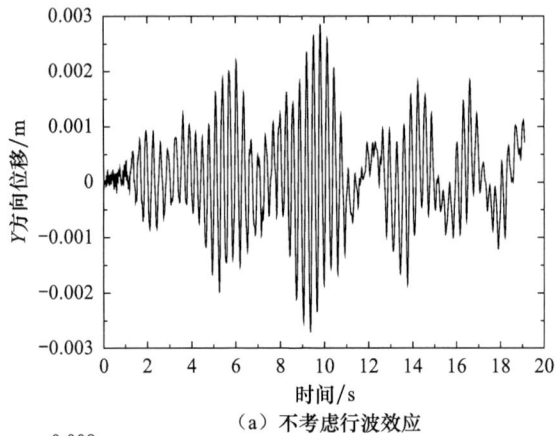

（a）不考虑行波效应

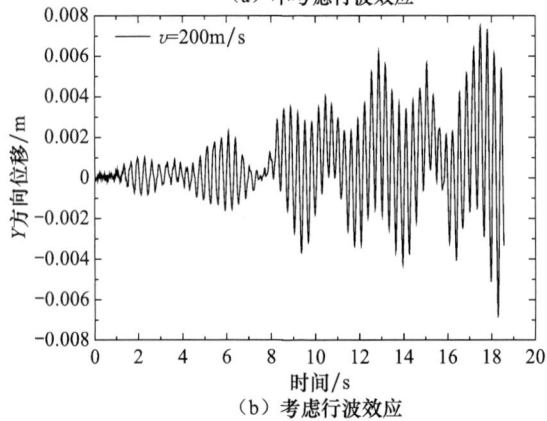

（b）考虑行波效应

图 3-31　倒 Y 塔架横向位移时程曲线

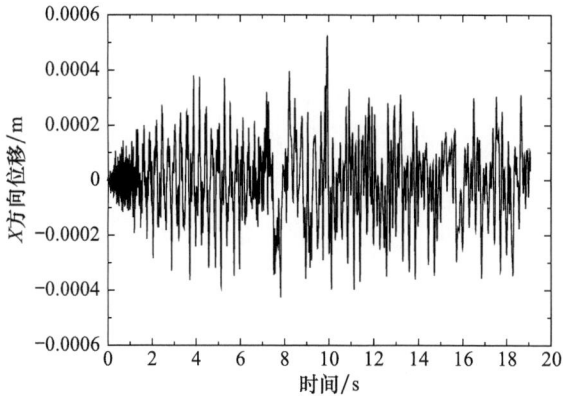
（a）不考虑行波效应

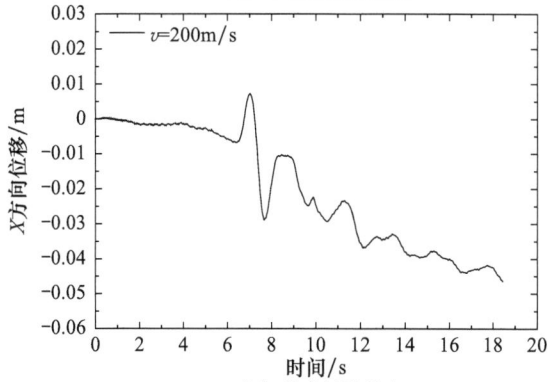
（b）考虑行波效应

图 3-32　跨中纵向位移时程曲线

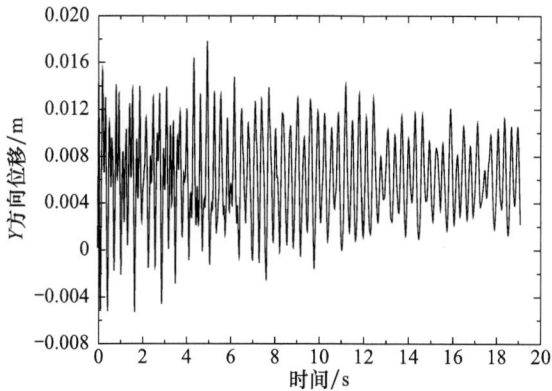
（a）不考虑行波效应

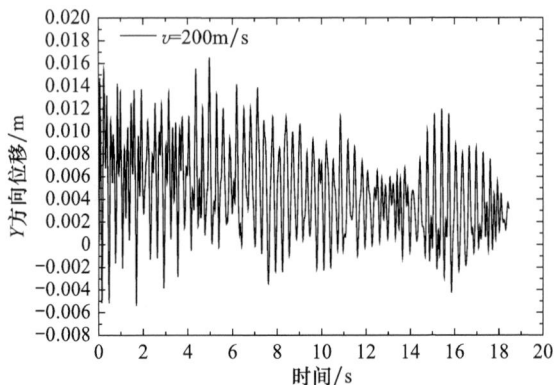

（b）考虑行波效应

图 3-33　跨中横向位移时程曲线

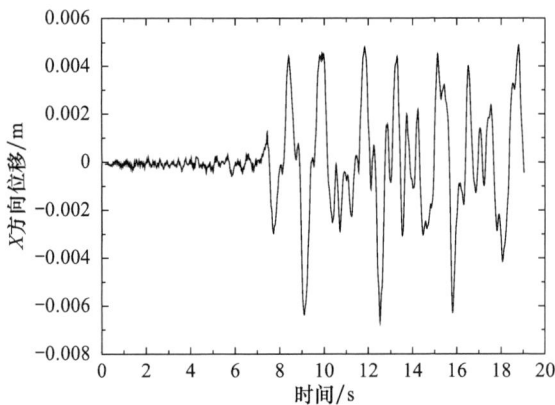

（a）不考虑行波效应

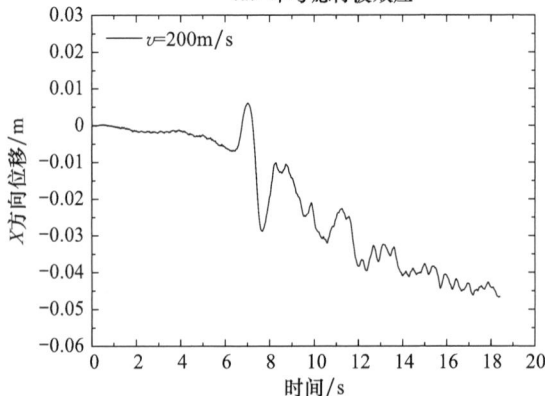

（b）考虑行波效应

图 3-34　摩天轮最外圈一点纵向位移时程曲线

（a）不考虑行波效应

（b）考虑行波效应

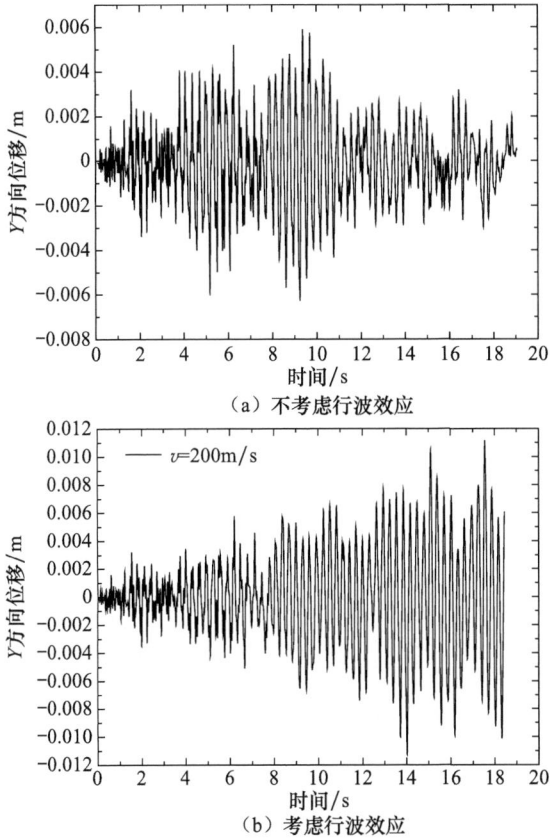

图 3-35　摩天轮最外圈一点横向位移时程曲线

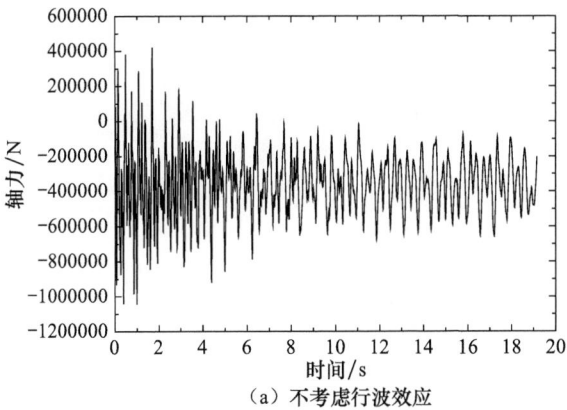

（a）不考虑行波效应

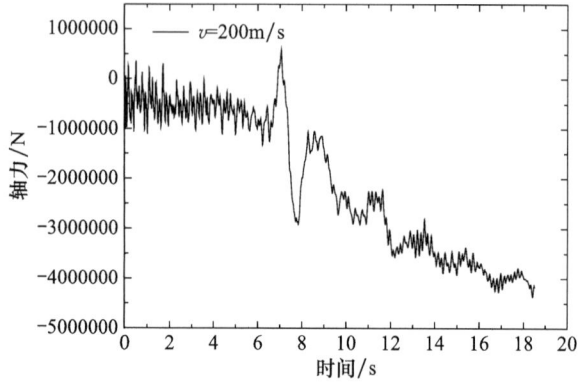

（b）考虑行波效应

图 3-36　倒 Y 塔架轴力时程曲线

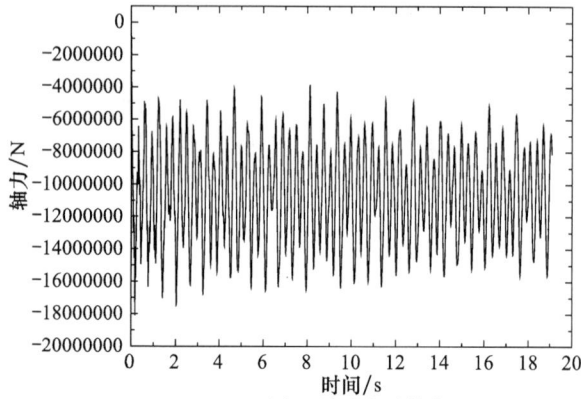

（a）不考虑行波效应

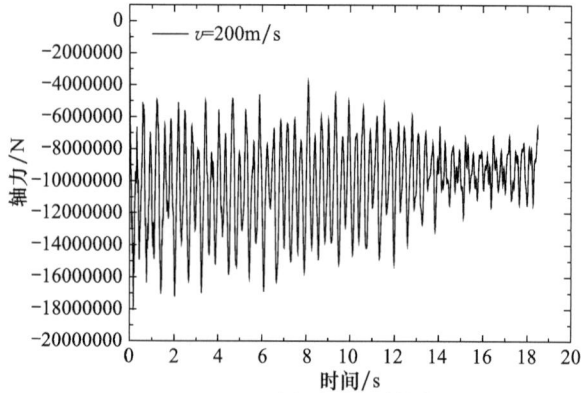

（b）考虑行波效应

图 3-37　主梁轴力时程曲线

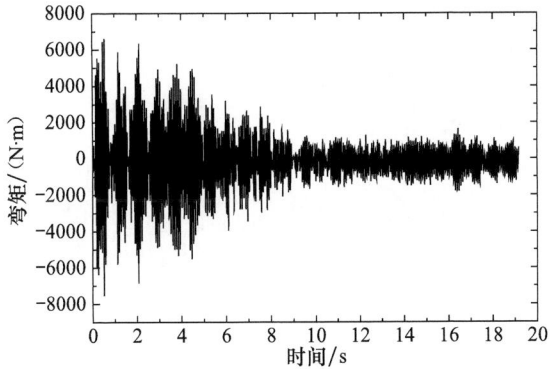

（a）不考虑行波效应

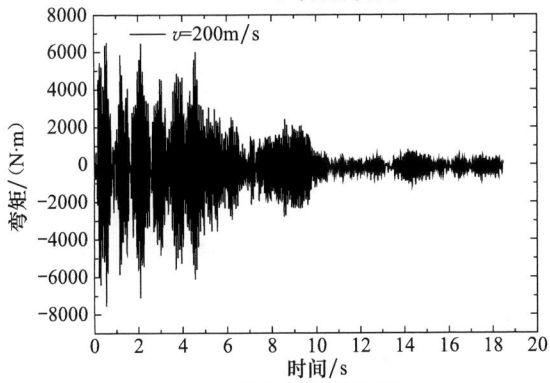

（b）考虑行波效应

图 3-38　倒 Y 塔架弯矩时程曲线

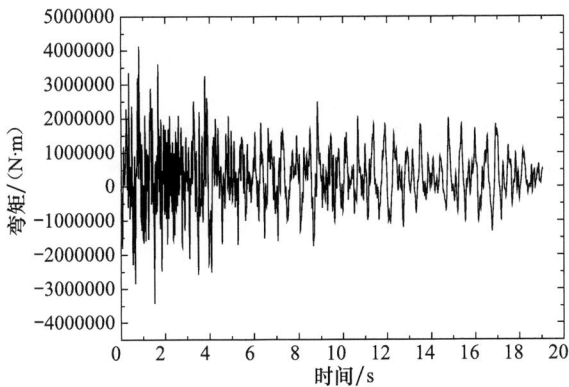

（a）不考虑行波效应

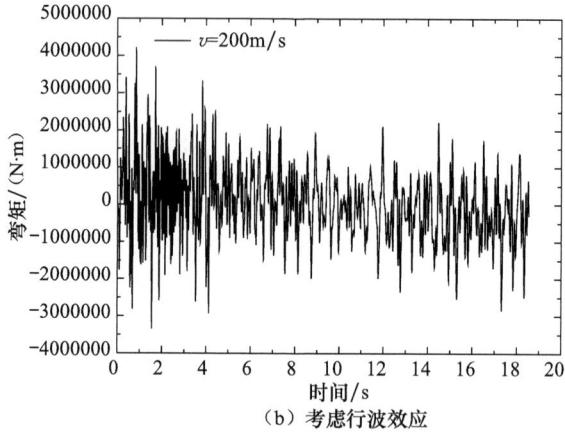

（b）考虑行波效应

图 3-39　主梁弯矩时程曲线

　　以上图示结果表明,行波效应对永乐桥与摩天轮结构的位移影响较大,其中对纵向位移影响较横向位移更为明显。当考虑行波效应时,结构的纵向位移具有较好的周期性,并且基本上在平衡位移来回振动;考虑行波效应后,纵向位移的周期性发生变化,并且沿着地震波行进方向发生明显的偏移。在考虑行波效应时,桥塔处的纵向位移变化不大,但是主梁和摩天轮处的纵向位移显著增大。结构的横向位移在考虑行波效应时主要是振幅发生了较大的变化。桥塔与摩天轮处的横向位移受影响较大。行波效应对结构内力的影响不大,主要是主梁处的轴力增加较为显著。

　　总体来说,考虑行波效应使得行波方向上的结构响应明显加强,另外两个方向的响应也有不同程度的加强。

3.3.4　相位差变化对永乐桥位移和内力的影响

　　地震波在基岩的传播速度为 $2000\sim2500\mathrm{m/s}$,在软土层传播速度为 $50\sim250\mathrm{m/s}$。考虑天津地区多为软土层地区,地震波传播速度取 $150\sim2000\mathrm{m/s}$。由于分析模型的两个桥墩距离为 120m,所以地震波传播过两个桥墩的相位差为 $0.06\sim0.8\mathrm{s}$。按独立作用纵向地震行波在桥墩处一致输入及两桥墩之间相位差为 0、0.06s、0.12s、0.15s、0.2s、0.3s、0.6s、0.8s 的情况下进行数值分析计算。各相位差情况下,结构最大反应峰值如表 3-2、表 3-3 和图 3-40 所示。

表 3-2　纵向地震行波对斜拉桥及摩天轮位移反应峰值的影响

波速 /(m/s)	两桥墩 相位差/s	塔顶位移/cm			跨中位移/cm			摩天轮位移/cm		
		纵向	横向	竖向	纵向	横向	竖向	纵向	横向	竖向
	0	4.255	0.283	3.7	0.528	1.763	5.945	0.663	0.617	4.233
2000	0.06	4.855	0.284	4.105	0.733	1.735	5.944	1.169	0.583	4.569
1000	0.12	4.669	0.27	4.256	0.669	1.747	5.946	1.126	0.614	4.745
800	0.15	4.402	0.238	4.201	0.741	1.679	5.949	1.021	0.574	4.695
600	0.2	3.762	0.201	4.006	1.145	1.549	5.953	1.180	0.517	4.422
400	0.3	3.685	0.223	4.381	1.406	1.523	5.95	1.364	0.586	4.809
200	0.6	5.481	0.745	7.547	4.664	1.625	5.95	4.565	1.127	7.869
150	0.8	8.690	0.671	9.309	6.472	1.558	6.181	6.573	0.894	9.468

表 3-3　纵向地震行波对斜拉桥内力反应峰值的影响

波速 /(m/s)	两桥墩 相位差/s	倒 Y 塔架内力		主梁内力	
		弯矩/(kN·m)	轴力/kN	弯矩/(kN·m)	轴力/kN
	0	4119.5	18185.2	7.574	1052.1
2000	0.06	4097.1	18170.7	7.567	1168.5
1000	0.12	4128.6	18162.4	7.577	1177.3
800	0.15	4148.1	18167.6	7.588	1114.5
600	0.2	4195.1	18196.9	7.606	1118.6
400	0.3	4224.2	18208.3	7.525	1572.8
200	0.6	4147.3	18191.9	7.589	4330.6
150	0.8	4130.8	18187.2	7.596	5952.8

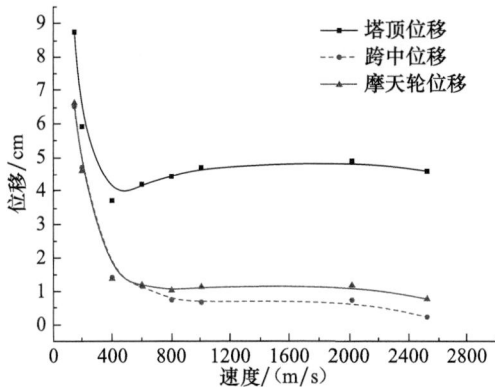

图 3-40　纵向地震行波作用下结构位移反应峰值的变化

　　由图 3-40、表 3-2 和表 3-3 可见,纵向地震行波传播效应使得斜拉桥塔顶纵向位移随相位角的增大先减小后增大,横向位移随相位差增大而增大;永乐桥跨中和摩天轮上纵向位移随波速的增大迅速减小,达到一定相位角后缓慢减小,跨中横向位移随相位角增大而减小。倒 Y 塔架的弯矩随波速的增大而减小,由于梁垂向位移随相位角的增大而增大,使梁的弯矩和轴力也随相位角的增大而增大。梁的弯矩增大到一定相位差后,又开始减小。数值上,纵向位移随相位角增大可减小 24%,而后开始增大为不考虑行波效应时的 2 倍左右。从图 3-40 可以看出,随着地震波传播速度增大,结构位移峰值减小,直至接近于一致输入情况下的反应值。

第 4 章　新型斜拉桥与摩天轮复合结构施工过程分析

4.1　斜拉桥施工过程分析概述

随着斜拉桥建设的迅速发展,其施工广泛采用悬灌、悬拼、顶推、转体及提升等方法,在施工过程中结构体系要经过多次转换,对施工中不断变化的结构体系在特定荷载作用下进行力学分析,对于工程设计与施工安全有着十分重要的意义,这是因为:

(1) 施工过程可能出现控制设计的最不利状态。

(2) 成桥状态与施工过程直接相关,只分析竣工后的整体结构而不考虑施工过程的计算结果是不完整的。

(3) 对不同施工方案的对比分析有助于确定最优施工方案,达到理想状态。

预先进行施工过程的结构分析,又称施工仿真分析,它是指导正确施工和监控的主要依据。对大跨度、新型和复杂的桥梁或其他结构,利用施工仿真分析和监控的能力及手段,能明显提高设计和施工的质量和效率,而实际监测数据又能验证和改进计算方法。

斜拉桥的施工方法和施工阶段受力具有下述特点[48,49]。

(1) 斜拉桥主梁高跨比较小,梁体纤细,抗弯能力小,施工过程中由于施工机械自重较大,可能导致梁、塔、索由施工内力控制设计。

(2) 施工阶段的结构内力、位移具有继承性。随着施工阶段的推进,结构形式、约束条件、荷载形式等不断变化,前一阶段的线形与内力是后一施工阶段分析的基础,后期结构的内力状态、力学性能与前期结构的施工情况密切相关,施工方案的改变,将直接影响成桥结构的受力状态。

(3) 施工阶段的非线性效应影响大。

(4) 内力、变形具有可控性,即斜拉桥可通过调索达到调整结构内力和线形的目的。

在进行斜拉桥施工过程分析时,应首先拟定切实可行的施工方案,对施工期间的荷载作出正确的估计;然后根据斜拉桥架设过程中各阶段结构体系的变化,结合当时的结构体系和荷载工况选择正确的计算图式进行计算。同时对于复杂的结构体系应进行空间分析,分析中要考虑非线性、温度、地震和风力作用等各种因素的影响,应对每种影响因素进行分析计算。

4.2　斜拉桥施工过程分析方法

目前斜拉桥施工过程分析方法主要有两种[29,34,50]:前进分析法(forward analysis method)和倒退分析法(backward analysis method)。在实际施工过程中,为了考察施工与设计计算之间的差别,还需要进行实时跟踪分析。

4.2.1　前进分析法

前进分析法是为计算施工各阶段至成桥后结构受力状态而提出的分析方法,计算中根据实际施工情况,将施工过程划分为若干个阶段,进行逐阶段的结构分析,并累计各阶段已建结构的内力与位移。

前进分析法是拓展的结构非线性有限元分析方法,在计算分析次序、体系转换处理等方面有一些特点。在前进分析法中,每个施工阶段中将会遇到如单元安装、增加支座、拆除单元、拆除支座、改变主从约束关系、斜拉索张拉等问题,具体处理方法如下[19]。

(1) 在同一施工阶段,新安装的构件用激活相应单元号来处理。

(2) 增减的支座用激活相应节点约束信息和放松节点约束信息来模拟。在拆除支座时,同时释放该支座的支反力,并将支反力转移给现有结构承受。

(3) 新张拉预应力索通过激活结构中的相应虚拟索元,并将张拉力扣除各微段上相应的各种预应力损失后等效作用于结构体系来模拟。临时索的拆除,通过将现阶段索退出工作,并将预应力索所受的力释放给已建成的结构来模拟。

(4) 临时铰的固结和临时规定拆除通过改变单元连接信息来模拟。在临时固结拆除时,原截面内力分别给剩余结构。

(5) 构件材料、几何特性的改变通过改变单元材料特性码的方式模拟。

在前进分析法中,由于结构刚度小,结构的非线性表现突出,在进行分析时应考虑各种非线性因素进行非线性分析。

4.2.2　倒退分析法

倒退分析法是斜拉桥施工中广泛采用的一种方法,其基本思路是:以成桥状态的内力作为参考状态,以设计的成桥线形作为初始几何构形,按照与实际施工步骤相反的顺序,对结构进行虚拟倒拆,并逐步计算每次卸除一个施工阶段对剩余结构的影响。对于线性结构,用倒退分析结果进行施工,并保证每一施工阶段都与之吻合,就可以保证成桥状态的内力与线形达到预定理想状态。

由于斜拉桥施工阶段整体刚度较小、斜拉索应力水平较低、结构位移大,必须考虑结构几何非线性影响,具体针对每种几何非线性因素的考虑方法可参看前面几章的内容。

前进分析法、倒退分析法是结构理想状态按施工正、逆计算的两种计算理论,对于线性体系,两者所得的内力结果应该是一致的,但对于混凝土桥,倒退分析无法计算混凝土徐变的影响,两者将会产生差别。对于大跨度钢斜拉桥,由于进行非线性计算时荷载增量步长、迭代次数带来的计算误差,两者之间也会产生微小的差异[49]。

4.2.3　实时跟踪分析

前进分析法、倒退分析法是斜拉桥设计时的理论计算方法,由倒退分析得到的各施工阶段理想状态是在施工中期望实现的目标,而实际施工中,基本设计参数(如材料特性、截面特性、容重等)与设计中的假定可能有偏离,施工荷载、张拉索力等也可能与设计计算中的假定有出入,这时就要对结构进行实时跟踪分析。

实时跟踪分析主要是为了反映实际结构的状态,其程序设计和基本处理方法与前进分析法是基本一致的。实时跟踪分析应做到以下几点。

(1)尽可能取实际结构信息,如节点坐标、材料容重、弹性模量、截面特性等,作为分析中的结构信息。

(2)尽可能简化结构分析,以减少分析模型引起的误差,尤其应注意临时支座、支架的模拟。

(3)尽可能按施工过程中的实际情况来确定施工荷载,安排分析的次序,尤其应注意施工中的临时荷载大小与位置、张拉索力、具体施工工艺的处理。

在每一步跟踪计算完成后,即可与设计中确定的各施工阶段理想状态进行对比,从而得到误差,并可进一步预告下一施工阶段的结构内力与变形。

4.3　新型斜拉桥与摩天轮复合结构施工过程分析

本节针对新型斜拉桥与摩天轮复合结构一个设定的施工过程进行分析，提出其存在的问题，并提出可以考虑的解决办法，指出新型斜拉桥与摩天轮复合结构在施工中应避免出现的结构状态。

4.3.1　施工过程描述

施工过程基本的安装顺序为：①钢管桩；②栈桥；③主桥箱型梁及桥面；④倒 Y 塔架，对每一段设置支架；⑤安装拉索；⑥拆除栈桥、钢管桩及支架；⑦安装下层桥结构；⑧摩天轮的安装。

其中从第⑤步向第⑥步的过渡如图 4-1 所示。

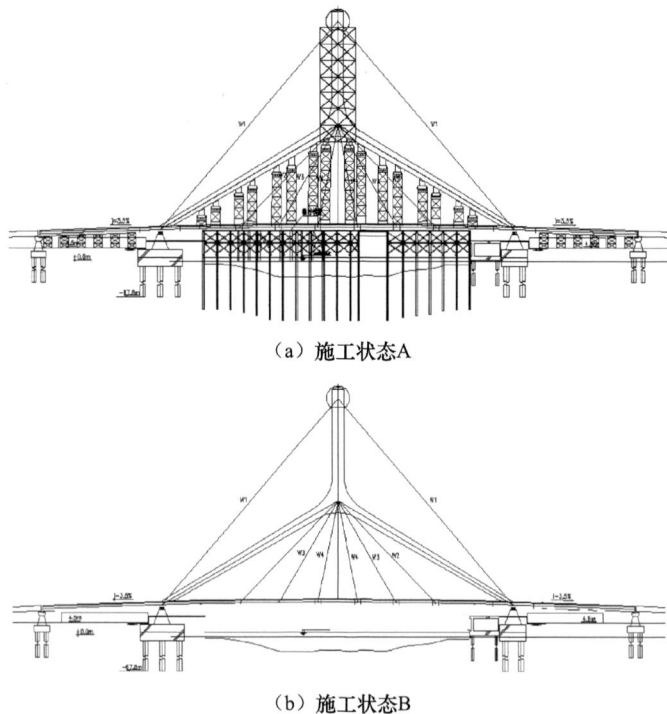

（a）施工状态A

（b）施工状态B

图 4-1　某施工过程结构体系的转变

在施工状态 A 时，整个结构都支承在支架上，荷载主要通过支架来传递，结构构件本身受力较小，结构没有进入独立的受力状态；当进入施工状态 B 时，整个结构为受力体系，所有荷载包括恒荷载、施工活荷载等，通过结构构件来承担，结构处于独立的受力状态。

4.3.2　施工状态 B 结构的受力分析

本节主要对施工状态 B 进行静力分析，分析时仅考虑恒荷载作用。

根据倒退分析法的基本原理，以第 3 章的新型斜拉桥与摩天轮复合结构整体成型状态为基础，去掉摩天轮杆件和下层桥的杆件，其三维有限元模型如图 4-2 所示。仅考虑恒荷载作用下的分析，加载模式如图 4-3 所示。

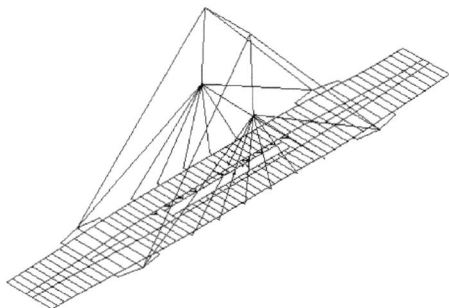

图 4-2　施工状态 B 的分析模型

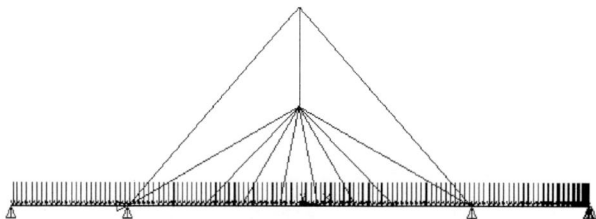

图 4-3　施工状态 B 的加载模式

在上述荷载作用下，结构的变形如图 4-4 所示。

由图 4-4 可以看出，主梁跨中竖向位移最大到达 -0.327m（从第 2 章的分析可知，在整个复合结构状态成形状态下，恒荷载作用下主梁跨中的竖向位移也不超过 0.15m，恒荷载与活荷载共同作用下主梁跨中竖向位移不超过 0.2m），如果此时进行下部桥结构的安装，必然导致位移的积累，超过规范的规定：钢主梁主跨跨中竖向变形不应超过 $L/400$，其中 L 为主跨跨度。

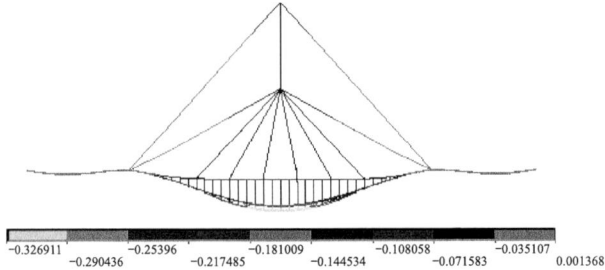

图 4-4　施工状态 B 恒荷载下的变形图（单位：m）

4.3.3　结果分析及改进措施

　　根据前面的计算，该施工状态在施工过程中不应出现，之所以出现这种施工状态，其原因是对新型斜拉桥与摩天轮复合结构的体系组成没有完全把握。在复合结构中，下层桥结构有两排纵向桁架，如图 4-5 所示。

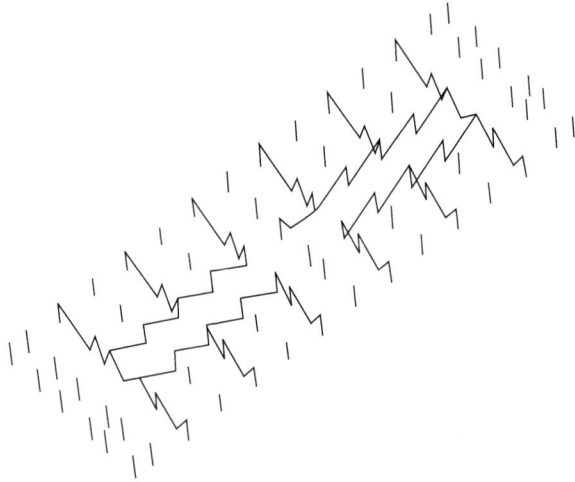

图 4-5　下层结构桁架布置图

　　这两排桁架与上层中间两道纵梁连在一起，是共同受力结构。考虑下层桥结构及桁架共同受力后，在恒荷载作用下结构的竖向变形如图 4-6 所示。

　　由图 4-6 可见，上层主梁和下层桥桁架结构受力后，其最大竖向变形仅为 0.076m，小于图 4-4 中施工状态 B 的变形，并且图中的变形曲线较图 4-4 更平缓，结构受力合理。

　　施工状态 B 的出现是因为没有认识到原结构体系的受力特点，导致该施

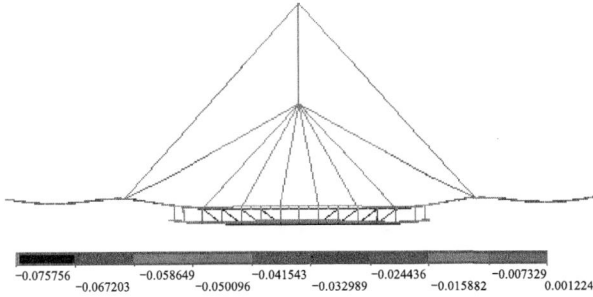

图 4-6　上层主梁与下层桥桁架共同受力结构的竖向变形图(单位:m)

工过程不尽合理,所以原施工顺序应进行调整,在下层桥结构也完成安装后,拆除栈桥、支架等临时支承结构。

考虑按照目前的施工过程进行施工,这里提出另外一种办法,就是在上层桥的内侧增加两对拉索,如图 4-7 所示。

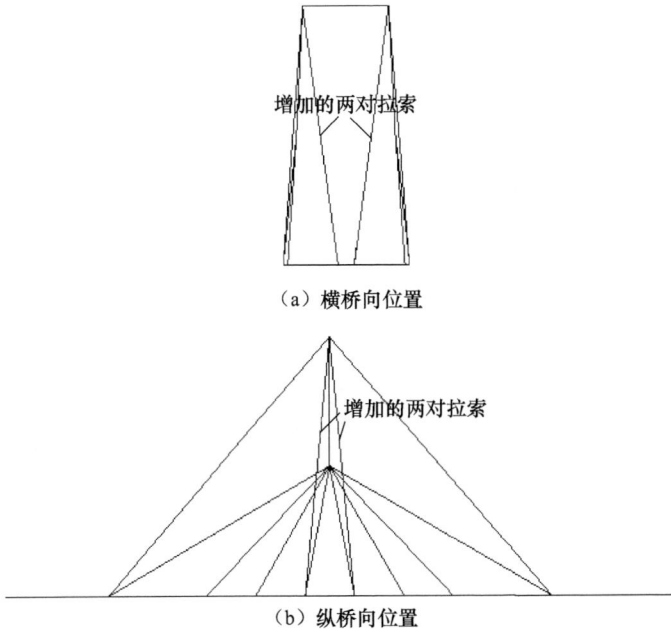

(a) 横桥向位置

(b) 纵桥向位置

图 4-7　增加的拉索位置图

考虑增加两个拉索后,在施工状态 B 的情况下,结构在恒荷载作用下的变形如图 4-8 所示。

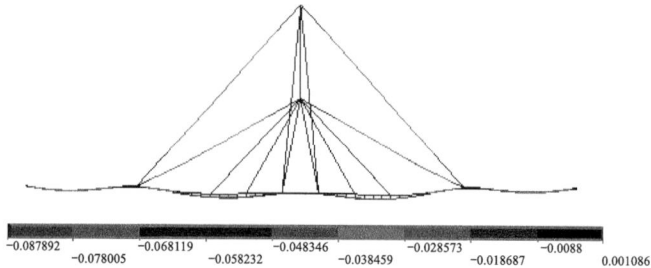

图 4-8　增加两个拉索后施工状态 B 恒荷载下的变形图(单位:m)

由图 4-8 可以看出,结构变形同样得到了较大的改善,并且竖向位移最大位置不是主跨跨中,而是向两侧偏移。

4.3.4　摩天轮施工过程研究

目前世界上已经建成的直径最大的摩天轮为"伦敦眼",直径 135m,是轮辐式结构,辐条 64 根索,轮缘为桁架。它的安装过程首先把 A 形支柱在地面完成后吊装就位;对于摩天轮的轮缘桁架,分成了三个拱形桁架在工程拼装完成后运至现场,然后在地面拼接桁架,安装索,并进行张拉,在地面把整个结构组装完成,然后整体起吊,把摩天轮吊至高空就位完成。

而新型斜拉桥与摩天轮复合结构中,摩天轮与斜拉桥的结合属世界首创,因此摩天轮的安装方法也可不同于一般的摩天轮。下面提出三种针对摩天轮的施工方法:单侧旋转式、两侧并进式和中心旋转扩展法。

1. 单侧旋转式

(1) 桥梁施工完成后安装旋转轴;安装摩天轮本体的驱动装置;利用下层桥面构筑临时引导架构台;用液压塔吊把外轮桁架用分单元安装完成;在旋转轴和外轮之间设置辐条索材和临时受压支承柱,如图 4-9(a)所示。

(2) 一个单元完成后,用摩天轮本身的驱动装置转出;再按照第(1)步的施工方法组装下一个单元,如图 4-9(b)所示。

(3) 重复第(2)步的方法,如图 4-9(c)所示。

(4) 重复第(2)步的方法,如图 4-9(d)所示。

(5) 重复第(2)步的方法,如图 4-9(e)所示。

(6) 连接开始点和终点使外周圈圆环闭合;撤除临时支承柱的同时按顺序把辐条式钢绞索导入预应力,安装轿厢,如图 4-9(f)所示。

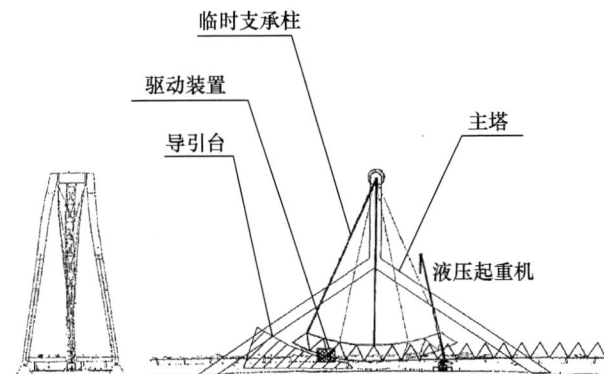

（a）步骤1

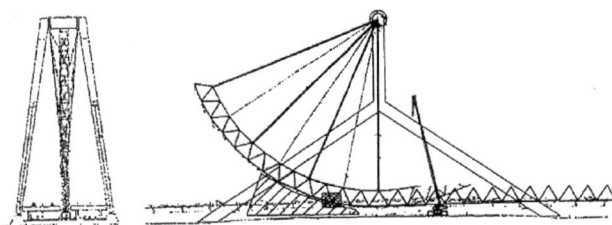

（b）步骤2

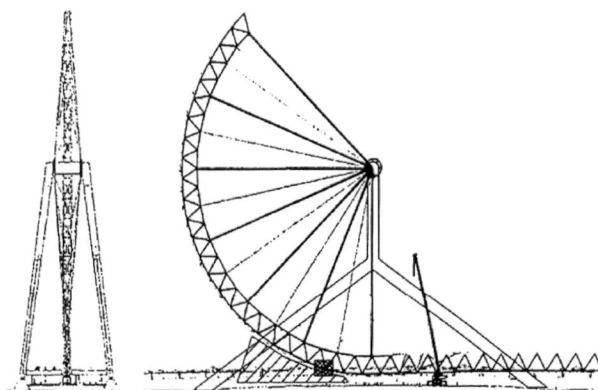

（c）步骤3

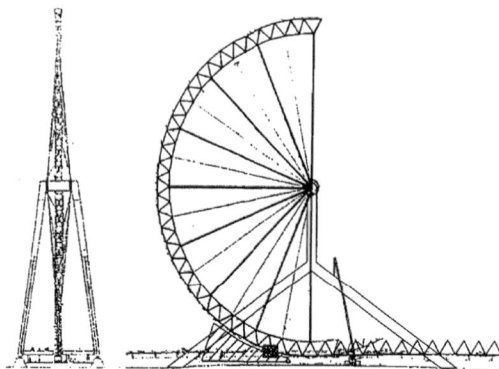

（d）步骤4

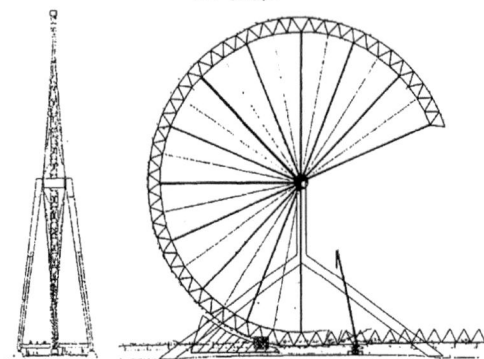

（e）步骤5

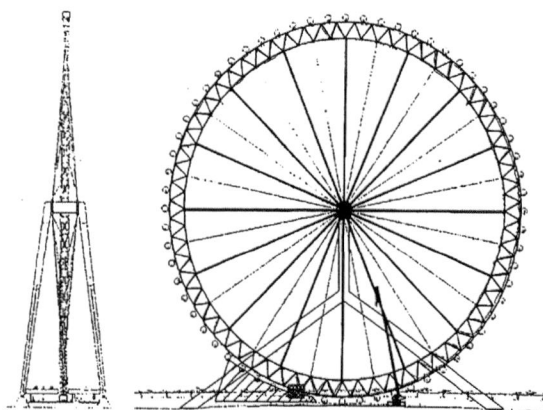

（f）步骤6

图 4-9　摩天轮单侧旋转施工法

2. 两侧并进式

　　摩天轮采用两侧并进法进行施工时,其基本原理与单侧旋转式大致相同,所不同的是,单侧旋转式在地面仅从一侧安装摩天轮,而两侧并进式在地面设置两套驱动装置,如图 4-10(a)和(b)所示,从两侧同时向上旋转桁架单元,如图 4-10(a)~(e)所示,最后完成摩天轮的施工,如图 4-10(f)所示。

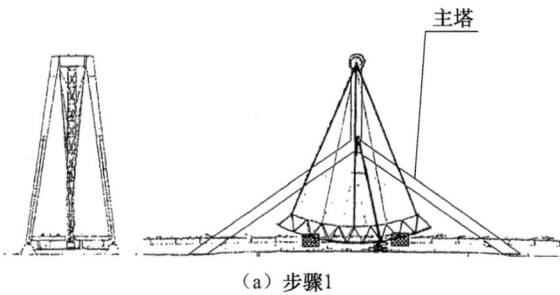

（a）步骤1

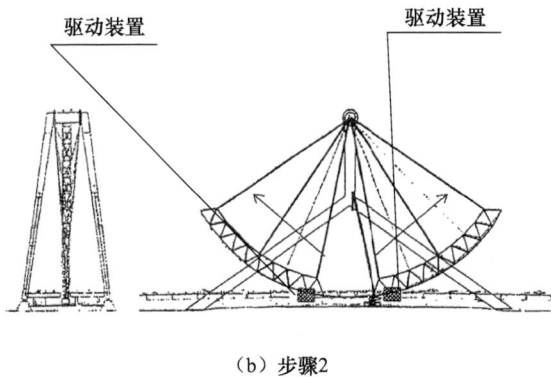

（b）步骤2

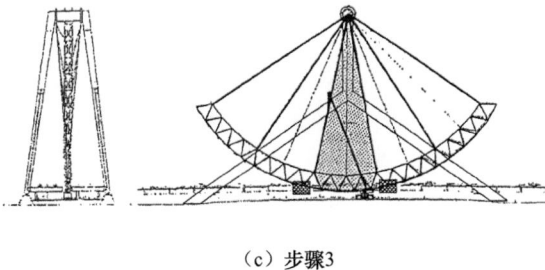

（c）步骤3

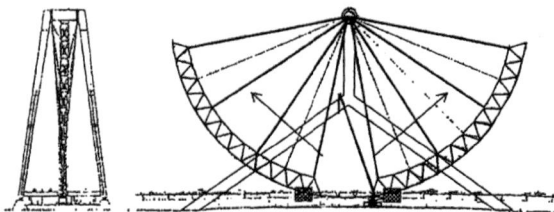

（d）步骤4

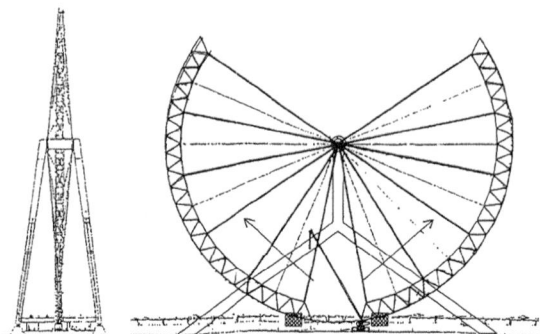

（e）步骤5

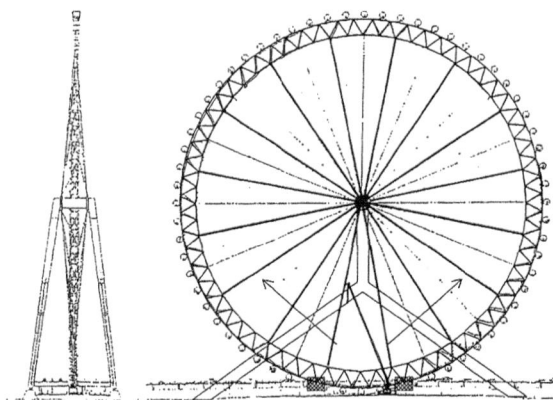

（f）步骤6

图 4-10　摩天轮两侧并进施工法

3. 中心旋转扩展法

对新型斜拉桥与摩天轮复合结构中的摩天轮进行分析发现,它与"伦敦眼"的不同之处在于它是架立在斜拉桥的桥塔上,桥塔在斜拉桥的施工过程中已经完成,如果充分利用斜拉桥的倒 Y 桥塔,就可采用下述的中心旋转扩展法完成摩天轮的安装。

摩天轮的轮轴是在安装斜拉桥的倒 Y 桥塔时一起安装的,在此基础上就可采用中心旋转扩展法进行摩天轮的安装,其实现过程如下。

(1) 首先在倒 Y 桥塔上部搭设临时工作平台,如图 4-11(a)所示;然后在工作平台上安装摩天轮内圈的下部杆件,如图 4-11(b)所示;当把工作平台范围内的摩天轮内圈下部杆件完成后,单侧旋转已经安装的杆件,安装内第一圈的其他杆件,直至内第一圈杆件全部完成,如图 4-11(c)所示。

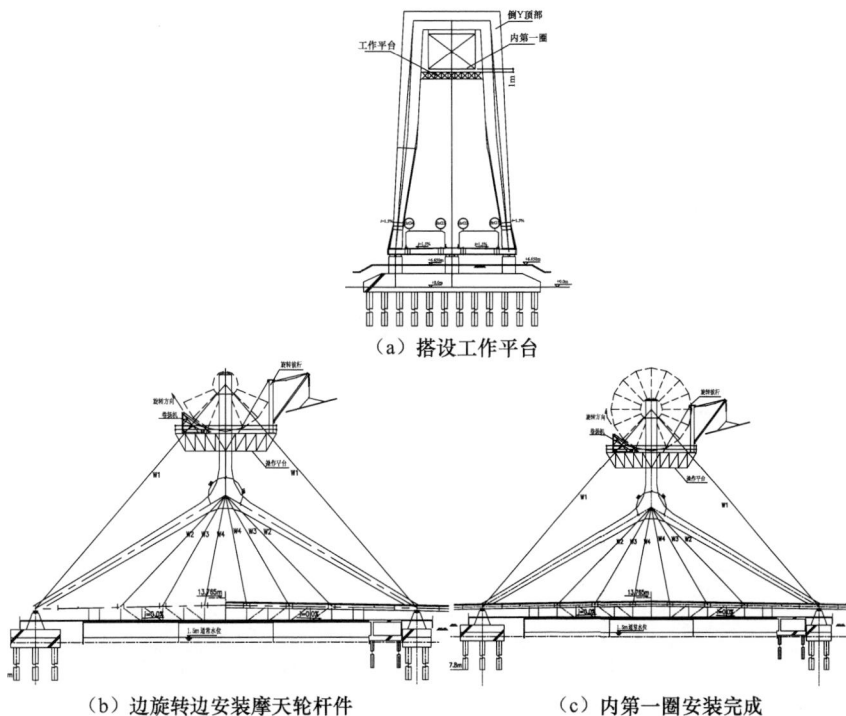

（a）搭设工作平台

（b）边旋转边安装摩天轮杆件

（c）内第一圈安装完成

图 4-11　摩天轮内第一圈杆件的安装

(2) 安装平台下移,如图 4-12(a)所示,边旋转边安装摩天轮内第二圈杆件,如图 4-12(b)所示,直至完成,如图 4-12(c)所示。

(3) 拆除倒 Y 桥塔上的工作平台,通过在桥面设置三排支架,在支架上搭设工作平台,进行摩天轮内第三圈的安装,如图 4-13 所示。

（a）安装平台下移

（b）边旋转边安装摩天轮内第二圈杆件　　　　　　（c）安装完成

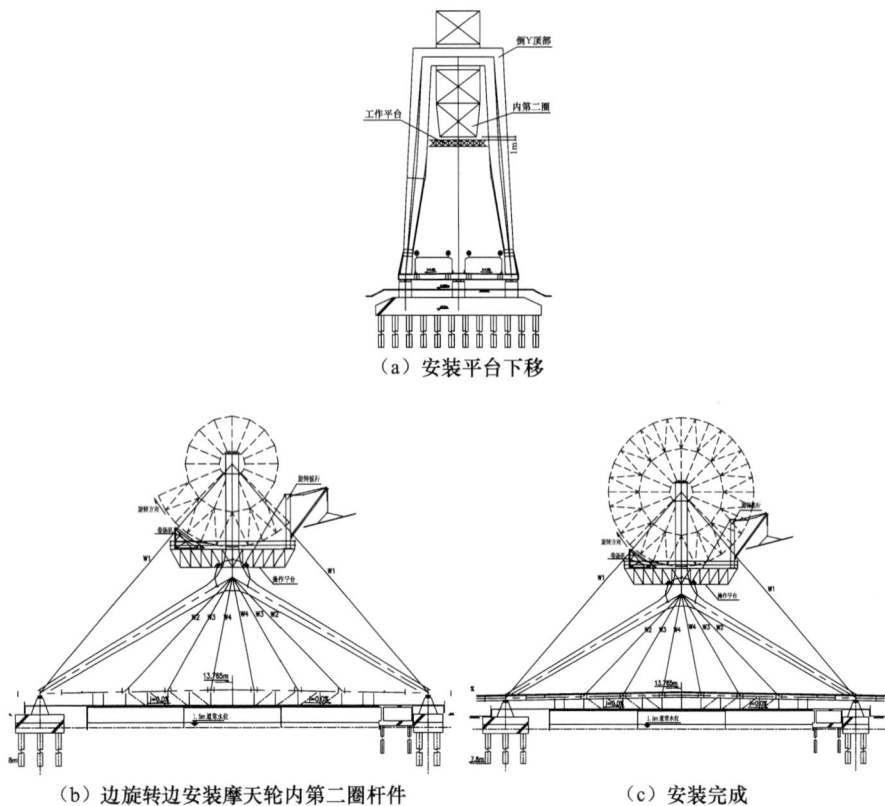

图 4-12　摩天轮内第二圈杆件的安装

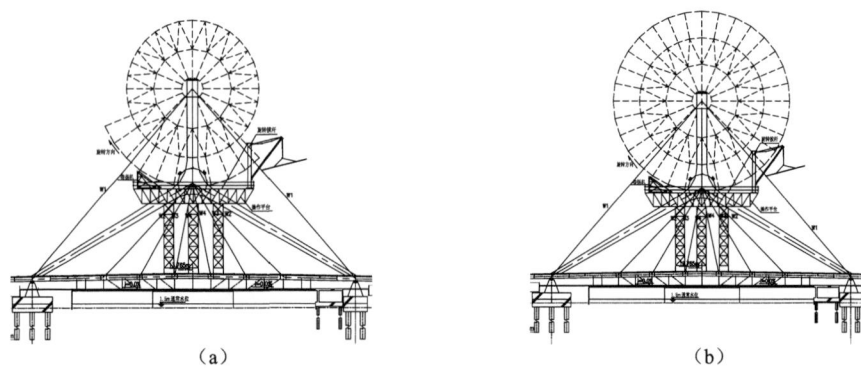

（a）　　　　　　　　　　　　　　　　　　（b）

图 4-13　摩天轮内第三圈杆件的安装

（4）降低支架高度和工作平台高度，安装摩天轮内第四圈杆件，如图 4-14 所示。

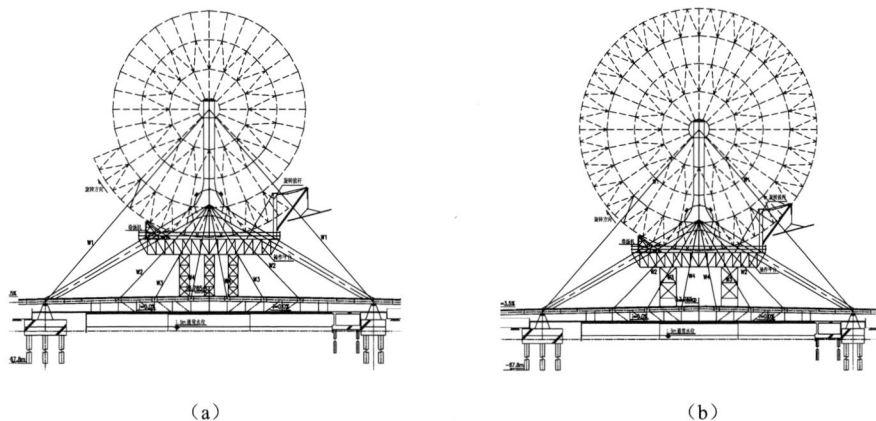

（a）　　　　　　　　　　　　　　　（b）

图 4-14　摩天轮内第四圈杆件的安装

（5）继续降低支架高度和工作平台高度，进行摩天轮内第五圈杆件的安装，如图 4-15 所示。

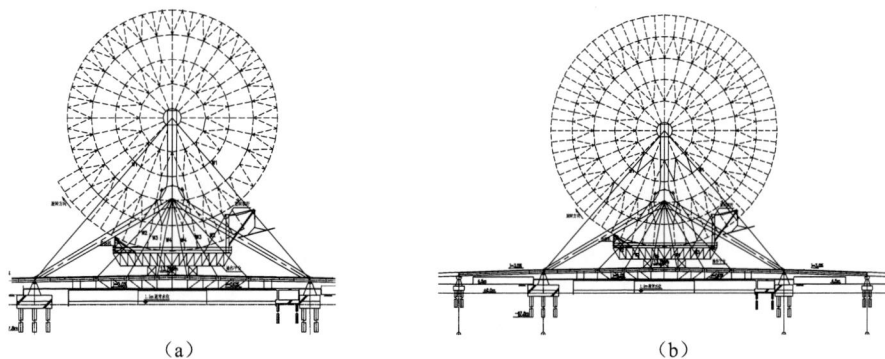

（a）　　　　　　　　　　　　　　　（b）

图 4-15　摩天轮内第五圈杆件的安装

（6）在桥面安装摩天轮的最外圈杆件，如图 4-16 所示。

至此，新型斜拉桥与摩天轮复合结构中摩天轮安装的中心旋转扩展法顺利实现。

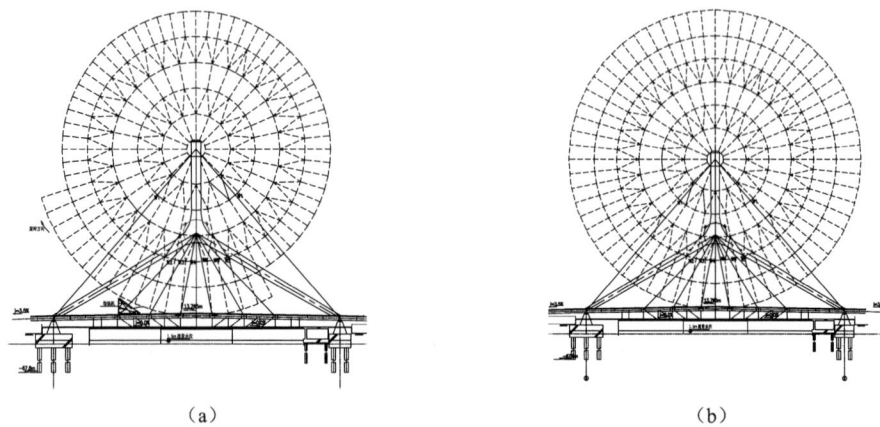

(a)　　　　　　　　　　　　　　　　　　(b)

图 4-16　摩天轮最外圈杆件的安装

第 5 章　新型斜拉桥风场数值模拟与风洞试验研究

5.1　桥梁结构风荷载研究方法概述

对于建筑结构风荷载的主要研究方法,传统的手段主要是现场实测、理论分析、风洞试验和数值风洞的方法,而数值风洞法是近年来发展起来的新研究方法。

5.1.1　现场实测

现场实测是最直接的研究手段,结构风荷载最可靠的数据资料往往要由试验测量得到,对于检验其他方法所得结果的可靠程度是不可缺少的,但无法在研究对象建造之前进行,同时现场实测也只能记录一次或几次强风的结果,具有局限性。采用全比例模型进行现场实测研究可以预测由它完全复制的同类结构在相同条件下的风荷载情况。但在很多情况下,这种全比例试验是极其昂贵的,或者往往是不可能的。

5.1.2　理论分析

虽然许多像风这样的复杂流体流动问题难以得出解析解,但不能因此忽视解析解的作用。这是因为解析解的结果具有普遍性,各种影响因素清晰可见,同时它为检验数值模拟的精确度提供了比较的依据。每当提出一个新的数值方法时,常常使用这种方法计算一个解析解的问题,通过与分析解的比较对该方法的准确性做出评价。此外,有时简单情况下解析解的结果可以为发展新的数值方法奠定基础。

5.1.3　风洞试验

风洞模型测压试验实际上就是一种模拟定常或非定常风荷载的方法。试验可以正确模拟建筑物的外形及周边环境,获得比较准确的定常或非定常风荷载。但是这样得到的气动力并不能马上施加到理论模型上进行风致振动的计算。针对试验过程中产生的信号畸变,需要用数值方法进行修正。另外,由于试验依据一定的相似律进行,所以还需对信号进行一系列的变换,才能得到相应于实际风场中的风荷载。

在复杂结构的设计中,使用风洞试验方法是得到设计风荷载的一种高精度方法。风洞试验有显著的优点:试验条件、试验过程可以人为地控制、改变和重复;在实验室范围内测试方便并且数据精确。风洞试验也有缺点,如风洞本身造价昂贵、动力消耗巨大、从模型制作到试验完成的周期较长等。

5.1.4　数值风洞法

数值模拟是出自一个数学模型的结果,而不是出自于一个真实的物理模型的结果。对于建筑结构风荷载的物理过程,其数学模型是由一组偏微分方程组成的。随着计算机技术的不断发展和数值计算技术的不断成熟,利用计算机对实际物理过程进行数值模拟——“数值风洞试验”(numerical wind tunnel,NWT)的计算流体力学(computational fluid dynamic,CFD)方法也迅速发展起来。这种研究方法可以对建筑物周围的风场和建筑物表面的风荷载的全过程进行直接模拟,并且能得到风场和风荷载等各物理量的连续分布信息,可以广泛地设定条件对任何情况进行模拟。数值风洞方法速度快、成本低、灵活、直观并且易于理解,这些都是试验研究所不能实现的。

数值风洞方法的核心内容是CFD。大多数土木工程对风流动表现为钝体形状,而钝体周围的流场很复杂,它由撞击、分离、再附、环绕和涡旋等流体运动方式确定。因此,CFD包含当今世界上被认为最困难的所有流体动力学内容。采用数值分析方法时,CFD中不同湍流模型有不同的优缺点,选择恰当的湍流模型必须针对计算风工程的具体问题。从各种不同的湍流模型中更好地进行选择,要考虑到每一种应用目的和每一种模型的优点。国际上专用的计算流体动力学软件可预测实际工程的流场和结构物表面的压力分布,如英国的 CFX 软件、奥地利的 SWIFT 软件、美国的 FLUENT 软件、日本的 STAR-CD 软件。

5.1.5　三种研究方法的比较

理论分析方法的优点在于所有的结果具有普遍性,各种影响因素清晰可见,是指导试验研究和验证新的数值计算方法的理论基础。但是,理论分析往往要求对计算对象进行抽象和简化,才有可能得出理论解。对于非线性情况,很多流动问题无法给出解析解。

风洞试验方法所得到的试验结果真实可信,它是理论分析和数值方法的基础。然而,试验往往受模型尺寸、流场扰动、人身安全和测量精度的限制,还会遇到经费投入、人力和物力的巨大消耗及周期长等困难。

数值风洞法克服了前面两种方法的缺点,可以形象地再现流动情景,在计算机上实现一个特定计算,如同在计算机上做一次风洞试验。数值风洞法与传统的理论分析法、风洞试验法组成了研究流体动问题的完整体系,图 5-1 给出了表征三者之间关系的"三维"流体力学示意图。目前,数值风洞法已成功应用于机翼的绕流研究,但在桥梁的颤振、抖振领域的应用尚处于探索阶段。可以预期,随着钝体空气动力学在理论和算法上的不断进步,大容量的并行计算机更为普及以后,数值风洞法甚至更为先进的虚拟现实技术有可能替代风洞试验法成为桥梁抗风设计的主要手段。人们将在屏幕上预见大桥在灾害气候条件下的振动景象,并据此判断结构的抗风安全。总之,数值模拟是信息时代的主要特征,数值风洞法的发展前景是毋庸置疑的。

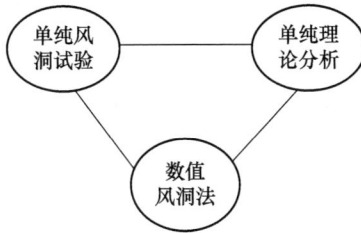

图 5-1　"三维"流体力学示意图

5.2　风场数值模拟理论基础

流体流动现象大量存在于自然界及多种工程领域中,所有这些过程都受质量守恒、动量守恒和能量守恒等基本物理定律的支配。运用数值风洞法对风场进行数值模拟的核心理论是 CFD。CFD 是通过计算机数值计算和图像显示,对包含流体流动现象的系统所做的分析。CFD 的基本思想可归结为:把原来在时间域及空间域上连续的物理量的场,如速度场和压力场,用一系列有限个离散点上的变量值的集合来代替,通过一定的原则和方式建立起关于这些离散点上场变量之间关系的代数方程组,然后求解代数方程组获得场变量的近似值。

CFD 可以看成在流动基本方程(质量守恒方程、动量守恒方程、能量守恒方程)控制下对流动的数值模拟。通过这种数值模拟,可以得到复杂问题的流场内各个位置上的基本物理量(如速度、压力等)的分布,以及这些物理量随时间变化的情况。

本节介绍数值风洞法的理论基础,即 CFD 风场数值模拟的数学物理模型、数值求解方法等。风场数值模拟基本有如下几个环节:建立流动的数学物理模型,得出流动的控制微分方程组;在计算域上对流动控制微分方程组进行离散,将离散结果整理为代数方程组;拟定特定的算法,根据算法对离散所得代数方程组进行求解,从而得到计算域内空气流动的分布信息。

5.2.1　流场数值模拟的数学模型

1. 流场的控制微分方程

流体流动受物理守恒定律的支配,基本的守恒定律包括质量守恒定律(mass conservation equation)、动量守恒定律(momentum conservation equation)、能量守恒定律(energy conservation equation),同时系统还要遵循附加的湍流运输方程。控制方程(governing equation)是这些守恒定律的数学描述,本节将介绍这些控制方程。

不可压黏性流体的控制方程为

$$
\begin{cases}
\text{连续方程}: \dfrac{\partial \rho U_i}{\partial x_i} = 0 \\[2mm]
\text{动量方程}: \dfrac{\partial \rho U_i}{\partial t} + \dfrac{\partial \rho U_i U_j}{\partial x_j} = \dfrac{\partial P}{\partial x_j} + \dfrac{\partial}{\partial x_j}\left[\mu\left(\dfrac{\partial U_i}{\partial x_j} + \dfrac{\partial U_j}{\partial x_i}\right)\right] + \rho\beta g_i(T_{\text{ref}} - T) \\[2mm]
\text{能量方程}: \dfrac{\partial \rho h}{\partial t} + \dfrac{\partial \rho H U_j}{\partial x_j} = \dfrac{\partial}{\partial x_j}\left(\dfrac{\lambda}{C_p}\dfrac{\partial H}{\partial x_j}\right) + S_H
\end{cases}
$$

$$(5-1)$$

上述方程表示的物理意义是任一流体流动微团的守恒定律:连续方程表示运动的质量守恒定律;动量方程又称 Navier-Stokes 方程,简称 N-S 方程,表示系统的动量守恒定律;能量方程表示有热交换系统的能量守恒定律。由于上述方程中所含各项分别是随时间的变化项、对流项、扩散项和源项,表示对流扩散作用下的物理量守恒定律,故又称为对流扩散方程。

2. 湍流及其模拟方法概述

1) 湍流

湍流中始终存在着很不规则的脉动,即速度、压强等物理量在空间的分布随着时间和空间的随机变化,这种脉动是由大大小小的旋涡引起的。湍流中的脉动现象对工程设计有直接的影响,压力的脉动增大了建筑物上承受的风荷载的瞬时荷载。研究结果表明,虽然速度、压力等瞬时值在相同的测定条件下也不相同,但多次取得的数据其算术平均值趋于一致,遵循一定的规律,即在偶然性中存在着必然性。为了描述完全发展的湍流运动的物理过程,常假设流动由许多尺寸不同的、杂乱堆集着的湍流涡(turbulent eddy)形成,湍流涡简称涡(eddy)。涡的最小尺寸则由需要它耗散掉的紊流能量决定。这种过程以一种级联的方式进行,即涡不断破裂为更小的旋涡,于是它们所含有的能量就逐级传递给越来越小的旋涡。当涡尺寸足够时,黏性可以耗散掉它所得到的紊流动能,则这种尺度的涡将是稳定的,不会再破裂,此即耗散涡。现在通常认为,尺度相差很大的涡没有直接的相互作用,只有尺寸接近的涡才可以传递能量。由于湍流只存在于高雷诺数,大涡之间的作用几乎完全不受黏性的影响,大涡主要受惯性影响而存在,是引起低频脉动的原因。同时,由于边界的作用扰动及速度梯度的作用,新的涡又不断产生。由于流体内不同尺度的随机运动是造成湍流的一个重要特点,即物理量的脉动,一般认为,无论湍流运动多么复杂,非稳态的 Navier-Stokes 方程对于湍流的瞬时运动仍是适用的。

在湍流的充分发展段,除了具有黏性流体的共同性质,如连续性和机械能的黏性损耗以外,还有如下的主要特征。

(1)扩散性。即流体的各项特征,如动量、能量、温度和含有物质的浓度通过湍动向各方传递。一般从高值处向低值处扩散,这个性质在技术工作中常起重要作用。

(2)三维有涡性。湍流的有涡运动具有三维的特征。

(3)大雷诺数。流动的雷诺数超过某个临界值以后,流动不稳定,发生扰动,发展成湍流。

2)湍流的数值模拟方法

由于描述流体运动(层流)的流体力学基本方程组是封闭的,而描述湍流运动的方程组因采用了某种平均(时间平均或网格平均等)而不封闭,必须对方程组中出现的新未知量作出假设而使其封闭,即建立模型,这就是 CFD 中的湍流模型。湍流模型的主要作用是将新未知量和平均速度梯度联系起来。Donaldson 指出,湍流模型必须满足以下条件。

(1)如果待模拟的项是一个张量,则模型在张量的阶数、下标的次序、张量的性质(如对称性)都和源项相同。

（2）量纲上必须相同。

（3）满足不变性原则，模型表达式与坐标系的选择无关，当坐标变换时，模型与待模拟的量按相同的规律变化。

（4）模型方程必须满足质量和能量守恒定律。

自 1883 年 Reynolds 通过著名的圆管流动状态试验发现湍流流动以来，人们已经对其进行了长达一个多世纪的研究，但是尚未形成成熟的湍流理论，对湍流的物理本质还不很清楚。而另一方面，湍流流动又广泛存在于各个领域，人们不得不对湍流进行模拟以满足实际的需要。对于土木工程中出现的湍流问题，工程应用中湍流的数值模拟主要分三大类：直接数值模拟（directly numerical simulation，DNS）、大涡模拟（large eddy simulation，LES）和湍流输运模型（turbulence transport modeling）模拟，见图 5-2。由于 DNS 和 LES 对内存空间和计算速度的要求非常高，应用于工程还不现实，所以目前工程中最

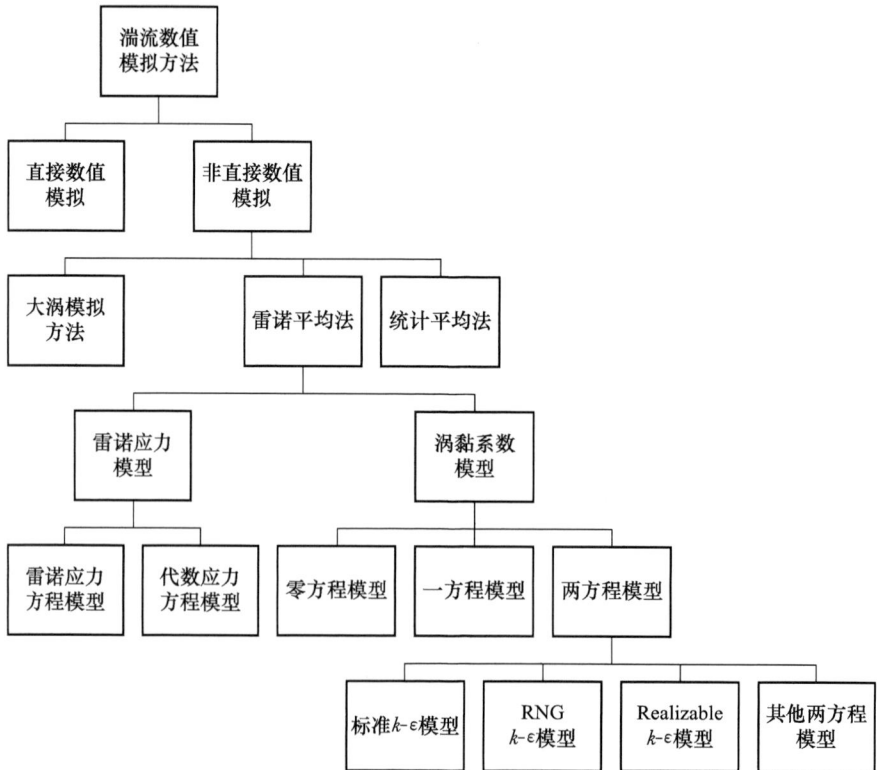

图 5-2　三维湍流数值模拟方法及相应的湍流模型

常采用的还是湍流输运模型,简称湍流模型。湍流模型求解的是工程应用的流场平均物理量,其出发点是时均化的 Navier-Stokes 方程,由于该方程是 Reynolds 在 1895 年提出的,所以又称雷诺平均(Reynolds averaged Navier-Stokes,RANS)方程。

因为湍流流动具有随机性,湍流流速是空间和时间的随机函数,所以需对其统计平均才能得到需要的平均特性。即湍流物理量 ϕ 的平均值应为

$$\bar{\phi} = \frac{1}{N} \sum_{i=1}^{N} \phi_i(x_1, x_2, x_3, t), \quad N \to \infty \tag{5-2}$$

但是,采取了各态遍历假说[51]后,就可以认为时均值和上述的统计平均值相等,于是式(5-2)中的平均值可表示为

$$\bar{\phi} = \frac{1}{T} \int_t^{t+T} \phi(x_1, x_2, x_3, t) \mathrm{d}t \tag{5-3}$$

式中,时间 T 应比湍流脉动的时间尺度大得多,且比时均值非定常变化的时间尺度小得多。

引入了上述时均值之后,就可以将湍流物理量如速度、温度等的瞬时值分为时均值和脉动值,即

$$\phi = \bar{\phi} + \phi' \tag{5-4}$$

式中,ϕ 为湍流物理量(速度、温度等)的瞬时值;$\bar{\phi}$ 为依照式(5-3)所得的平均值;ϕ' 为脉动值。根据式(5-3)很容易得到时均化的如下性质:

$$\bar{\bar{\phi}} = \bar{\phi}, \quad \overline{\phi'} = 0, \quad \overline{\bar{\phi}\phi'} = 0, \quad \overline{\phi_1\phi_2} = \overline{\phi_1}\,\overline{\phi_2} + \overline{\phi'_1\phi'_2}$$

利用以上时均化的性质对前述式(5-1)和式(5-2)进行时均化(以后为简化,时均值上部的"—"均省略,以大写字母表示,脉动值用小写字母表示),可得如下方程。

连续方程:

$$\frac{\partial \rho U_i}{\partial x_i} = 0 \tag{5-5}$$

动量方程:

$$\frac{\partial \rho U_i}{\partial t} + \frac{\partial \rho U_i U_j}{\partial x_j} = -\frac{\partial P}{\partial x_i} + \frac{\partial}{\partial x_j}\left(\mu \frac{\partial U_i}{\partial x_j} - \rho \overline{\mu_i \mu_j}\right)$$
$$+ \rho \beta g (T_{\mathrm{ref}} - T) + \frac{\partial}{\partial x_i}\left(\mu \frac{\partial U_j}{\partial x_i}\right) \tag{5-6}$$

能量方程:

$$\frac{\partial \rho H}{\partial t} + \frac{\partial \rho H U_j}{\partial x_j} = \frac{\partial}{\partial x_j}\left(\frac{\lambda}{C_p} \frac{\partial H}{\partial x_j}\right) + S_H \tag{5-7}$$

以上各式就是雷诺平均方程。雷诺方程中有湍流的二阶脉动相关项,如 $\overline{\rho\mu_i\mu_j}$(雷诺应力)、$\overline{\rho\mu_ih}$(雷诺传热量)等,这些均为未知量,于是方程数(5 个)少于未知量个数(14 个),无法封闭求解。因此,需要一些假设或理论将上述微分方程组封闭,由此便形成了湍流模型。

如果推导出关于上述二阶脉动相关项的微分方程组,那么又将出现三阶的脉动相关项,再推导三阶脉动相关项的微分方程,则又会出现脉动相关项,如此反复,方程也无法封闭。我国的周培源曾于 1940 年建立了一般湍流的雷诺应力所满足的微分方程组,即上述二阶脉动项的微分方程组。并且,他进一步推导了四阶脉动相关项的微分方程,在此基础上引入假设,使方程封闭可解。但是限于计算机存储和运算能力,这类模型还无法用于工程实际。对于二阶脉动相关项的微分方程,如果借助某些半经验理论,用低阶脉动相关项或者时均值表示其中的三阶脉动项,则可以封闭方程组,这样的湍流模型就是"二阶模型"。代表性的有雷诺应力方程模型(Reynold stress model,RSM)、代数应力方程模型(algebraic stress model,ASM)等[52]。二阶模型相对于 DNS 和 LES 较为简单,但是封闭之后的微分方程也有 16 个之多,应用于工程实际仍然存在困难。目前工程中最为常用的一类湍流模型还是涡黏系数模型(eddy viscosity model,EVM),它基于 Boussinesq 假设,将二阶脉动相关项表示为时均值的函数,由此封闭求解。

3. Boussinesq 假设

雷诺方程中引入了高阶的二阶脉动相关量 $\overline{\rho\mu_i\mu_j}$ 和 $\overline{\rho\mu_ih}$,造成雷诺方程组不封闭。它们可以看成湍流脉动输运对时均流动的效果。由于上述的二阶脉动相关量分别具有应力和热流的量纲,所以称为雷诺应力和雷诺传热。为此,Boussinesq 于 1877 年提出了著名的 Boussinesq 假设[53],即涡黏假定

$$-\rho\overline{\mu_i\mu_j} = \mu_t\left(\frac{\partial U_i}{\partial x_j} + \frac{\partial U_j}{\partial x_i}\right) - \frac{2}{3}\left(\rho k + \mu_t\frac{\partial U_i}{\partial x_i}\right)\delta_{ij} \tag{5-8}$$

式中,μ_t 为涡黏系数(eddy viscosity),kg/(m · s);U_i 为时均速度;k 为单位质量流体湍流动能(turbulent kinetic energy),m²/s²;δ_{ij} 为克罗内克(Kronecker delta)函数,其值为

$$\begin{aligned}\delta_{ij} &= 1, \quad i = j\\ \delta_{ij} &= 0, \quad i \neq j\end{aligned} \tag{5-9}$$

湍流动能 k 为

$$k = \frac{1}{2}\overline{\mu_i\mu_i} \tag{5-10}$$

μ_t 反映了湍流流场特性,与流体种类无关,取决于流动状态,在流场中各点的值是不一样的;k 反映了湍流脉动的强度,是表征湍流强度的一个重要物理量。

$$-\rho\mu_j h = \frac{\mu_t}{\mathrm{Pr}_t}\left(\frac{\partial H}{\partial x_j}\right) \tag{5-11}$$

式中,Pr_t 为湍流 Prandtl 数,$0.9\sim1.0$。将式(5-8)、式(5-11)分别代入式(5-6)、式(5-7),可得如下方程。

动量方程:

$$\frac{\partial\rho U_j}{\partial t} + \frac{\partial\rho U_i U_j}{\partial x_j} = -\frac{\partial P}{\partial x_i} + \frac{\partial}{\partial x_j}\left[(\mu+\mu_t)\left(\frac{\partial U_i}{\partial x_j} + \frac{\partial U_j}{\partial x_i}\right)\right] + \rho\beta g_i(T_{\mathrm{ref}} - T) \tag{5-12}$$

能量方程:

$$\frac{\partial\rho H}{\partial t} + \frac{\partial\rho H U_j}{\partial x_j} = \left[\frac{\partial}{\partial x_j}\left(\frac{\lambda}{C_p} + \frac{\mu_t}{\mathrm{Pr}_t}\right)\frac{\partial H}{\partial x_j}\right] + S_H \tag{5-13}$$

可见考虑了雷诺应力(传热)和相应时均量的梯度关系之后,相当于在相应方程中增加了扩散项,可定义等效扩散系数

$$\mu_{\mathrm{eff}} = \mu + \mu_t \tag{5-14}$$

$$\Gamma_{\mathrm{eff}} = \frac{\lambda}{C_p} + \frac{\mu}{\mathrm{Pr}_t} \tag{5-15}$$

式中,μ_{eff} 为等效黏性系数,kg/(m • s);Γ_{eff} 为等效热扩散系数,kg/(m • s)。

4. 涡黏系数模型

在涡黏系数模型方法中,不直接处理雷诺应力项,通过引入 Boussinesq 假设模拟二阶脉动项,把湍流应力表示成 μ_t 的函数,则描述流体湍流流动的控制微分方程组可用式(5-1)以及式(5-12)~式(5-15)表示。此时未知数为 $U_i(i=1,2,3)$、P、H、μ_t,共 6 个,而微分方程共有 5 个:1 个连续方程、3 个动量方程、1 个能量方程。可见,附加一个求解涡黏系数 μ_t 的方程便可封闭上述微分方程组,所以涡黏系数模型就是把 μ_t 与湍流时均参数联系起来的关系式。

如果附加一个代数方程求解 μ_t,则称为零方程模型。零方程模型方案有多种,最著名的是 Prandtl 提出的混合长度模型。如果附加一个微分方程求解 μ_t,则称该湍流模型为两方程模型,如 $k\text{-}\varepsilon$ 模型。下面简单介绍零方程模型[53]和一方程模型,5.2.2 节将详细介绍 $k\text{-}\varepsilon$ 模型。

最简单的零方程模型是常系数模型。对于剪切层的紊流流动(即自由射

流的紊流流动），Prandtl 认为垂直于主流方向的同一截面上的 μ_t 为常数，而且可以用式(5-16)计算，即

$$\mu_t = C\rho\delta \mid \mu_{\max} - \mu_{\min} \mid \tag{5-16}$$

式中，δ 为射流层厚度，它是指切应力层中边缘上两点之间的距离，这两点的流速与射流层外自由流动的流体的速度差等于该截面上最大速度差的 1%，δ 也就是指流速等于截面上最大流速的 1% 的两个点之间的距离。Prandtl 的混合长度理论是应用比较广泛的零方程模型。在二维问题中湍流切应力表示为

$$-\rho\overline{\mu'v'} = \rho l_m^2 \left| \frac{\mathrm{d}u}{\mathrm{d}y} \right| \frac{\mathrm{d}u}{\mathrm{d}y} \tag{5-17}$$

式中，u 为主流的时均速度；y 为与主流相垂直的坐标；l_m 为混合长度，是涡黏系数模型中需要由经验公式或试验加以确定的参数。对于沿平直边界的边界层型湍流流动，混合长度 l_m 与离开壁面的相对距离 y/δ 有关，其中 δ 为边界层厚度，它被定义为流速等于 99% 的来流速度的点离开壁面的距离。l_m 与 y/δ 的关系见图 5-3，系数 n 及 λ 由试验测定，取为 $n=0.435$，$\lambda=0.09$，其中 n 称为 von·Karman(冯·卡门)常数。

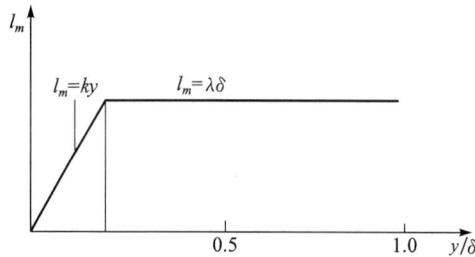

图 5-3　平壁边界层中的混合长度

在十分接近壁面的区域，应当考虑分子黏性对削弱湍流脉动的影响。对于沿平直壁面的流动，van Driest(范·德里斯特)提出了用一个阻尼函数来考虑分子黏性作用的方法把壁面附近的混合长度表达式改写为

$$l_m = ny\left[1 - \exp\left(-\frac{y(\tau_w/\rho)^{\frac{1}{2}}}{A\nu} \right) \right] \tag{5-18}$$

式中，τ_w 为壁面上的切应力；对光滑壁面，$A=26.0$。

混合长度理论对于无回流的简单的流动，如二维平直表面上边界层流动、平直通道内的流动等是适用的。但对于壁面曲率较大的边界层型流动及自由射流，用混合长度理论计算的结果还不能令人满意。而对于有回流的流动则

尚未找出一个合适的混合长度的计算公式。

在零方程模型中忽略了对流和扩散的影响,为了弥补这种局限性,再建立一个湍流动能 k 的运输方程,而 μ_t 表示成 k 的函数使方程封闭。湍流动能 k 的运输方程为

$$\frac{\partial(\rho k)}{\partial t} + \frac{\partial(\rho k U_i)}{\partial x_i} = \frac{\partial}{\partial x_i}\left[\left(\mu + \frac{\mu_t}{\sigma_k}\right)\frac{\partial k}{\partial x_i}\right] + \mu_t\left(\frac{\partial U_i}{\partial x_j} + \frac{\partial U_j}{\partial x_x}\right)\frac{\partial U_i}{\partial x_j} - \rho C_D \frac{k^{3/2}}{l}$$

$$(5\text{-}19)$$

方程中的项依次为瞬态项、对流项、扩散项、产生项、耗散项。由 Kolmogorov-Prandtl 表达式[53]有

$$\mu_t = \rho C_\mu \sqrt{k}\, l \qquad\qquad (5\text{-}20)$$

式中,σ_k、C_D、C_μ 为经验常数,一般 $\sigma_k = 1$,$C_D = 0.09$,C_μ 取 $0.8 \sim 0.38$;l 为湍流脉动的长度比尺,依据经验公式和试验而定。式(5-19)和式(5-20)构成一方程模型。一方程模型虽然考虑了湍动的对流和扩散,但长度比尺 l 很难确定,所以很难得到推广。

5.2.2　k-ε 两方程模型

5.2.1 节中提到,涡黏系数模型(EVM)如果附加一个微分方程求解 μ_t,则称该湍流模型为两方程模型,如 k-ε 模型。在 FLUENT 软件中提供了三种 k-ε 两方程模型,即标准 k-ε 模型、重正化群 k-ε 模型和可实现性 k-ε 模型,三个模型都有相似的形式,都有计算 k 和 ε 的输运方程组。同时,都有各自的解法和适应性,下面分别介绍。

1. 标准 k-ε 模型

标准 k-ε 模型建立在半经验公式模型的基础上,模型输运方程组用来计算湍流动能 k 及其耗散率 ε。模型中计算 k 的输运方程源于精确方程,而模型中计算 ε 的输运方程则有一定的物理含义,而在数学上却没有精确的定义。k-ε 模型的来源,可以假设流动是充分发展的湍流,且分子黏性的影响可以忽略。

1)涡黏系数 μ_t

标准 k-ε 模型是由 Launder 和 Spalding 提出的,模型中涡黏系数 μ_t 可表示成湍流动能 k 和湍动耗散率(turbulent dissipation rate)ε 的函数,即

$$\mu_t = \rho C_\mu \frac{k^2}{\varepsilon} \qquad\qquad (5\text{-}21)$$

式中，C_μ 为经验常数。

2）计算标准 k-ε 模型的输运方程组

湍流动能 k 和耗散率 ε 可以从下面输运方程组得到，即

$$\frac{\partial(\rho k)}{\partial t} + \frac{\partial(\rho k U_i)}{\partial x_i} = \frac{\partial}{\partial x_j}\Big[\Big(\mu + \frac{\mu_t}{\sigma_k}\Big)\frac{\partial k}{\partial x_j} + G_k + G_b - \rho\varepsilon - Y_M \quad (5\text{-}22)$$

$$\frac{\partial(\rho\varepsilon)}{\partial t} + \frac{\partial(\rho\varepsilon U_i)}{\partial x_i} = \frac{\partial}{\partial x_j}\Big[\Big(\mu + \frac{\mu_t}{\sigma_\varepsilon}\Big)\frac{\partial\varepsilon}{\partial x_j}\Big] + C_{1s}\frac{\varepsilon}{k}(G_k + C_{3s}G_b) - C_{2s}\rho\frac{\varepsilon^2}{k}$$

$$(5\text{-}23)$$

以上方程组中，G_k 是由平均速度梯度引起的湍流动能 k 的生成项，可用来计算 k-ε 模型中湍流生成量的模数化；G_b 是由浮升力引起的湍流动能 k 的生成项，可用来计算 k-ε 模型中浮升力对湍流的影响；Y_M 可以用来表示在可压缩湍流中脉动扩张的贡献；C_{1s}、C_{2s} 和 C_{3s} 是经验常数；σ_k 和 σ_ε 分别是 k 和 ε 对应的 Prandtl 数。

3）模型常数

在标准 k-ε 模型中，模型常数 C_{1s}、C_{2s}、C_{3s}、σ_k、σ_ε 的取值见表 5-1。

表 5-1　标准 k-ε 模型常数取值

C_{1s}	C_{2s}	C_{3s}	σ_k	σ_ε
1.44	1.92	0.09	1.0	1.3

这些默认值由空气和水的湍流剪切试验确定，并消除了各向同性网格湍流。试验发现这些常数对各种壁面边界和自由剪切流的情况有效。虽然模型常数的默认值多数情况下是可接受的，但仍可在黏性模型对话框中改变它们的值。

4）标准 k-ε 模型的适应性

（1）标准 k-ε 模型是针对湍流发展非常充分的湍流流动建立的，是一种针对高雷诺数的湍流计算模型，计算湍流黏性的方法。

（2）标准 k-ε 模型假定 μ_t 是各向同性的标量，用于强旋流、弯曲壁面流动或弯曲流线流动时，会产生一定的失真。

2. 重正化群 k-ε 模型

重正化群（renormalization group，RNG）k-ε 模型中，通过在大尺度运动和修正后的黏度项体现小尺度的影响，而使得这些小尺度运动有序地从控制方程中去掉。

RNG k-ε 模型中 k 方程和 ε 方程与标准 k-ε 方程非常相似,即

$$\frac{\partial(\rho k)}{\partial t} + \frac{\partial(\rho k U_i)}{\partial x_i} = \frac{\partial}{\partial x_j}\left[\alpha_k \mu_{\text{eff}} \frac{\partial k}{\partial x_j}\right] + G_k + G_b - \rho\varepsilon - Y_M \quad (5\text{-}24)$$

$$\frac{\partial(\rho\varepsilon)}{\partial t} + \frac{\partial(\rho\varepsilon U_i)}{\partial x_i} = \frac{\partial}{\partial x_j}\left[\alpha_\varepsilon \mu_{\text{eff}} \frac{\partial\varepsilon}{\partial x_j}\right] + C_{1\varepsilon}\frac{\varepsilon}{k}(G_k + C_{3\varepsilon}G_b) - C_{2\varepsilon}\rho\frac{\varepsilon^2}{k} - R$$

$$(5\text{-}25)$$

以上方程组中,G_k 表示由平均速度梯度引起的湍流动能产生项;G_b 表示由浮升力引起的湍流动能的产生项;Y_M 表示可压缩湍流流动脉动膨胀对总耗散率的影响;α_k 和 α_ε 分别代表计算 k 和 ε 有效 Prandtl 数的倒数。

在 RNG k-ε 模型中,模型常数 $C_{1\varepsilon}=1.42$,$C_{2\varepsilon}=1.68$。

与标准 k-ε 模型比较发现,RNG k-ε 模型的主要变化是:①通过修正湍流黏度,考虑了平均流动中的旋转和漩流流动情况;②在 ε 方程中增加了一项,从而反映了主流的时均应变率,这样,RNG k-ε 模型中产生项不仅与流动情况有关,而且在同一问题中也是空间坐标的函数。从而,RNG k-ε 模型可以更好地处理高应变率及流线弯曲程度较大的流动。

3. 可实现性 k-ε 模型

在可实现性(Realizable)k-ε 模型中 k 和 ε 的模数化输运方程组为

$$\frac{\partial(\rho k)}{\partial t} + \frac{\partial(\rho k U_i)}{\partial x_i} = \frac{\partial}{\partial x_j}\left[\left(\mu + \frac{\mu_t}{\delta_k}\right)\frac{\partial k}{\partial x_j}\right] + G_k + G_b - \rho\varepsilon - Y_M \quad (5\text{-}26)$$

$$\frac{\partial(\rho\varepsilon)}{\partial t} + \frac{\partial(\rho\varepsilon U_i)}{\partial x_i} = \frac{\partial}{\partial x_j}\left[\left(\mu + \frac{\mu_t}{\delta_\varepsilon}\right)\frac{\partial\varepsilon}{\partial x_j}\right] + \rho C_1 S_\varepsilon - \rho C_2 \frac{\varepsilon^2}{k + \sqrt{\nu\varepsilon}} + C_{1\varepsilon}\frac{\varepsilon}{k}C_{3\varepsilon}G_b$$

$$(5\text{-}27)$$

以上方程组中,G_k 表示由平均速度梯度引起的湍流动能的产生项;G_b 表示由浮升力引起的湍流动能的产生项;Y_M 表示可压缩湍流流动脉动膨胀对总耗散率的影响;α_k 和 α_ε 分别代表计算 k 和 ε 有效 Prandtl 数的倒数。

在 Realizable k-ε 模型中,模型常数 $C_{1\varepsilon}=1.44$,$C_2=1.9$,$\delta_k=1.0$,$\delta_\varepsilon=1.2$。

与标准 k-ε 模型比较发现,Realizable k-ε 模型的主要变化是:①湍动黏度计算公式发生了变化,引入了与旋转和曲率有关的内容;②ε 方程发生了很大的变化,方程中的产生项不再包含 k 方程中的产生项 G_k,可以认为这样的形式可以更好地表示各种能量传递;③ε 方程中的倒数第二项不具有任何奇异性,即使 k 值很小或为零,分母也不会为零,这与标准 k-ε 模型和 RNG k-ε 模型有很大的区别。

Realizable k-ε 模型已被有效地用于各种不同类型的流动模拟,包括旋转均匀剪切流、包含射流和混合流的自由流动、管道内流动、边界层流动,以及带有分离的流动等。

5.2.3 壁面函数法

有两种方法可以将 k-ε 模型扩大到能应用于黏性作用的区域,它们是壁面函数法和低雷诺数 k-ε 模型。

壁面函数法的基本思想是:对于湍流核心区的流动使用 k-ε 模型求解,而在壁面区不进行求解,直接使用半经验公式将壁面上的物理量与湍流核心区内的求解变量联系起来。这样不需要对壁面区内的流动进行求解,就可以直接得到与壁面相邻控制体积的节点变量值。

壁面函数法是 FLUENT 采用的默认方法,它对各种壁面流动都非常有效。相对于低雷诺数 k-ε 模型,壁面函数法计算效率高,工程实用性强。采用低雷诺数 k-ε 模型时,因壁面内(黏性底层和过渡层)的物理量变化非常大,所以必须使用细密的网格,从而造成计算成本的提高。当然,壁面函数法也有一定的局限性,当流动分离过大或近壁面流动处于高压之下时,该方法不很理想,为此 FLUENT 还提供了非平衡壁面函数法及增强的壁面函数法。

5.2.4 微分方程的离散

建立了空气流动的数学物理模型之后,就可以对相关方程进行离散,从而将不易解的偏微分方程组转化为易解的代数方程组。

目前,在数值计算方法中存在三种离散方法:有限差分法(finite diference method)、有限元法(finite element method)和有限体积法(finite volume method)。

有限差分法根据泰勒级数展开得到,从数学上分析误差较为方便,但是物理意义不明显;有限元法则可对不规则形状的计算域进行离散,在局部用连续的函数表达所求的物理量场;有限体积法是通过将计算域划分为离散的控制体,再在控制体上对各个守恒控制微分方程进行积分而得到离散的代数方程组,因此该方法物理意义明显,但是难以分析其误差。本书采用有限体积法进行离散求解。

1. 有限体积法

有限体积法的基本思路是:将计算域划分为网格,并使每个网格点周围有一个互不重复的控制体积;将待解微分方程(控制方程)对每一个控制体积积分,从而得出一组离散方程。其中的未知数是网格点上的因变量 ϕ。为了求出控制体积的积分,必须假定 ϕ 值在网格点之间的变化规律。从积分区域的选取方法看,有限体积法属于加权余量法中的子域法;从未知解的近似方法看,有限体积法属于采用局部近似的离散方法。

有限体积法得出的离散方程,要求因变量的积分守恒对任意一组控制体积都得到满足,所以对整个计算区域自然也得到满足,这是有限体积法最大的优点。有限体积法在粗网格情况下也显示出准确的积分守恒,而如有限差分法,仅当网格极其细密时,离散方程才满足积分守恒。目前雷诺平均的 Navier-Stokes 方程的计算大多采用有限体积法离散。

对于离散方法,有限体积法可视为有限元法和有限差分法的中间物。有限元法必须假定 ϕ 值在网格节点之间的变化规律(即插值函数),并将其作为近似解。有限差分法只考虑网格点上的 ϕ 值而不考虑 ϕ 值在网格节点之间如何变化。有限体积法只寻求 ϕ 的节点值,这与有限差分法相似;但有限体积法在寻求控制体积的积分时,必须假定 ϕ 值在网格点之间的分布,这又与有限单元法类似。在有限体积法中,插值函数只用于计算控制体积的积分,得出离散方程之后,便可以忘掉插值函数;根据需要,可以对微分方程中不同的项采取不同的插值函数。

总之,有限体积法继承了有限差分法的丰富格式,具有良好的守恒性,并且能像有限元法那样采用各种形式的网格以适应复杂的边界几何形状,因此现在大多数 CFD 软件采用有限体积法。

2. 网格的划分方法

对空气流动进行数值计算时,需要先将计算域划分成许多互不重叠的子区域,通过对区域划分,可以得到如下几种几何要素。

节点(node):需要求解的未知物理量的几何位置。

控制体积(control volume):应用控制方程的最小几何单位。

界面(face):各控制体积的分界面。

节点通常被当作控制体积的代表。划分计算域时,一般又有两种做法:外节点法,先划节点后划界面;内节点法,先划界面后划节点,节点位于控制体的中心。本书采用内节点法划分计算域。

有限体积法具有物理意义明显、守恒定律总能满足的优点[52]。这种方法实际就是在离散控制体内对控制微分方程积分,选择合适的内插函数,用节点值表示有关界面的值以及各阶导数,从而将微分方程离散为一组以各网格节点表示的代数方程。

由于流动控制微分方程组都可以用式(5-28)表示,所以可在控制体积内对此方程积分,从而实现对所有物理量的求解。其步骤可以总结为

$$\frac{\partial}{\partial t}(\rho\phi) + \mathrm{div}(\rho u\phi - \Gamma_\phi \mathrm{grad}\phi) = S_\phi \tag{5-28}$$

(1)采用内节点法,将计算域划分为控制体,网格中心即网格节点,如图5-4所示。

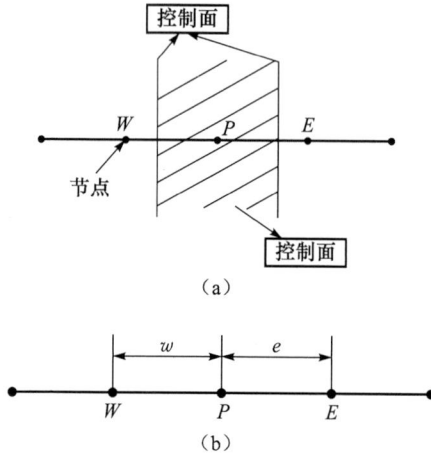

(a)

(b)

图5-4　有限体积法离散要素

(2)在每一个网格或控制体内对有关微分方程(动量方程、能量方程等)积分。

(3)利用高斯公式 $\int_V \nabla \cdot \phi \mathrm{d}V = \oiint_S \overline{n} \cdot \phi \mathrm{d}S$,将体积分转化为控制体表面的积分。

(4)选择内插公式(线性分布、阶梯分布等),将变量 ϕ 各界面以及各阶导数值用节点值表示。

(5)整理离散结果为代数方程的形式。

3. 数值插分格式

用有限体积法导出离散方程时,不同的格式主要表现在控制容积界面上

函数的取值及其导数的构造方法,从而进一步导致不同的计算结果。不同的界面函数取值和导数构造方法构成了数值差分格式。实际应用和研究表明,数值差分格式与贝克列数密切相关,贝克列数定义为

$$\mathrm{Pe} = \frac{\rho U l}{\Gamma} \tag{5-29}$$

式中,l 为所考虑的有限容积特征尺寸,m;Γ 为扩散系数,可代表动力黏度、传热扩散系数等,kg/m。

可见,贝克列数代表的是对流扩散的强度之比,贝克列数越大,表明对流越强。为将不同的差分格式统一起来,通常将对流扩散方程的离散方程表示为如下通用形式(为应用方便,这里给出非稳态三维形式,具体推导过程以及有关差分格式的过程可参考文献[54]):

$$a_P \phi_P = a_E \phi_E + a_W \phi_W + a_N \phi_N + a_S \phi_S + a_T \phi_T + a_B \phi_B + b \tag{5-30}$$

$$a_E = D_e A(|\mathrm{Pe}_e|) + \| -F_e, 0 \| \tag{5-31a}$$

$$a_W = D_w A(|\mathrm{Pe}_w|) + \| F_w, 0 \| \tag{5-31b}$$

$$a_N = D_n A(|\mathrm{Pe}_n|) + \| -F_n, 0 \| \tag{5-31c}$$

$$a_S = D_s A(|\mathrm{Pe}_s|) + \| -F_s, 0 \| \tag{5-31d}$$

$$a_T = D_t A(|\mathrm{Pe}_t|) + \| -F_t, 0 \| \tag{5-31e}$$

$$a_B = D_b A(|\mathrm{Pe}_b|) + \| F_b, 0 \| \tag{5-31f}$$

$$a_p^0 = \frac{\rho_p^0 \Delta x \Delta y \Delta z}{\Delta t} \tag{5-31g}$$

$$b = S_c \Delta x \Delta y \Delta z + a_p^0 \phi_p^0 \tag{5-31h}$$

$$a_P = a_E + a_W + a_N + a_S + a_T + a_B + a_p^0 - S_p \Delta x \Delta y \Delta z \tag{5-32}$$

不同的差分格式可用关于贝克列数的函数 $A(|\mathrm{Pe}|)$ 表示,表 5-2 给出了几种常用的差分格式。

表 5-2　不同差分格式

差分格式	中心差分	一阶迎风	混合	幂函数	指数
$A(|\mathrm{Pe}|)$ 的公式	$1-0.5|\mathrm{Pe}|$	1	$\| 0, 1-0.5|\mathrm{Pe}| \|$	$\| 0, 1-0.1|\mathrm{Pe}|^\xi \|$	$|\mathrm{Pe}|/[\exp(|\mathrm{Pe}|)-1]$

上述差分格式中,指数格式精度最高,因为它是根据一维情况的精确解推导出来的;而幂函数格式次之,但是计算耗时;一个折中的方案是混合格式,对于多数情况它都能取得较为满意的精度;上风格式是数值计算中常用的差分格式,但是它夸大了对流的作用,因此对贝克列数较小的情形误差较大;而中心差分则相反,只有在贝克列数小于 2(网格很密)时才能取得满意的结

果,一般不采用。除非特别说明,本书中的计算均采用混合网格作为数值差
分格式。

4. 离散方程的求解

控制流体流动的微分方程都是非线性的[55],离散方程的系数本身就是所
求解变量的函数,因此求解过程本身就是迭代性质的:先假定一个未知量场,
据此计算离散方程的系数,然后求解方程获得改进值,如此反复,直至获得最
终的收敛解。

需要指出的是,迭代其实具有两重含义:一是指非线性问题的迭代式求解
方法,这也是非线性问题的唯一求解方法;二是指代数方程组的迭代求解法,
和直接求解法相对应。本节介绍的是代数方程组的迭代求解法。

代数方程组的迭代求解法在计算机内存以及时间方面都比直接求解法节
省,且对于非线性问题有着很大的优势,因此在流体流动和传热领域应用很
广。它的种类很多,大致可分为点迭代法、块迭代法、交替方向迭代法及强隐
迭代法等。本书采用的是交替方向迭代法:迭代在交替方向扫描,先逐行(逐
列)扫描,再逐列(逐行)扫描,两次全场扫描组成一轮迭代。这就是交替方向
隐式迭代法(ADI 法)[56]。

由于离散方程的强烈非线性,为了保证迭代不发散,通常采用松弛方法。
主要的松弛方法有两种:线性欠松弛和伪时间步长。线性欠松弛是采用欠松
弛因子以使两次迭代之间的值变化不致太大,即

$$\phi_P = \phi_P^* + \alpha \left(\frac{\sum a_{np} \phi_{np}}{a_P} - \phi_P^* \right) \tag{5-33a}$$

式中,ϕ_P^* 为上一次迭代的值;α 为松弛因子,介于 0 和 1 之间,通常取 α 为
0.5,对速度和温度以及湍流动能和湍流耗散率进行松弛,压力和压力修正则
取为 1。但要指出的是,松弛因子并没有固定的取法,与实际问题和计算者的
经验有关,过大的值可能导致解的振荡或发散,过小的值可能导致解的收敛特
别慢。伪时间步长则是对于稳态问题引入非稳态项,即

$$\frac{\rho \Delta x \Delta y \Delta z}{\Delta t_{\text{false}}} (\phi_P - \phi_P^*) \tag{5-33b}$$

当伪时间步长 Δt_{false} 足够小时,该项比方程其他项显著,这使得两次迭代的值
ϕ_P 和 ϕ_P^* 比较接近,从而起到松弛的效果。在计算中通常先取比较小的伪时
间步长进行计算,迭代收敛后再取大的伪时间步长,以获得最终的稳态收敛
结果。

5.2.5　SIMPLE 算法

实际的流场和压力、温度以及湍流参数等有关,它们是相互影响的,因此计算时需要耦合求解。为此,形成了一系列算法,而最具代表性、应用最为广泛的就是 SIMPLE 算法。该方法是由 Patankar 和 Spalding 于 1972 年提出的[57],是一种主要用于求解不可压流场的数值方法,它属于压力修正法的一种。它的核心是采用"猜测-修正"这一过程,在交错网格的基础上来计算压力场,从而达到求解动量方程(Navier-Stokes 方程)的目的。本节采用 SIMPLE 算法对速度和其他影响流场的变量进行迭代求解。

1. 交错网格

对如图 5-5 所示的控制体内连续方程利用有限体积法离散,会出现速度场不连续的情况,而动量方程中的压力项也将出现上述情况,导致 P 控制体的流动居然与 P 点压力无关,而这与压力差是流动的驱动力的物理意义相悖,必将导致不正确的结果。为了解决这个问题,Spalding 和 Patankar 等[57]提出了交错网格(staggered grid)概念,交错网格是指将速度分量与压力在不同的网格系统上离散。交错网格是 SIMPLE 算法实现的基础。交错网格就是将标量(如压力 p、温度 T 和密度 ρ 等)在正常的网格节点上存储和计算,而将速度的各分量分别在错位后的网格上存储和计算,错位后的网格中心位于原控制体积的界面上。这样,对于三维问题,就有四套网格系统,分别用于存储 P、U、V 和 W。图 5-5 为 U 速度分量的控制体。

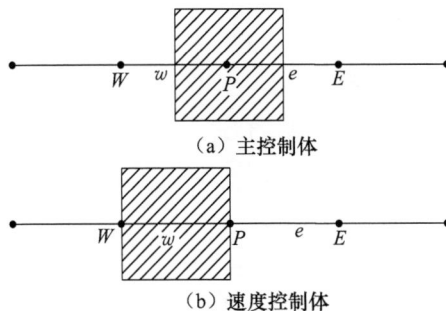

(a) 主控制体

(b) 速度控制体

图 5-5　交错网格示意图

对于图 5-5 中的主控制体,对动量方程进行离散,得

$$a_P U_p = \sum a_{nb} U_{nb} + b - (P_e - P_w) \tag{5-34}$$

如果采用线性分布选取界面的 P_e 和 P_w 值,并且考虑 w 和 e 分别位于 WP 和 WP 的中点,则有

$$P_e - P_w = \frac{1}{2}(P_E - P_P) - \frac{1}{2}(P_w + P_P) = \frac{1}{2}(P_E - P_w) \tag{5-35}$$

可见,对于 P 点所在的控制体,离散所得控制方程中竟不含有 P 点压力,说明 P 点压力对此没有影响,这显然违背物理意义。同理,对连续方程进行离散也会得到类似结果。采用交错网格后,如图 5-5 所示的速度控制体

$$a_w U_w = \sum a_{nb} U_{nb} + b - (P_P - P_W) \tag{5-36}$$

显然,此时不会发生上述现象。

2. 压力修正

从式(5-36)可见,必须已知压力场才能求解速度,但实际上压力场是未知的。而数学物理模型中又没有专门关于压力的方程。但是应当注意到,至此还没有利用连续方程。因此,应该利用连续方程来解决压力场未知的问题。由于对这类非线性问题采用的是迭代求解,于是可以假设迭代初值。因此,可假设一个压力场作为迭代初值,设为 P^*,利用式(5-37)求解的速度将成为

$$a_w U_w^* = \sum a_{nb} U_{nb}^* + b - (P_W^* - P_P^*) \tag{5-37}$$

迭代未收敛时,P^* 和 P 是不相等的,用 P' 修正,即

$$P = P^* + P' \tag{5-38}$$

同理,对于速度也有

$$U = U^* + U'$$

利用式(5-37)和式(5-38)可得

$$a_w U_w' = \sum a_{nb} U_{nb}' + b - (P_W' - P_P') \tag{5-39}$$

迭代收敛时必有 $\sum a_{nb} U_{nb}' \to 0$,可以省略,得

$$U_w' = d_w(P_W' - P_P'), \quad d_w = \frac{1}{a_w} \tag{5-40}$$

这样,就将速度(包括速度修正值)用压力修正表示出来,这时对连续方程在速度控制体内根据有限体积法离散后将速度用式(5-40)中的压力表示,整理后可得到压力修正方程(其本质是连续方程):

$$a_P p_P = a_E p_E + a_W p_W + a_N p_N + a_S p_S + a_T p_T + a_E p_E + b \tag{5-41}$$

可见,压力修正方程的巧妙之处就在于把连续方程转化为求解没有专门微分方程表示的压力(修正)值。

有了以上基础,就可以提出与压力、温度、湍流参数耦合求解流场的SIMPLE 算法。

3. SIMPLE 算法的计算步骤

压力修正后,就可以对动量方程进行迭代求解。基于压力修正的算法就是著名的 SIMPLE 算法[56],即压力耦合的半隐式方法(semi-implicit method for pressure linked equation)。之所以称为"半隐式",是因为将式(5-39)中 $\sum a_{nb}U'_{nb}$ 忽略掉。SIMLPLE 算法的步骤如下:

(1) 假设压力 P^*(它可以是假定的值,或者是上一次迭代计算所得到的结果);

(2) 求解动量方程得到速度场 U^*(一般不满足连续方程);

(3) 求解压力修正方程(5-41),得到 P';

(4) 利用式(5-37)、式(5-38)、式(5-40)修正压力场和速度场;

(5) 求解其他影响流场的变量,如温度、浓度或湍流动能等;

(6) 判断是否收敛,如果收敛则停止迭代,否则以修正后的压力值为新的假设的压力场,回到步骤(2)继续计算,直到收敛;

(7) 求解与速度无关的其他变量。

至此,结合前面的代数方程求解方法,就可以对建筑物周围风场的离散方程进行求解,获得所需的场分布。

5.2.6　边界条件

对于实际的物理问题,必须有定解条件才能封闭上述方程组,给出问题的解。对于一个一般性的非稳态问题,定解条件包括边界条件和初始条件。由于本书主要对稳态问题进行研究,所以不对初始条件进行讨论。本书将要涉及的初始条件主要有如下几个。

1) 固定壁面边界条件

固定壁面主要是室内的墙壁、天花板、地板等,其边界条件一般有如下几类[57]。

(1) 给出变量 ϕ 值。本书中的这类边界条件为:给定壁面的温度,非滑动壁面的速度分量为零等。

(2) 给出 ϕ 沿某方向的导数值 $\dfrac{\partial \phi}{\partial n}$。例如，已知壁面的热流量，对绝热壁面

则 $\dfrac{\partial \phi}{\partial n} = 0$，本书中对给定壁面热流或绝缘壁面采用这种处理方法。

(3) 给出 $\dfrac{\partial \phi}{\partial n}$ 和 ϕ 的关系式。例如，通过对流换热系数以及周围流体温度
而限定壁面的换热量等，本书中对给定壁面温度和对流换热系数的换热边界
条件采用这种处理方法。

本书采用 $k\varepsilon$ 模型，关于 k 和 ε 的边界条件参见 5.2.3 节。

2) 自由边界——风口入流和出流边界条件

风口入流边界的入口条件是送风口入口处的速度、温度甚至湍流动能和
湍流耗散率等参数，用于不可压流。而出流边界条件则是用于模拟在求解前
流速和压力未知的出口边界，该边界适用于出口处的流动是完全发展的情况，
即出流面上的流动情况由区域内部外推得到，且对上游流动没有影响，适于处
理结构物周围风场的出口模拟。

3) 对称面边界条件

对称面是根据实际物理问题具有对称特征而取的虚拟面，求解域内的各
物理量关于对称面对称，该面上没有物理量穿过，于是对称面边界条件为

$$\frac{\partial \phi}{\partial n} = 0 \tag{5-42}$$

实际应用中借助对称面可以减小计算区域，节约计算时间。

5.3　风场数值模拟

风对于桥梁结构是时间、空间的变化作用，它随着流过桥梁结构周围的气
流状态而变化，气流状态除随着风速和风向的自身变化外，还随着结构形状、
断面形式变化而变化，这就形成了风与桥梁的相互作用系统，所以风对桥梁的
动力作用是一种十分复杂的现象。从力学角度出发，风对桥梁的作用可分为
静力和动力两大类。静力作用主要引起桥梁的强度、变形破坏和静力失稳，动
力作用引起桥梁的风致振动。要想很好地解决桥梁的风振问题首先要对风荷
载进行真实可靠的模拟。本节运用 5.2 节介绍的数值风洞法对永乐桥斜拉桥
部分周围风场进行数值模拟得到斜拉桥周围风场的速度分布和压力分布，进
而得到斜拉桥表面的风压系数分布，与风洞试验结果吻合较好。

5.3.1　CFD 软件简介

所有商用 CFD 软件均包括三个基本环节，即前处理、求解和后处理，与之对应的程序模块常简称为前处理器、求解器、后处理器。FLUENT 公司是全球最大的 CFD 软件供应商和技术服务商，它占有全球 CFD 市场份额的 50% 以上，并以每年两位数的百分比速度递增。公司的客户涉及航空航天、旋转机械、航海、石油化工、汽车、能源、计算机/电子、材料、冶金、生物、医药等领域。FLUENT 的软件设计基于 CFD 软件群的思想，从用户需求角度出发，针对各种复杂流动的物理现象，FLUENT 软件采用不同的离散格式和数值方法，以期在特定的领域内使计算速度、稳定性和精度等方面达到最佳组合，从而高效率地解决各个领域的复杂流动计算问题。表 5-3 是 CFD 软件的工作流程及其主要功能。

表 5-3　CFD 软件的工作流程及其主要功能

工作流程	所用软件	主要功能
前处理	FLUENT 软件包的前处理软件 GAMBIT	定义所求问题的几何计算域
		将计算域划分成多个互不重叠的子区域，形成由单元组成的网格
		对所要研究的物理和化学现象进行抽象，选择相应的控制方程
		定义流体的属性参数
		为计算域边界处的单元指定边界条件
		对瞬态问题指定初始条件
求解	FLUENT5/6 求解器	借助函数来近似待求的变动量
		将该近似关系代入连续型的控制方程中，形成离散方程组
		求解代数方程组
后处理	FLUENT 后处理软件包	计算域的几何模型及网格显示
		矢量图（如速度矢量图）
		等值线图、云图
		XY 散点图、粒子轨迹图

本书模拟主要用到 FLUENT 软件包的 GAMBIT 和 FLUENT5/6，现将这两部分内容进行简单介绍。

1. 专用的 CFD 前置处理器——GAMBIT

GAMBIT 软件是面向 CFD 的前处理软件，包括全面的几何建模能力和功能强大的网格划分工具,可以划分包含边界层等对 CFD 有特殊要求的高质量的网格。GAMBIT 软件高度自动化,所生成的网格可以是非结构化的,也可以是多种类型组成的混合网格。

1) 生成线网格

在线上生成网格,作为将在面上划分网格的网格种子,允许用户详细地控制线上的节点分布规律,GAMBIT 提供了满足 CFD 计算特殊需要的五种预定义的节点分布规律。

2) 生成面网格

对于平面及轴对称流动问题,只需要生成面网格。对于三维问题,也可以先划分面网格,作为进一步划分体网格的网格种子。GAMBIT 根据几何形状及 CFD 计算的需要提供了三种不同的网格划分方法:映射方法、子映射方法和自由网格。

3) 生成边界层网格

CFD 计算对计算网格有特殊的要求,一是考虑到近壁黏性效应采用较密的贴体网格,二是网格的疏密程度与流场参数的变化梯度大体一致。

对于面网格,可以设置平行于给定边的边界层网格,可以指定第二层与第一层的间距比以及总的层数。对于体网格,也可以设置垂直于壁面方向的边界层,从而可以划分出高质量的体网格。

4) 生成体网格

对于三维流动问题,必须生成三维实体网格。GAMBIT 提供了五种体网格的生成法。

(1) 映射(map)网格。

对于六面体结构,可以使用映射网格方法直接生成六面体网格。对于较为复杂的几何形体,必须在划分网格前将其分割成若干个六面体结构(图 5-6(a))。

(2) 子映射(submap)网格。

子映射网格划分技术同样适用于体网格,即当用户提供的几何外形过于复杂时,子映射网格划分方法可以自动对几何对象进行再分割,使在原本不能生成结构化网格的几何体上划分出结构网格(图 5-6(b))。

(3) Cooper 方法。

Cooper 方法适用于在一个方向几何相似,而在另外两个方向几何较为复杂的实体(图 5-6(c))。

（a）映射网格　　　　　　　　　　　（b）子映射网格

（c）Cooper方法　　　　　　　　　（d）Tgrid方法

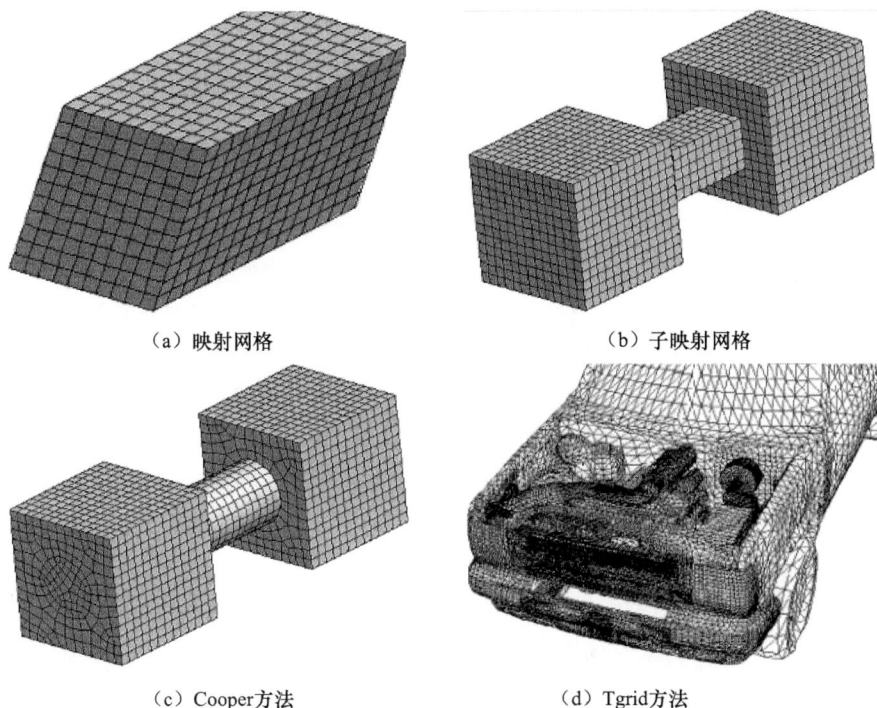

图 5-6　不同的体网格生成方法

（4）Tgrid 方法。

对于复杂的工程结构,可以采用 Tgrid 方法生成四面体和金字塔网格。Tgrid 方法生成网格过程不需要用户干预,可以划分出网格密度变化很大的网格,特别适合计算域很大的外流场(图 5-6(d))。本书中采用的就是该网格划分方法。

（5）混合网格。

对于复杂的工程结构,可以综合使用所有的网格生成方法。在贴近壁面处可以生成结构化网格,在不需要严格控制的地方,可用 Tgrid 方法生成自由网格。GAMBIT 软件可以根据几何结构特点和现有的网格约束条件迅速生成网格。混合网格技术的应用将大大减少网格划分时间,同时又能保证网格的质量。

5）GAMBIT 的可视化网格检查技术和网格输出功能

可以直观地显示网格质量,用户可以浏览单元畸变、扭曲、网格过渡、光滑性等质量参数,可以根据需要细化和优化网格,从而保证 CFD 的计算网格。除此之外,GAMBIT 支持面向图形的边界条件,即用户可以直接在几何图形上施加流动的边界条件,不需要在网格上进行操作。

2. 基于非结构化网格的通用 CFD 求解器——FLUENT5/6

FLUENT5/6 求解器采用完全非结构化网格和控制体积法。作为一个通用求解器,适用于低速不可压流动、跨声速流动乃至可压缩性强的超声速和高超声速流动等各种复杂的流场。FLUENT 丰富的物理模型使用户能够精确地模拟无黏流、层流、湍流、多向流等其他复杂的流动现象。FLUENT5/6 是专用的 CFD 软件,用来模拟从不可压流到中等程度可压流乃至高度可压流范围内的复杂流场。由于采用了多种求解方法和多重网格加速收敛技术,所以FLUENT5/6 能达到最佳的收敛精度。灵活的非结构化网格和基于求解精度的自适应网格以及成熟的物理模型,使 FLUENT5/6 在层流、转涙和湍流、多向流等领域取得了显著成效。

5.3.2　物理模型和数学模型的选择

由于钝体绕流的特殊性,钝体外流场的数值模拟和流线体相比存在诸多困难,尤其是湍流模型的选取,要考虑模型对所求解问题的适应性。文献[58]和[59]讨论了各种湍流模型对钝体流场计算的适用性,本书计算的几何模型为一斜拉桥,选用实际工程中广泛采用的基于雷诺均值的 RNG k-ε 模型,近壁面配合非平衡壁面函数进行处理。

1. 物理模型描述

永乐桥纵桥轴为南北向,横桥向为东西向,定位坐标系为沿纵桥向为 X 轴,横桥向为 Z 轴,沿高度方向为 Y 方向。计算流域取为 500m×300m×1000m,永乐桥置于流域沿流向前 1/3 处。

对桥的塔架、主梁、桥面以及周围的一个区域先进行离散,桥表面较密,远离桥的界面区域较稀疏。在边界面上共生成 296738 个节点和 3355260 个面单元。体网格采用非结构网格,由边界面向中间流域生长。经初始化和细化,完成整个流域网格的划分,最后得到 1692105 个体单元的非结构三角形网格。网格划分如图 5-7 和图 5-8 所示。

2. 湍流模型的选择

所模拟的流动雷诺数为 10^7 量级,定常流动,选用 RNG k-ε 模型。根据5.2 节的介绍,RNG k-ε 模型是通过对 Navier-Stokes 方程进行重正化群分析

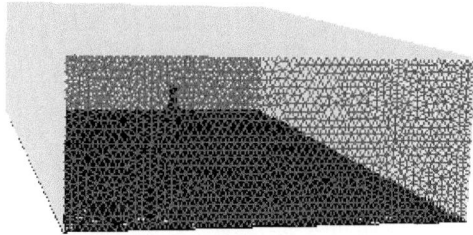

图 5-7　计算区域总体网格划分

图 5-8　斜拉桥表面网格划分

得到的,在用于预测钝体表面压力和回流区域流动时,其效果较标准 k-ε 模型有明显改进[60]。有关湍流模型参数参照 5.2 节的介绍确定。下面是有关模型常数的具体值。

湍流强度 I 是地面粗糙度类别和高度 z 的函数,关于 I 的表达式,参考日本规范[61]取值为

$$I = \begin{cases} 0.31, & z \leqslant z_g \\ 0.1(z/z_g)^{-\alpha-0.05}, & z_b < z \leqslant z_g \end{cases} \tag{5-43}$$

式中,z_b 取 5;z_g 取 450;Ⅲ类地貌 α 取 0.20。

湍流积分尺度 L 也参考日本规范中的经验公式[62],即

$$L(z) = 100 \times (z/30)^{0.5}$$

计算中在入流处直接给定湍流动能 k 和湍流耗散率 ε 的值:

$$k = 0.5(\bar{u} \cdot I)^2 \tag{5-44}$$

$$\varepsilon = 0.09^{\frac{3}{4}} k^{\frac{3}{2}}/L \tag{5-45}$$

式中,L 是湍流积分尺度。湍流积分尺度 L 参考日本规范中经验公式[61],即

$$L(z) = 100 \times (z/30)^{0.5} \tag{5-46}$$

k 和 ε 的值采用 FLUENT 提供的 UDF(user-defined function)编程与

FLUENT 作接口实现。UDF 是一个在 C 语言基础上扩展了 FLUENT 特定功能后的编程接口。此处通过编写 C 语言程序使用 UDF 来定制入口边界条件和湍流动能 k、湍流耗散率 ε 的值。

5.3.3　边界条件及壁面的处理

(1) 入流面:速度入口边界条件(velocity-inlet)、入流面风速剖面按风洞试验中模拟的大气边界层风速剖面指数分布,即

$$\frac{\bar{u}}{u_0} = \left(\frac{z}{z_0}\right)^{\alpha} \tag{5-47}$$

式中,z_0、u_0 为参考高度和参考高度处的风速,取永乐桥倒 Y 塔架轴承高度 92m 和风速 10m/s;z、$\bar{u}$ 是流域中某高度和对应的平均风速;α 为地面粗糙度指数,根据规范中的 C 类地面取 $0.22^{[62]}$。平均风速剖面也采用 FLUENT 提供的 UDF 编程与 FLUENT 作接口实现。入流面风速分布见图 5-9。

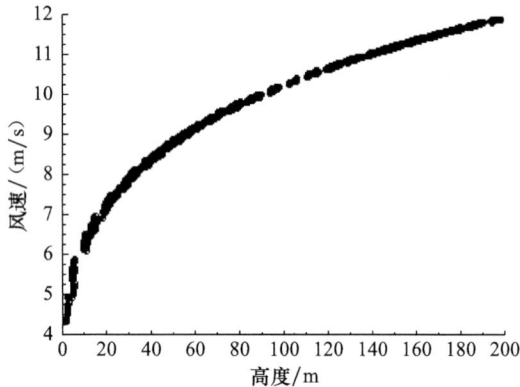

图 5-9　入流面风速分布

由于实际风向的随机性,本书共模拟了 10 种风向,规定风向角以东风时为 0°,顺时针增加,每隔 10°作为一个风向角。图 5-10 为风向示意图。

(2) 出流面:由于出流接近完全发展,采用完全发展的自由出流边界条件(outflow)。这类边界条件不需要给出出口条件,出口条件都是由 FLUENT 内部计算得到的。outflow 出口边界的优点是可以真实模拟自然风的出口情况,但收敛速度较慢。出流面风速分布见图 5-11。

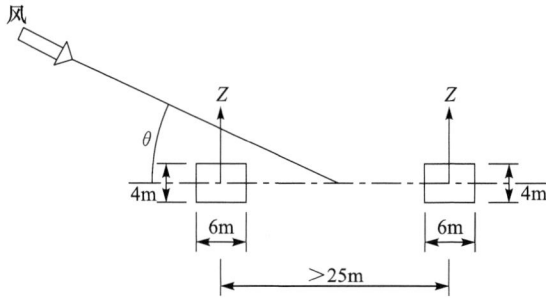

图 5-10　风向示意图

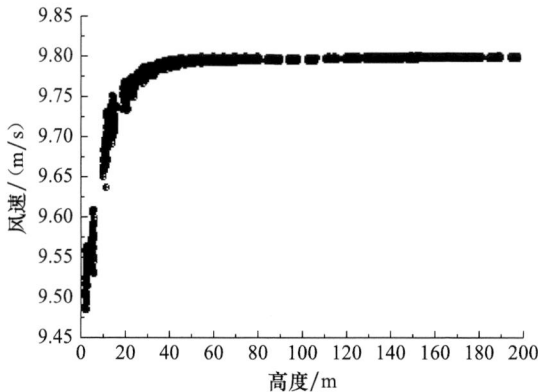

图 5-11　出流面风速分布

（3）流域顶部和两侧：采用对称边界条件（symmetry），等价于自由滑移的壁面。

（4）斜拉桥表面和底面：采用无滑移的壁面条件（wall）。

钝体流动出现分离、再附、冲撞、环绕及涡流等复杂的运动，采用非平衡壁面函数模拟壁面附近复杂的流动现象。

5.3.4　风场数值模拟分析结果

1. 风压系数分布

无量纲的压力系数 C_p 定义为

$$C_p = \frac{p - p_{ref}}{\frac{1}{2}\rho u_0} \tag{5-48}$$

式中，p_{ref} 为参考静压力，取一个大气压为 $1.013×10^5$ Pa；ρ 为空气密度，取为 1.225 kg/m³；u_0 为参考风速，取永乐桥倒 Y 塔架轴承处 92m 的风速 10m/s。图 5-12～图 5-15 为风向角为 0°和 90°时斜拉桥表面的风压系数分布。

图 5-12 和图 5-13 为风向角为 0°时斜拉桥迎风面和背风面的风压系数分布图。斜拉桥的对称性使得风压分布基本对称。由于风向 0°时风沿斜拉桥横桥向作用，斜拉桥倒 Y 塔架和桥面的迎风面风压系数为正，并且在倒 Y 塔架中心处出现正压最大值，最大正压系数为 1.47。在倒 Y 塔架根部桥面处出现两个正压较大的区域。而在斜拉桥塔的侧面及背面的风压系数为负，最大负压系数为 -1.05。

图 5-12　0°时斜拉桥迎风面风压系数分布

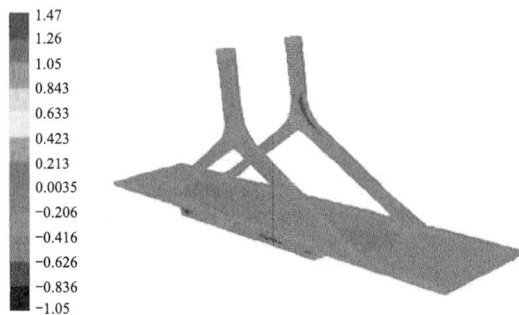

图 5-13　0°时斜拉桥背风面风压系数分布

由图 5-14 和图 5-15 可以看出，风向为 90°，即风沿斜拉桥纵向作用时，两个倒 Y 塔架上除了迎风面上大部分都为负压。最大负压出现在倒 Y 塔架的立柱侧面，立柱的两侧和背风面均为负压区。而最大正压出现在倒 Y 塔架的迎风面上。从图中可知，桥面表面的风压系数始终为正。

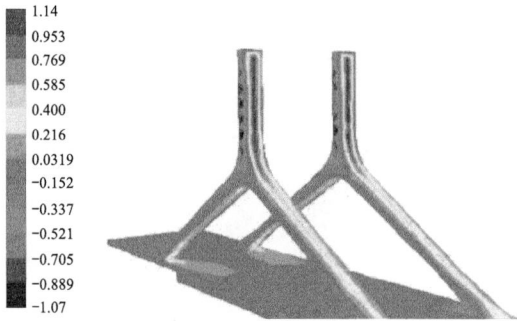

图 5-14　90°时斜拉桥迎风面风压系数分布

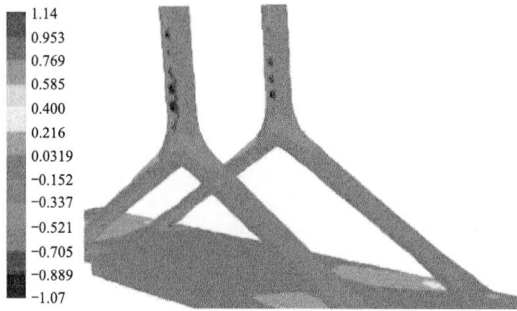

图 5-15　90°时斜拉桥背风面风压系数分布

采用 RNG k-ε 模型数值模拟得到的压力系数范围为 0°，-1.05～1.47；90°，-1.07～1.14。

2. 湍流动能分布

图 5-16～图 5-19 是风向角为 0°和 90°时斜拉桥表面湍流动能 k 的分布图。图 5-20～图 5-23 是倒 Y 塔架上两个不同高度处截面湍流动能 k 的分布。

图 5-16～图 5-19 是不同风向的斜拉桥表面湍流动能 k 的分布图。湍流动能 k 表示流体脉动程度的大小。对于计算流体，精确模拟钝体带冲撞的流场有很大的挑战。一般研究认为，标准 k-ε 模型分析带冲撞的流场会导致产生过度的湍流动能[63]，如适当选取各种计算参数和对 RNG k-ε 模型进行修正，则可以得到合理的计算结果。从本书模拟的结果可以看出，RNG k-ε 模型配合非平衡壁面函数，在钝体的尖角分离处可以较好地模拟湍流动能的分布。

图 5-16　0°时斜拉桥迎风面湍流动能 k 分布(单位:J)

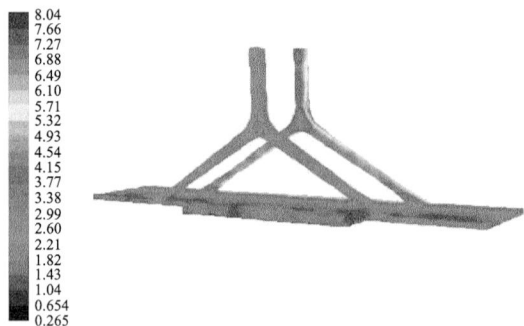

图 5-17　0°时斜拉桥背风面湍流动能 k 分布(单位:J)

图 5-18　90°时斜拉桥迎风面湍流动能 k 分布(单位:J)

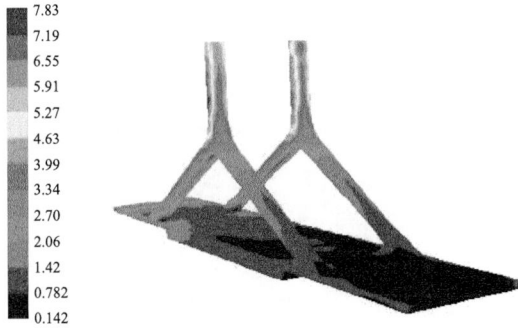

图 5-19　90°时斜拉桥背风面湍流动能 k 分布(单位:J)

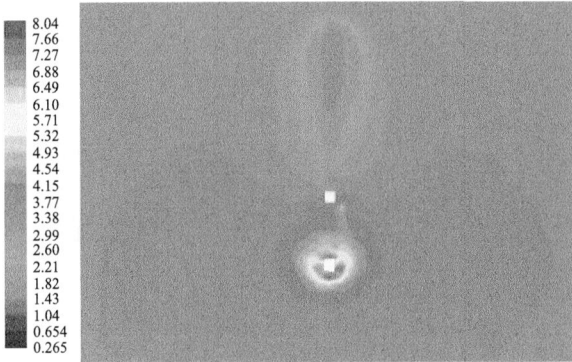

图 5-20　0°时 AL-BL 高度处截面湍流动能 k 分布(单位:J)

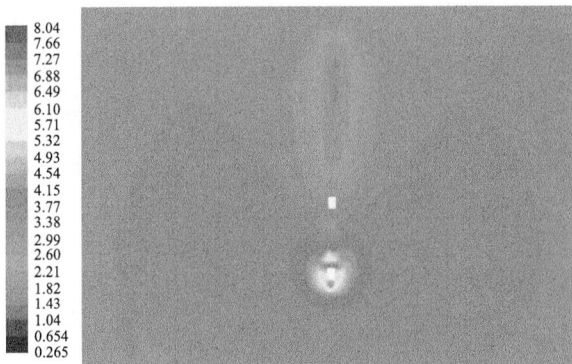

图 5-21　0°时 AU-BU 高度处截面湍流动能 k 分布(单位:J)

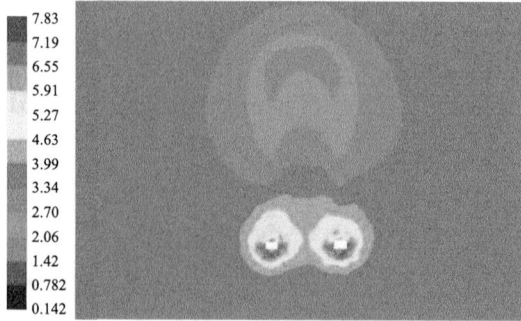

图 5-22　90°时 AL-BL 高度处截面湍流动能 k 分布(单位:J)

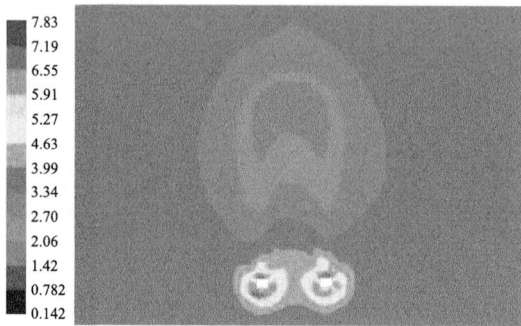

图 5-23　90°时 AU-BU 高度处截面湍流动能 k 分布(单位:J)

3. 速度分布与流场分析

斜拉桥 AL-BL 和 AU-BU 高度处截面速度矢量图如图 5-24～图 5-31 所示。

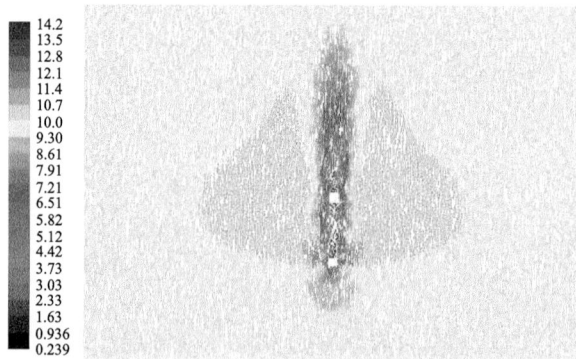

图 5-24　0°时 AL-BL 高度处截面速度矢量图(单位:m/s)

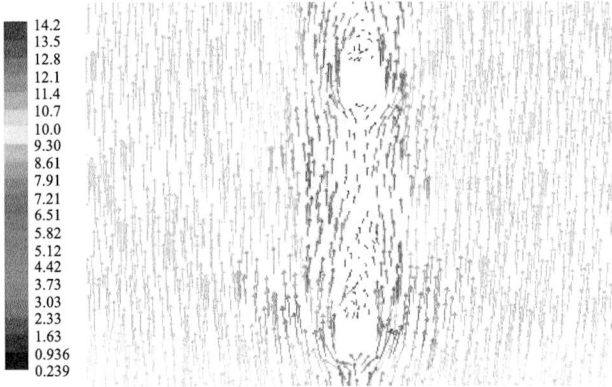

图 5-25　0°时 AL-BL 高度处截面速度矢量图(单位:m/s)

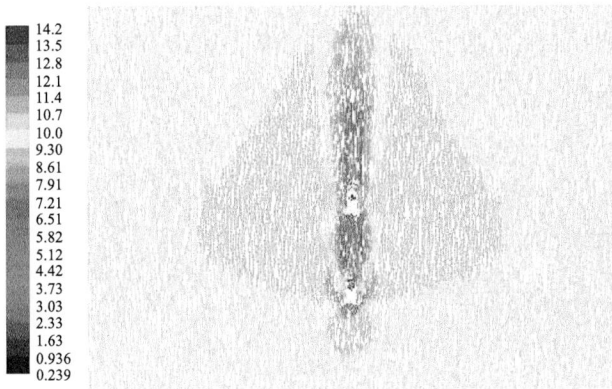

图 5-26　0°时 AU-BU 高度处截面速度矢量图(单位:m/s)

图 5-27　0°时 AU-BU 高度处截面速度矢量图(单位:m/s)

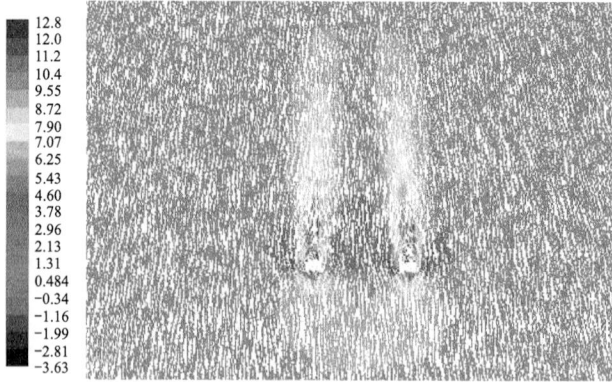

图 5-28　90°时 AL-BL 高度处截面速度矢量图（单位:m/s）

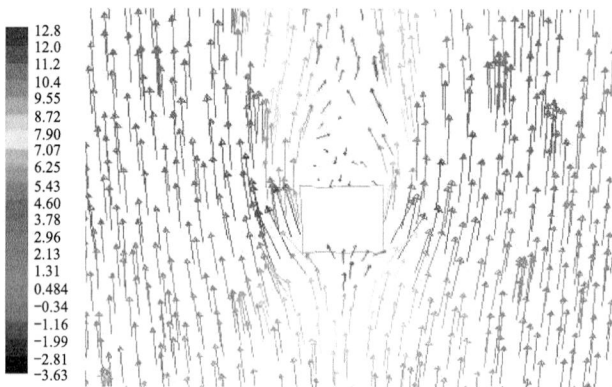

图 5-29　90°时 AL-BL 高度处倒 Y 塔架局部速度矢量图（单位:m/s）

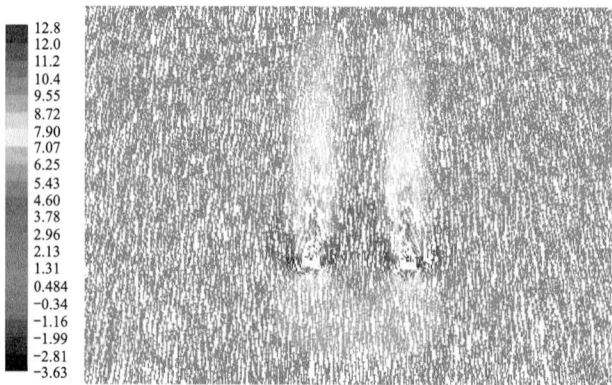

图 5-30　90°时 AU-BU 高度处截面速度矢量图（单位:m/s）

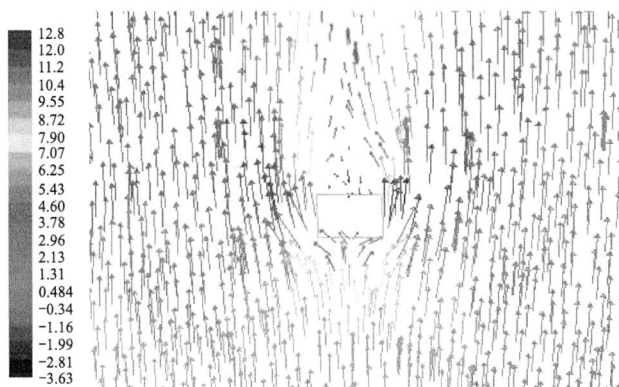

图 5-31　90°时 AU-BU 高度处倒 Y 塔架局部速度矢量图(单位:m/s)

从图中可以看出,气流在正面尖缘处发生了分离,斜拉桥倒 Y 塔架背后产生了旋涡,从图 5-20 局部速度矢量图可以看出,无论风向角为 0°还是 90°,塔架后面都有明显的旋涡产生。通过风流场速度矢量场的显示,可以定性地分析流场。从图 5-24~图 5-31 可以看出,绕倒 Y 塔架方柱的流动结构是高度复杂的,充满着冲撞、分离、旋涡、环绕及回流。因此,倒 Y 塔架方柱的下游流场是高度涡旋和紊乱,这是倒 Y 塔架分离区很难进行精确数值模拟的原因之一。

5.3.5　风洞试验风压系数结果分析

1. 试验风洞及模型

1) 试验风洞

试验所使用的风洞为封闭回流型边界层风洞 2 号机。测定部截面为 3.0m×2.0m。风洞的平面形状如图 5-32 所示,各部名称和性能如表 5-4 所示。

2) 试验模型

试验所使用的模型采用比例为 1：300 的倒 Y 塔架、桥面。倒 Y 塔架分别采用铝材和中空的丙烯板制成。由于桥梁部分不是主要测定的对象,所以采用虚拟模型共用。模型标高设置的基准为风洞的地面标高取 1.5m 通常水位的标高。中空的丙烯模型如图 5-33 所示,在 4 个水平截面(A-U、A-L、B-U、B-L)上各设 8 个压力测点,合计 32 个测定点。

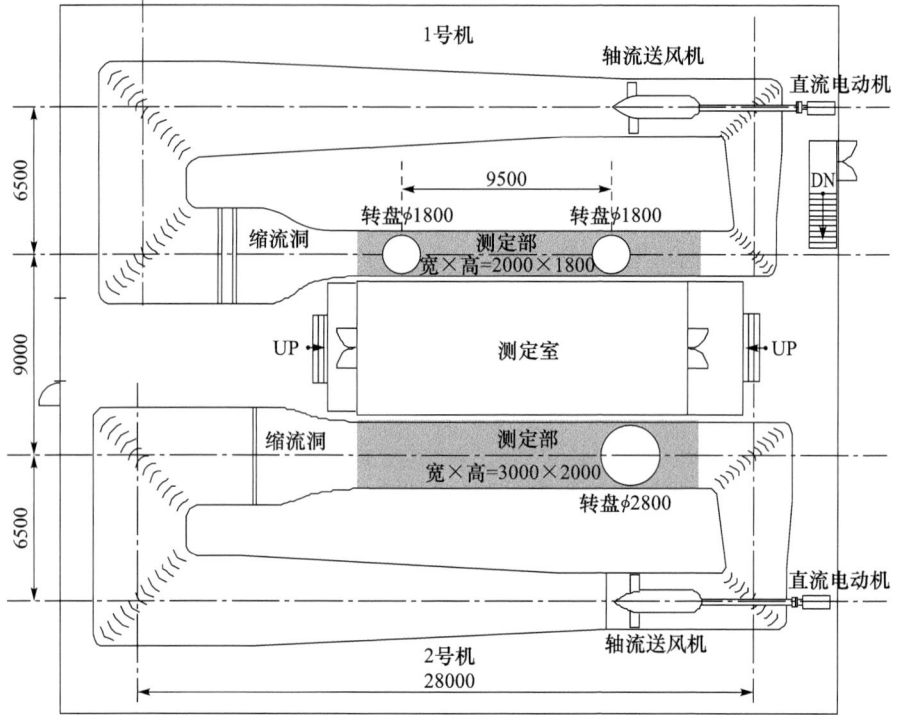

图 5-32　风洞平面图(单位:mm)

表 5-4　风洞各部及性能

项目	2 号机	项目	2 号机
形式	封闭回流型边界层风洞	风速范围	1~20m/s
测定部截面	H:2.0m;W:3.0m	电机功率	75kW
测定洞长度	16m	转速	540r/min

2. 试验风速与风向

1) 风洞内风速

风洞内的平均风速沿竖向按高度的 0.15 的比例分布。图 5-34 表示平均风和脉动风沿高度的分布规律。地面以上 77.7m 处,相应模型上 259mm 处为参考高度,此处平均风速为 10m/s。

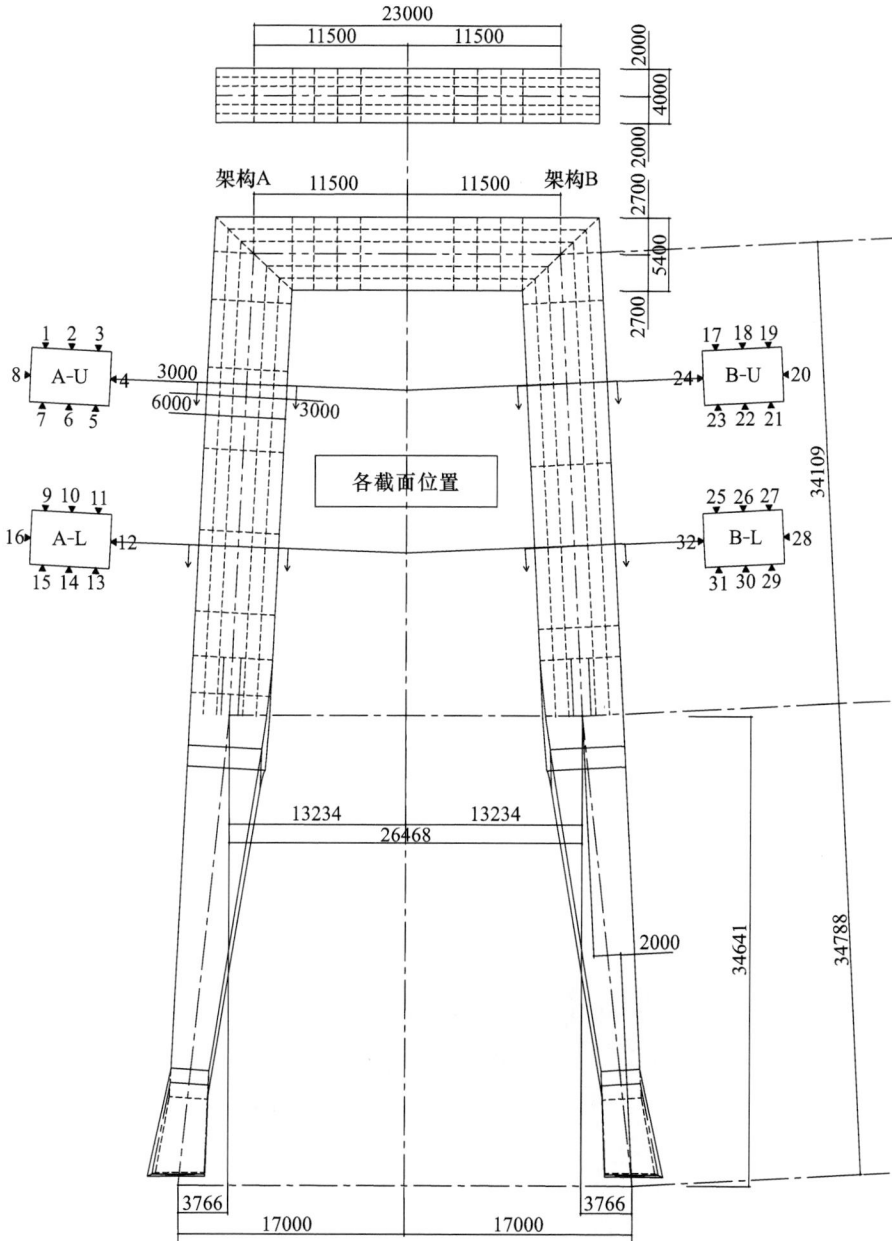

图 5-33　试验模型及测点布置(单位:mm)

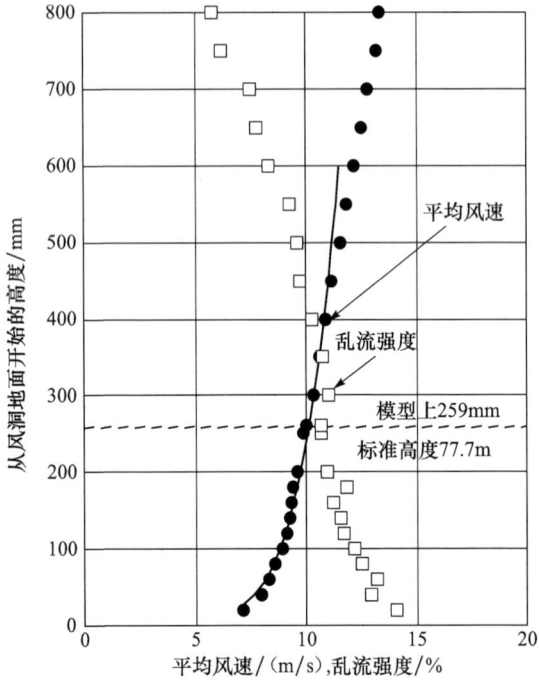

图 5-34　标准风速 10m/s 的风速分布

2）试验风向

为测定倒 Y 塔架 32 个测点的风压系数，风洞试验模拟了 20 种风向，规定风向角以东风时为 0°，顺时针增加，每隔 5°作为一个风向角。图 5-35 为试验风洞及斜拉桥模型。斜拉桥放置在一个可旋转的圆盘上，通过调整圆盘的角度以达到不同的试验风向。

图 5-35　试验风洞及斜拉桥模型（Case-B0）

3. 风压系数定义

$$C_p(t) = \frac{p(t)}{q_{\text{ref}}} \tag{5-49}$$

$$C_p = \frac{\sum C_p(t)}{N} \tag{5-50}$$

式中，$C_p(t)$ 为风压系数，以时间 t 为自变量；$p(t)$ 为各测定点处的风压，以时间 t 为自变量，单位 N/m²；C_p 为平均风压系数；N 为常数，$N=32768$；q_{ref} 为摩天轮回转轴中心高度(实际参考高度 77.7m，模型上为 259mm)处的平均风压。

4. 风洞试验结果分析

作用于倒 Y 塔架的平均风压系数的计算结果见表 5-5，表中数值是将风压系数放大 100 倍后得到的值。

从表 5-5 可以看出，0°和 90°时迎风面的风压系数为正，侧面和背风面为负。随着风向角的变化，各点的风压系数发生改变。以 A 塔架 A-U 截面为例，迎风面的 8 号点随风向角的增大而减小，风压系数由正变为负；侧面的 2 号点随风向角的增大而增大，直到风向角增大到 90°，2 号点所在表面成为迎风面，此时该测点的风压系数全部为正；4 号点和 6 号点风压系数始终为负值，4 号点风压系数随风向角的增大而减小，6 号点风压系数随风向角的增大略有增加，90°时 6 号点所在 A 塔架表面变为背风面。

5.3.6　数值模拟与风洞试验比较结果

数值模拟与风洞试验结果比较如表 5-6 及图 5-36～图 5-51 所示。

采用数值风洞法共模拟了 A、B 倒 Y 塔架上 16 个点，分别与风洞试验结果进行比较。图 5-36～图 5-51 表明，采用 RNG k-ε 模型对永乐桥抗风研究所关心的迎风面和处在分离区侧面的风压进行计算，结果与风洞试验基本吻合[64]。在迎风面，数值模拟的计算结果与试验值趋势一致，但比较而言，数值计算的结果稍微偏大。模型背风面处在完全分离区，为难以准确模拟的部位，但湍流模型对背风面的数值模拟结果与试验结果相近，差异不大。总之，两种方法得到的风压系数随风向角增大的变化趋势基本吻合。数值模拟方法可以较好地预测斜拉桥表面的平均风压分布情况。可以说，基于 FLUENT5/6 和 RNG k-ε 模型，近壁面配合非平衡壁面函数计算三维钝体流场，在工程应用范围内可以得到具有合理精度的解，基本上能够分辨出钝体流动特征。

表 5-5　平均风压系数(C_p)

测点号	风向角																			最大值		最小值	
	0°	5°	10°	15°	20°	25°	30°	35°	40°	45°	50°	55°	60°	65°	70°	75°	80°	85°	90°	C_p	W_d	C_p	W_d
1	-94	-106	-108	-93	-63	-18	22	50	68	82	89	95	95	95	93	89	86	84	81	95	60	-108	10
2	-96	-104	-93	-62	-21	8	20	32	43	55	66	75	82	89	92	94	95	98	99	99	90	-104	5
3	-81	-72	-55	-37	-27	-20	-13	-6	2	13	24	34	43	52	59	65	71	78	85	85	90	-81	0
4	-63	-61	-57	-55	-56	-57	-57	-61	-63	-63	-63	-63	-62	-64	-69	-75	-77	-83	-86	-55	15	-86	90
5	-82	-80	-74	-68	-67	-66	-64	-65	-65	-63	-62	-61	-60	-61	-64	-68	-70	-73	-74	-60	60	-82	0
6	-93	-80	-69	-62	-62	-61	-60	-63	-63	-62	-61	-60	-59	-60	-64	-68	-68	-70	-70	-59	60	-93	0
7	-90	-77	-67	-60	-60	-59	-59	-61	-62	-61	-61	-60	-59	-61	-66	-71	-72	-74	-73	-59	30	-90	0
8	97	96	96	94	91	83	73	65	53	39	24	5	-34	-80	-108	-107	-93	-87	-82	97	0	-108	70
9	-87	-101	-107	-98	-70	-27	13	45	66	79	87	91	92	90	87	84	80	78	74	92	60	-107	10
10	-89	-100	-95	-67	-25	5	17	29	40	52	62	71	78	84	88	91	92	94	95	95	90	-100	5
11	-75	-70	-55	-38	-27	-21	-16	-9	-2	7	16	25	34	43	50	57	63	71	77	77	90	-75	0
12	-65	-63	-58	-55	-55	-56	-59	-63	-67	-70	-74	-76	-80	-81	-81	-84	-84	-88	-91	-55	15	-91	90
13	-76	-72	-66	-62	-62	-63	-63	-67	-69	-71	-73	-74	-77	-77	-77	-78	-78	-79	-80	-62	15	-80	90
14	-86	-74	-64	-59	-58	-60	-61	-65	-68	-70	-72	-73	-76	-76	-76	-78	-77	-78	-77	-58	20	-86	0
15	-85	-72	-63	-57	-57	-59	-60	-64	-67	-69	-71	-73	-75	-76	-77	-79	-79	-79	-77	-57	20	-85	0

续表

测点号	风向角																			最大值		最小值	
	0°	5°	10°	15°	20°	25°	30°	35°	40°	45°	50°	55°	60°	65°	70°	75°	80°	85°	90°	C_p	W_d	C_p	W_d
16	91	91	91	89	87	80	70	63	51	36	20	-1	-43	-83	-105	-104	-92	-88	-83	91	10	-105	70
17	-51	-42	-41	-38	-25	1	25	46	61	73	84	89	94	94	91	89	85	82	79	94	65	-51	0
18	-39	-26	-14	-5	2	10	16	26	35	46	58	65	74	81	86	90	92	95	96	96	90	-39	0
19	-40	-35	-33	-31	-29	-25	-20	-14	-8	0	10	18	28	37	45	54	61	68	76	76	90	-40	0
20	-44	-44	-45	-46	-50	-51	-53	-55	-58	-60	-63	-66	-71	-75	-78	-79	-81	-85	-87	-44	5	-87	90
21	-36	-46	-58	-67	-72	-69	-66	-64	-64	-64	-65	-66	-70	-73	-75	-75	-75	-79	-80	-36	0	-80	90
22	-40	-53	-64	-68	-68	-65	-61	-61	-62	-63	-64	-66	-69	-71	-73	-74	-74	-78	-78	-40	0	-78	90
23	-54	-64	-70	-69	-65	-60	-57	-57	-59	-60	-62	-64	-67	-70	-72	-73	-74	-80	-80	-54	0	-80	90
24	13	25	49	67	77	76	69	65	56	44	30	18	0	-31	-72	-106	-114	-109	-97	77	20	-114	80
25	-68	-61	-59	-53	-34	-3	26	48	64	78	89	94	99	100	97	95	90	89	84	100	65	-68	0
26	-48	-31	-17	-8	0	8	15	25	35	47	59	67	77	84	89	94	96	99	101	101	90	-48	0
27	-41	-33	-29	-26	-24	-20	-14	-9	-2	9	18	27	37	47	55	63	69	75	81	81	90	-41	0
28	-44	-45	-49	-54	-58	-60	-61	-63	-65	-63	-63	-61	-60	-59	-60	-64	-71	-81	-85	-44	0	-85	90
29	-41	-53	-69	-79	-86	-83	-77	-75	-72	-67	-64	-61	-59	-56	-56	-59	-64	-71	-74	-41	0	-86	20
30	-47	-63	-75	-81	-82	-77	-72	-71	-69	-66	-64	-61	-59	-57	-57	-60	-66	-72	-73	-47	0	-82	20
31	-66	-77	-81	-80	-77	-73	-68	-68	-67	-63	-62	-59	-58	-56	-56	-60	-66	-74	-76	-56	65	-81	10
32	33	43	62	75	81	78	71	66	58	48	36	25	9	-23	-67	-105	-115	-109	-95	81	20	-115	80

表 5-6　斜拉桥倒 Y 塔架典型截面处风压系数计算值与试验值比较

测点号	2		3		4		5	
风向	计算值	试验值	计算值	试验值	计算值	试验值	计算值	试验值
0°	−0.966	−0.96	−0.599	−0.63	−0.975	−0.93	0.96	0.97
10°	−0.53	−0.93	−0.607	−0.57	−0.624	−0.69	0.737	0.96
20°	−0.115	−0.21	−0.578	−0.56	−0.531	−0.62	1.112	0.91
30°	0.247	0.2	−0.591	−0.57	−0.576	−0.6	0.895	0.73
40°	0.531	0.43	−0.613	−0.63	−0.68	−0.63	0.819	0.53
50°	0.833	0.66	−0.701	−0.63	−0.667	−0.61	0.508	0.24
60°	0.956	0.82	−0.625	−0.62	−0.629	−0.59	0.189	−0.34
70°	0.928	0.92	−0.731	−0.69	−0.662	−0.64	−0.061	−0.1
80°	1.096	0.95	−0.655	−0.77	−0.643	−0.68	−1.253	−0.93
90°	1.074	0.99	−0.821	−0.86	−0.679	−0.7	−0.954	−0.82

测点号	10		12		14		16	
风向	计算值	试验值	计算值	试验值	计算值	试验值	计算值	试验值
0°	−0.874	−0.89	−0.531	−0.65	−0.856	−0.86	1.156	0.91
10°	−0.65	−0.95	−0.589	−0.58	−0.624	−0.64	0.941	0.91
20°	−0.187	−0.25	−0.595	−0.55	−0.517	−0.58	0.896	0.87
30°	0.374	0.17	−0.757	−0.59	−0.667	−0.61	0.722	0.70
40°	0.658	0.4	−0.801	−0.67	−0.756	−0.68	0.652	0.51
50°	0.85	0.62	−0.771	−0.74	−0.75	−0.72	0.316	0.20
60°	0.973	0.78	−0.837	−0.8	−0.712	−0.76	−0.007	−0.43
70°	0.943	0.88	−0.865	−0.81	−0.771	−0.76	−0.008	−0.10
80°	1.125	0.92	−0.834	−0.84	−0.727	−0.77	−1.1	−0.92
90°	1.138	0.95	−1.006	−0.91	−0.774	−0.77	−1.029	−0.83

测点号	18		20		22		24	
风向	计算值	试验值	计算值	试验值	计算值	试验值	计算值	试验值
0°	−0.453	−0.39	−0.496	−0.44	−0.503	−0.4	0.336	0.13
10°	−0.287	−0.14	−0.426	−0.45	−0.635	−0.64	0.514	0.49
20°	0.012	0.02	−0.415	−0.5	−0.604	−0.68	0.817	0.77
30°	0.013	0.16	−0.489	−0.53	−0.535	−0.61	0.77	0.69
40°	0.382	0.35	−0.594	−0.58	−0.687	−0.62	0.69	0.56
50°	0.614	0.58	−0.633	−0.63	−0.691	−0.64	0.602	0.3
60°	0.84	0.74	−0.65	−0.71	−0.82	−0.69	0.16	0
70°	0.889	0.86	−0.668	−0.78	−0.823	−0.73	−0.215	−0.72
80°	1.014	0.92	−0.741	−0.81	−0.738	−0.74	−1.491	−1.14
90°	1.042	0.96	−0.969	−0.87	−0.753	−0.78	−1.03	−0.97

续表

测点号	26		28		30		32	
风向	计算值	试验值	计算值	试验值	计算值	试验值	计算值	试验值
0°	−0.66	−0.48	−0.207	−0.44	−0.315	−0.47	0.327	0.33
10°	−0.864	−0.17	−0.421	−0.49	−0.703	−0.75	0.497	0.62
20°	−0.276	0	−0.541	−0.58	−0.756	−0.82	0.765	0.81
30°	0.155	0.15	−0.598	−0.61	−0.732	−0.72	0.803	0.71
40°	0.406	0.35	−0.659	−0.65	−0.75	−0.69	0.774	0.58
50°	0.693	0.59	−0.705	−0.63	−0.743	−0.64	0.541	0.36
60°	0.92	0.77	−0.711	−0.6	−0.607	−0.59	0.218	0.09
70°	0.974	0.89	−0.744	−0.6	−0.578	−0.57	−0.233	−0.67
80°	1.039	0.96	−0.708	−0.71	−0.532	−0.66	−1.267	−1.15
90°	1.101	1.01	−0.956	−0.85	−0.788	−0.73	−1.047	−0.95

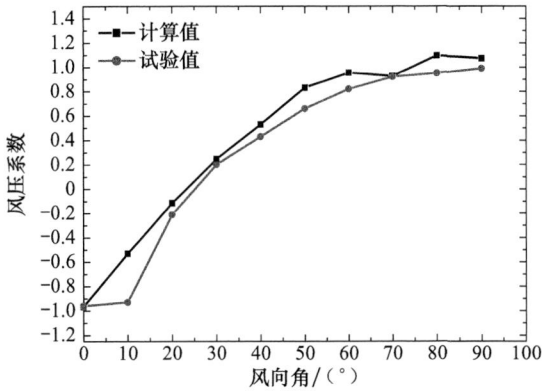

图 5-36　A 塔架 2 号点风压系数比较

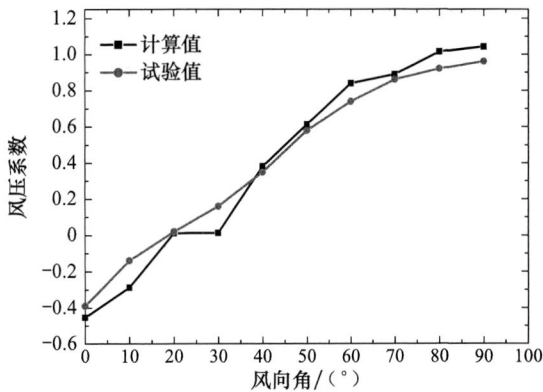

图 5-37　B 塔架 18 号点风压系数比较

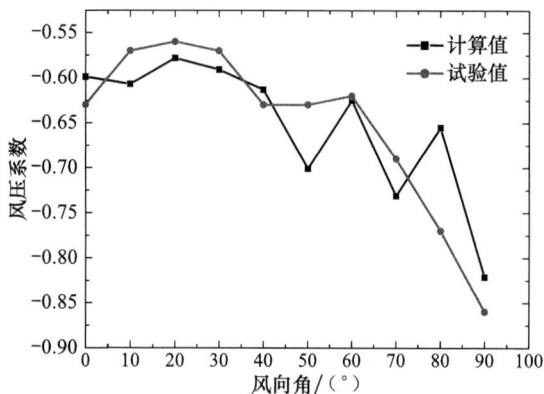

图 5-38　A 塔架 4 号点风压系数比较

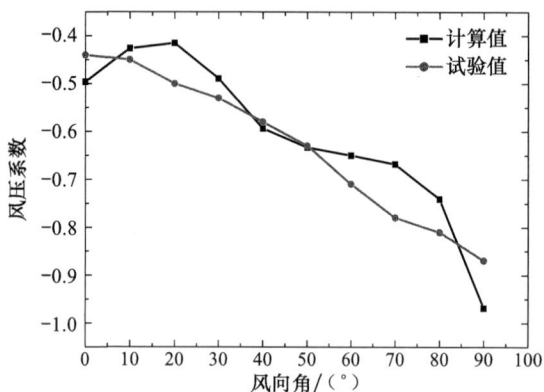

图 5-39　B 塔架 20 号点风压系数比较

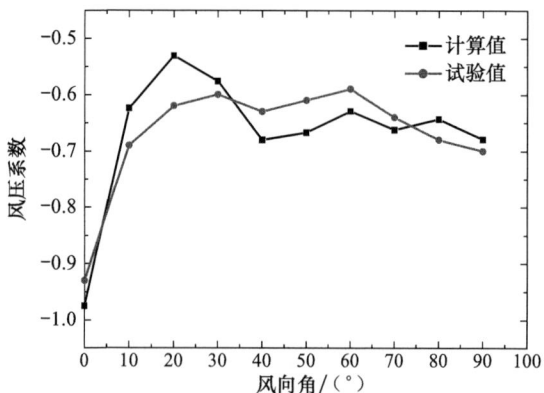

图 5-40　A 塔架 6 号点风压系数比较

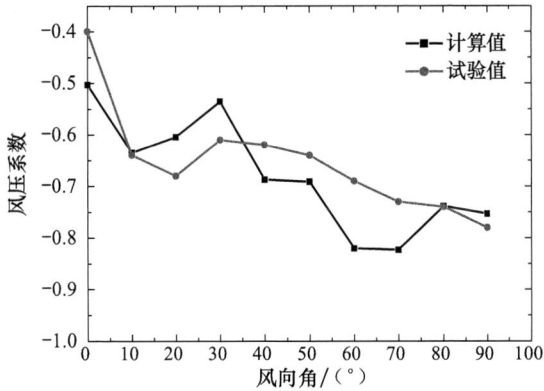

图 5-41　B 塔架 22 号点风压系数比较

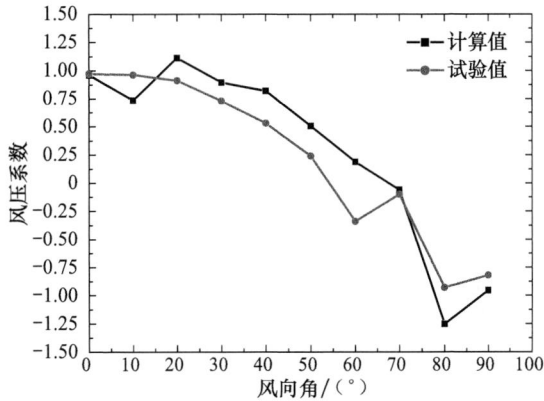

图 5-42　A 塔架 8 号点风压系数比较

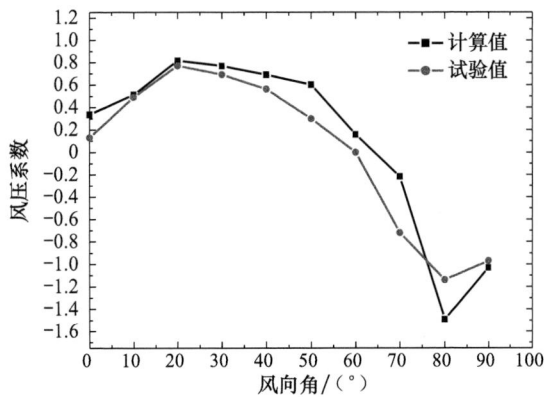

图 5-43　B 塔架 24 号点风压系数比较

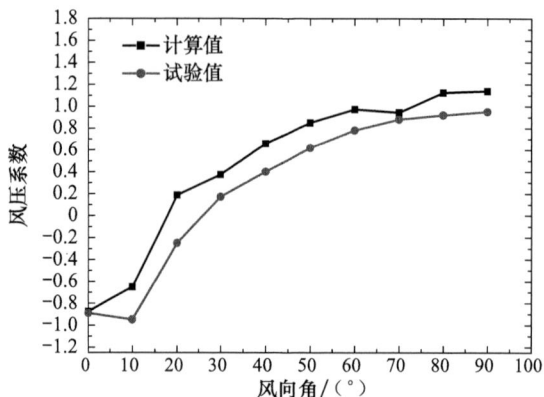

图 5-44　A 塔架 10 号点风压系数比较

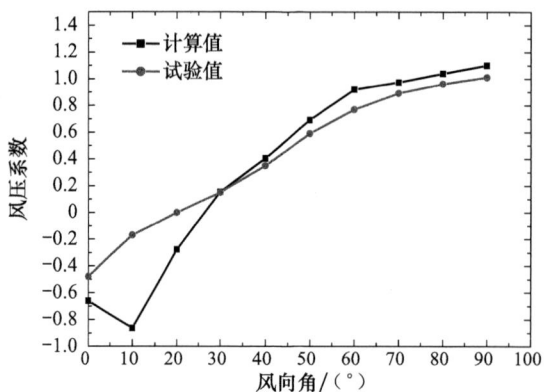

图 5-45　B 塔架 26 号点风压系数比较

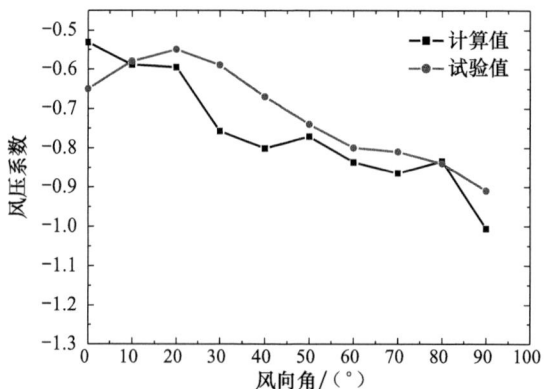

图 5-46　A 塔架 12 号点风压系数比较

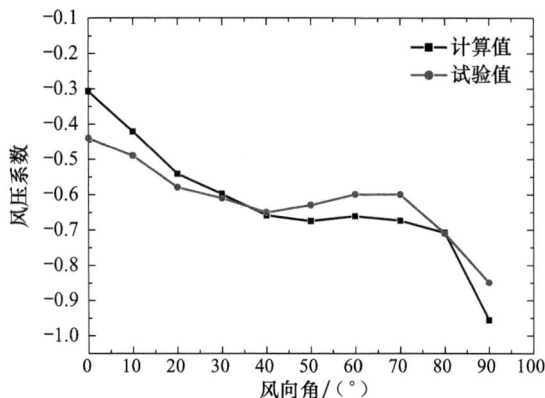

图 5-47　B 塔架 28 号点风压系数比较

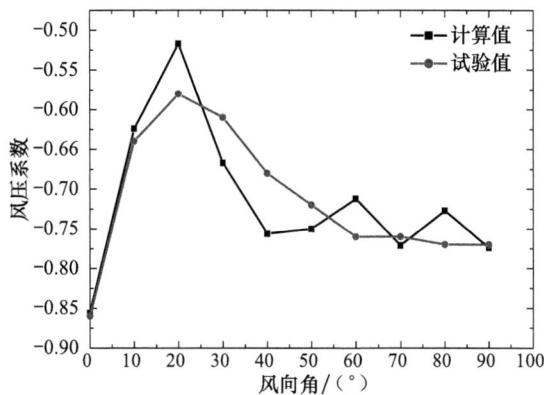

图 5-48　A 塔架 14 号点风压系数比较

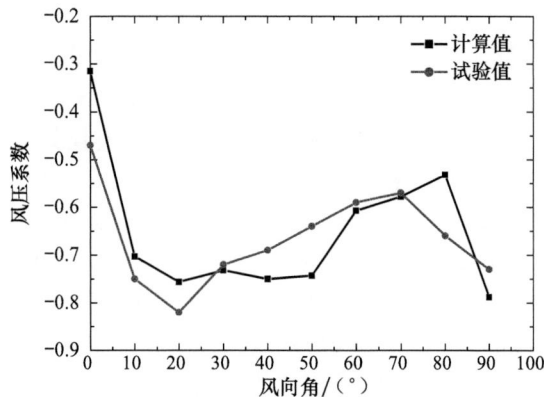

图 5-49　B 塔架 30 号点风压系数比较

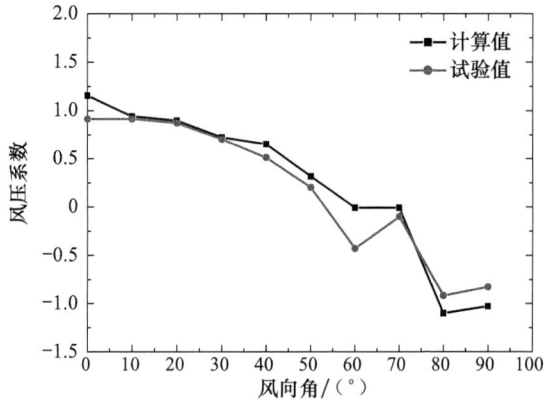

图 5-50　A 塔架 16 号点风压系数比较

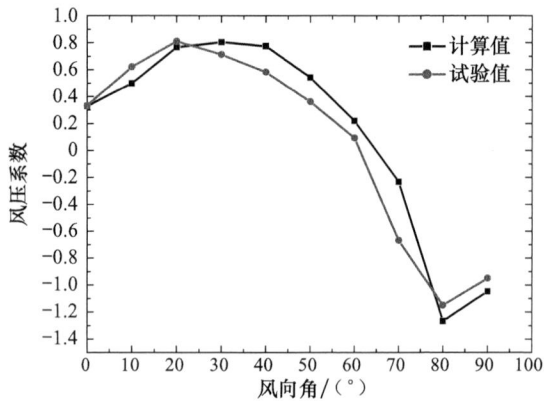

图 5-51　B 塔架 32 号点风压系数比较

5.4　空气动力不稳定振动风洞试验

　　永乐桥和一般桥梁一样,要受到风荷载的作用,不仅如此,风荷载还要作用在摩天轮上(约 8000kN 的水平力)。对于作用在桥梁部分的风荷载,可以和一般桥梁一样进行设计。但是,作用在摩天轮部分的风荷载,与作用在一般斜拉桥塔柱上的风荷载相比要大很多。永乐桥的塔架兼具斜拉桥塔柱和摩天轮塔柱的作用,作为摩天轮与斜拉桥的组合,比起分别建造斜拉桥与摩天轮显然是更加合理和经济的,也同时清楚地表明永乐桥塔架要远远超过普通的斜拉桥塔柱。从字面上来说,是摩天轮和桥梁的组合,但从结构上讲,是两者的融合,应当理解为一个整体结构,而不能简单地认为是两个单独结构的并列。

由于永乐桥具有桥和摩天轮合二为一的复杂形态,所以特别应当考虑到风的动态影响,在充分理解的基础上做出正确的判断。尤其要注意的是,两座塔架和摩天轮框架之间的风力状况。下面对因这三者之间的尾流而产生空气不稳定振动现象的可能性进行研究[65]。

5.4.1　整体结构风力测定

风力测定是采用将结构体进行刚体模型化后,在风洞内将风施加于模型。试验系统同 5.3 节中的试验系统。本次风力测定中,测定了作用于摩天轮和塔的风力,考察了设计采用的风荷载值是否安全。分别测定了标准风速为 5m/s(Case-A1)和 10m/s(Case-A2)两个工况下,风向与桥轴方向成 0~90°夹角时的风力,风力测定模型装置如图 5-52 所示。

图 5-52　风力测定模型设置(Case-A1,Case-A2)

通过试验,$\bar{F}$、$\bar{M}$ 和 q_{ref} 经计算得到的风力系数为

$$C_F = \frac{\bar{F}}{q_{ref} \cdot A_{ref}} \qquad (5\text{-}51)$$

$$C_M = \frac{\bar{M}}{q_{ref} \cdot A_{ref} \cdot R_{ref}} \qquad (5\text{-}52)$$

式中,C_{Fx}、C_{Fy}、C_{Mx}、C_{My}、C_{Mz} 为平均整体风力系数;$\bar{F}$ 为 X、Y 方向风力的平均分量;$\bar{M}$ 为 X、Y、Z 轴回转力矩的平均分量;q_{ref} 为摩天轮回转轴中心高度,基准标高+77.7m(模型上 259mm)处的平均风压;A_{ref} 为标准面积,即 $\pi \times 67.89^2 m^2 = 1.45 \times 10^4 m^2$(模型上 0.161$m^2$);$R_{ref}$ 为标准长度,即 67.89m(模型上 0.226m)。

试验结果如图 5-53 所示。

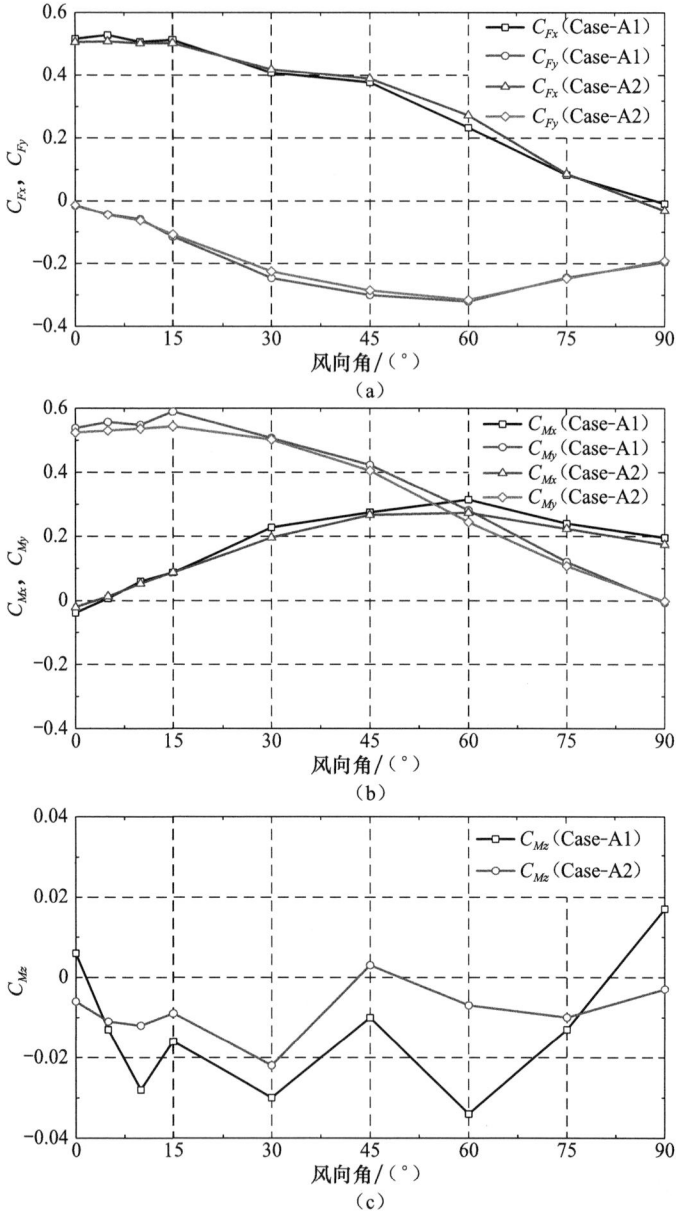

（a）

（b）

（c）

图 5-53　平均整体风力系数和风向角的关系

由图 5-53 可以看出,试验风速的影响是较小的。考虑到测定装置的精度,采用了荷载等级较大的 Case-A2 的结果。由试验结果可知,X 和 Y 方向的平均整体风力系数的最大值各为 0.51 和 0.32。对于扭矩,由于和测定装置的精度相比,起作用的力矩较小,可能存在着较大误差,所以此处的数值是参考值。本次试验中,由钢管构成的摩天轮框架占测定风力的大部分,其钢管的风力系数受雷诺数的影响。依据本次试验结果,在计算风荷载时,必须考虑根据 British Standards CP3(BS)等对雷诺数的影响,选取风力系数。

顺桥向(X 方向)和垂直桥向(Y 方向)的平均整体风力系数的最大值各为 $C_{Fx}=0.51$ 和 $C_{My}=0.32$。试验中所得到的风力为 $0.51×9.81N$,根据 BS 标准作用于试验模型的风力计算结果为 $0.62×9.81N$,所以试验值小于 BS 标准值,安全率为 1.21。设计风荷载值(中国标准)为 9820kN,BS 标准值为 8020kN,BS 标准值小于设计风荷载值,安全率为 1.22。

因此,对于试验值的设计风荷载的安全率为 $1.21×1.22≈1.47$,完全可以确认设计风荷载的安全性。

5.4.2　倒 Y 塔架层风力系数

尾流可能引起倒 Y 塔架的空气不稳定振动现象。为此,进行了工况 Case-B0 与工况 Case-B0a 的风洞试验,判断主塔(以下称为倒 Y 塔架)是否发生不稳定空气振动。图 5-54 为工况 Case-B0a 试验模型,图 5-55 为工况 Case-B1 试验模型。

图 5-54　风洞内模型设置状况(Case-B0a)
（倒 Y 塔架间设置 1mm 厚的轻质木板）

图 5-55　风洞内模型设置状况(Case-B1)

平均风压系数的定义前面已经给出,下面给出变动风压系数以及平均层风力系数、变动层风力系数的定义。

$$C_{Fy}(t) = \frac{\sum\limits_{i} C_{p,i}(t) \cdot b_i}{B_{ref}} \tag{5-53}$$

$$C_{Fy} = \frac{\sum C_{Fy}(t)}{N} \tag{5-54}$$

$$C'_{Fy} = \sqrt{\frac{\sum C_{Fy}(t)^2}{N} - C_{Fy}^2} \tag{5-55}$$

式中, $C_{Fy}(t)$ 为 Y 方向层风力系数, 以时间为自变量; $C_{p,i}(t)$ 为法线方向作为 Y 方向测定点 i 处的风压系数, 以时间为自变量; b_i 为测定点 i 的分担宽度, 其值为 2m; B_{ref} 为分担长度, 其值为 4m; C_{Fy} 为 Y 方向平均层风力系数; C'_{Fy} 为 Y 方向变动层风力系数; N 为常数, 其值为 32768。

位于倒 Y 塔架的各水平截面的 Y 方向平均层风力系数的计算结果见表 5-7 和表 5-9。在表 5-7 中同时记录了风向 0° 的试验工况 Case-B0a 的结果。位于倒 Y 塔架的各水平截面的 Y 方向变动层风力系数的计算结果见表 5-8 和表 5-10。在表 5-8 中同时记录了风向 0° 的试验工况 Case-B0a 的结果。

表 5-7　Y 方向的平均层风力系数(Case-B0, Case-B0a)

风向 /(°)	水平截面位置(Case-B0)				水平截面位置(Case-B0a)			
	A-U	A-L	B-U	B-L	A-U	A-L	B-U	B-L
0	0.032	0.022	−0.005	0.010	0.027	0.010	0.008	0.010
5	0.228	0.264	−0.302	−0.345				
10	0.234	0.321	−0.517	−0.601				
15	0.006	0.126	−0.640	−0.754				
20	−0.390	−0.276	−0.763	−0.928				
25	−0.780	−0.687	−0.898	−1.084				
30	−1.054	−0.997	−1.027	−1.219				
35	−1.315	−1.296	−1.199	−1.393				
40	−1.512	−1.532	−1.361	−1.525				
45	−1.679	−1.726	−1.529	−1.645				
50	−1.821	−1.909	−1.718	−1.782				
55	−1.914	−2.022	−1.835	−1.835				
60	−2.000	−2.167	−2.014	−1.946				
65	−2.087	−2.231	−2.121	−1.998				
70	−2.186	−2.272	−2.213	−2.055				
75	−2.285	−2.331	−2.276	−2.159				
80	−2.304	−2.342	−2.309	−2.251				
85	−2.375	−2.382	−2.397	−2.389				
90	**−2.397**	**−2.399**	**−2.439**	**−2.439**				
最大值	−2.397	−2.399	−2.439	−2.439				

表 5-8　**Y 方向的变动层风力系数(Case-B0,Case-B0a)**

风向 /(°)	水平截面位置(Case-B0)				水平截面位置(Case-B0a)			
	A-U	A-L	B-U	B-L	A-U	A-L	B-U	B-L
0	**0.714**	**0.639**	**0.794**	**0.989**	0.439	0.510	0.386	0.363
5	0.637	0.576	0.739	0.898				
10	0.512	0.469	0.640	0.729				
15	0.467	0.437	0.558	0.588				
20	0.441	0.428	0.503	0.517				
25	0.392	0.382	0.443	0.455				
30	0.373	0.376	0.371	0.396				
35	0.367	0.368	0.343	0.375				
40	0.339	0.342	0.315	0.336				
45	0.376	0.374	0.337	0.366				
50	0.374	0.381	0.358	0.357				
55	0.405	0.411	0.378	0.379				
60	0.398	0.419	0.392	0.385				
65	0.427	0.441	0.414	0.403				
70	0.436	0.439	0.410	0.391				
75	0.476	0.461	0.443	0.440				
80	0.484	0.477	0.476	0.484				
85	0.489	0.470	0.485	0.504				
90	0.485	0.460	0.475	0.484				
最大值	0.714	0.639	0.794	0.989				

表 5-9　**Y 方向的平均层风力系数(Case-B1)**

风向/(°)	水平截面位置			
	A-U	A-L	B-U	B-L
0	−0.010	0.021	0.011	0.057
5	−0.040	0.118	−0.082	−0.026
10	−0.206	0.028	−0.151	−0.054
15	−0.499	−0.269	−0.219	−0.117
20	−0.812	−0.623	−0.297	−0.226
25	−1.083	−0.919	−0.397	−0.378
30	−1.330	−1.190	−0.511	−0.548
35	−1.497	−1.378	−0.622	−0.689
40	−1.625	−1.528	−0.705	−0.799
45	−1.726	−1.661	−0.796	−0.888
50	−1.838	−1.817	−0.901	−0.976
55	−1.912	−1.923	−1.006	−1.024
60	−2.029	−2.045	−1.096	−1.066
65	−2.025	−2.027	−1.080	−1.033

风向/(°)	水平截面位置			
	A-U	A-L	B-U	B-L
70	**−2.155**	**−2.150**	−1.140	−1.079
75	−2.130	−2.140	−1.165	−1.084
80	−2.062	−2.138	−1.282	−1.159
85	−2.032	−2.109	−1.633	−1.506
90	−1.807	−1.903	**−1.926**	**−1.834**
最大值	−2.155	−2.150	−1.926	−1.834

表 5-10　Y 方向的变动层风力系数（Case-B1）

风向/(°)	水平截面位置			
	A-U	A-L	B-U	B-L
0	0.348	0.424	0.343	0.358
5	0.350	0.390	0.320	0.329
10	0.365	0.366	0.270	0.266
15	0.384	0.395	0.247	0.245
20	0.357	0.366	0.204	0.251
25	0.338	0.341	0.176	0.249
30	0.324	0.321	0.159	0.229
35	0.328	0.315	0.153	0.206
40	0.334	0.319	0.144	0.196
45	0.348	0.343	0.160	0.192
50	0.351	0.347	0.182	0.190
55	0.368	0.379	0.208	0.194
60	0.382	0.385	0.199	0.189
65	0.407	0.409	0.187	0.185
70	0.410	0.411	0.190	0.192
75	0.410	0.411	0.209	0.200
80	0.411	0.413	0.317	0.283
85	0.428	0.425	**0.498**	0.480
90	**0.478**	**0.469**	0.494	**0.506**
最大值	0.478	0.469	0.498	0.506

　　图 5-56 是平均层风力系数和风向角的关系，图中给出了工况 Case-B1 和 Case-B0、Case-B0a 的比较结果。Y 方向即风向为 90°时的平均层风力系数在

工况 Case-B1 下为 1.8、在工况 Case-B0 下为 2.4。如果将风向 90°时的宽度 6m 进行标准化,在工况 Case-B1 下为 1.2、在工况 Case-B0 下为 1.6。另外,在工况 Case-B1 下的水平截面 A-U、A-L 处,平均层风力系数最大处风向不是 90°而是 70°。这应当是受摩天轮的影响,风上侧的正压变大的缘故。

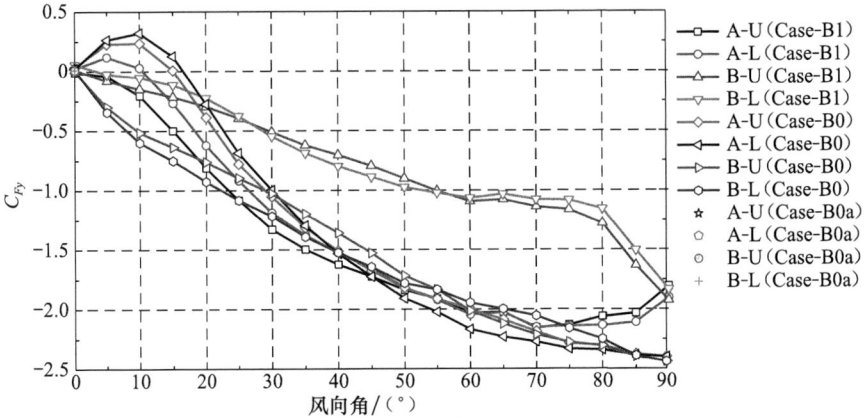

图 5-56　平均层风力系数和风向角的关系

图 5-57 是变动层风力系数和风向角的关系,图中给出了工况 Case-B1、Case-B0、Case-B0a 的比较结果。与工况 Case-B1 风向的影响较小相比较,在工况 Case-B0 下风向 0~15°的值较大,特别是在这个风向范围内的风下侧水

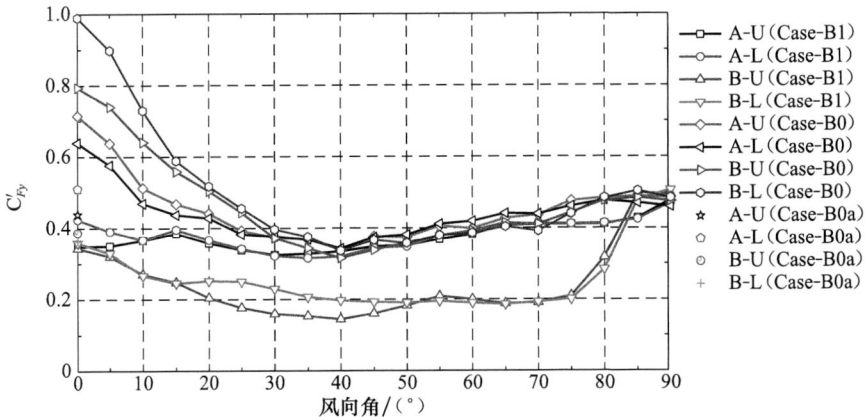

图 5-57　变动层风力系数和风向角的关系

平截面 B-U、B-L 的值较大。另外,在采取了对工况 Case-B0 的空气动力措施后(塔架 A、B 间设置了分隔板)即工况 Case-B0a 下,在风向 0°的值与工况 Case-B1 同等程度地降低。

图 5-58~图 5-76 为各个水平截面层中变动层风力的能量谱线密度。图中,横坐标为无量纲频率,其中 n 为频率,单位为 Hz,U_{ref} 为摩天轮回转轴中心高度的平均风速,单位为 m/s;纵坐标为无量纲能量谱线,其中 $S(n)$ 为能量谱线密度,B 为摩天轮回转轴中心高度处的平均风力,可由该处的平均风压 q_{ref} 得到。在结构物的完成形态即工况 Case-B1 下,无论哪一个风向都看不到有尖锐的峰值,在假定的施工工况 Case-B0 下,在风向 0~20°范围内无量纲频率 0.1 处,可以看到有由卡门涡旋产生的尖锐的峰值,特别是风下侧的水平截面 B-L 的峰值最为尖锐。但是,对于采取了措施的工况 Case-B0a,是看不到尖锐的峰值影响的。

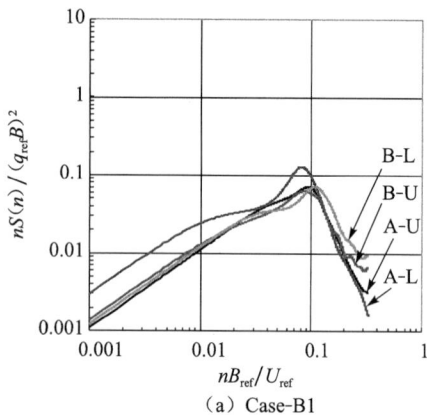

(a) Case-B1

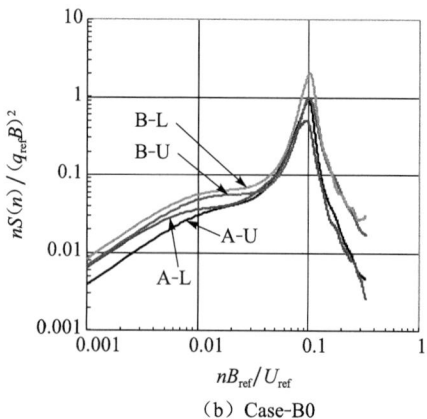

(b) Case-B0

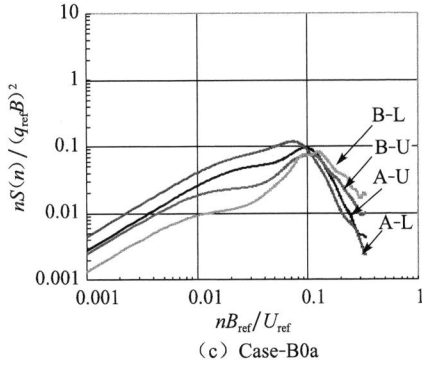

（c）Case-B0a

图 5-58　Y 方向变动层风力的能量谱线密度（风向为 0°）

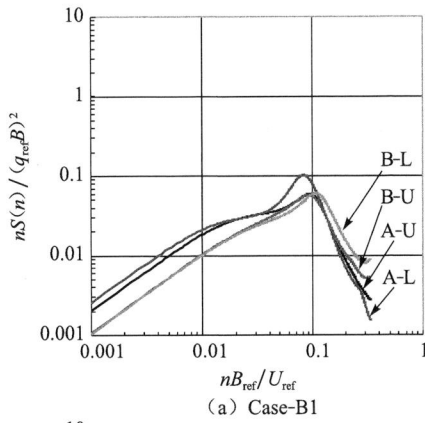

（a）Case-B1

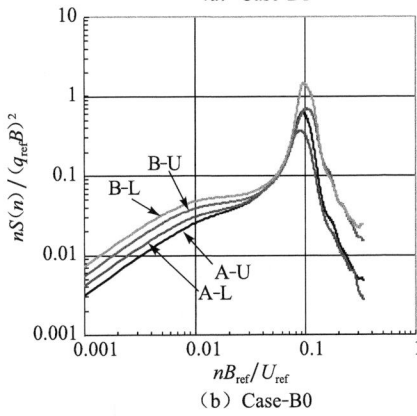

（b）Case-B0

图 5-59　Y 方向变动层风力的能量谱线密度（风向为 5°）

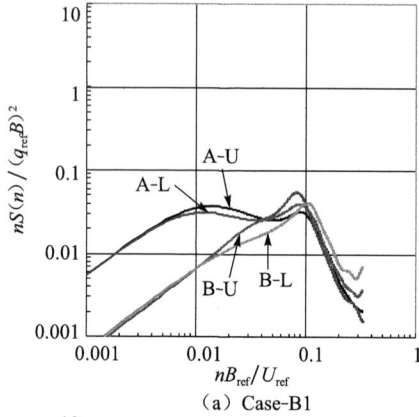

（a）Case-B1

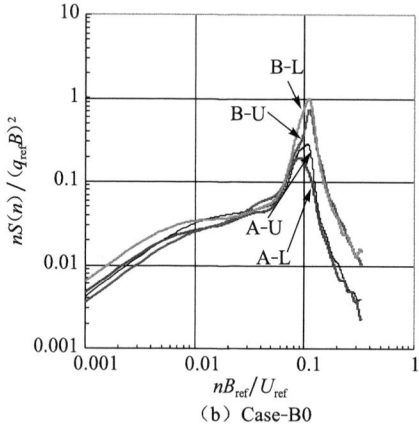

（b）Case-B0

图 5-60　Y 方向变动层风力的能量谱线密度（风向为 10°）

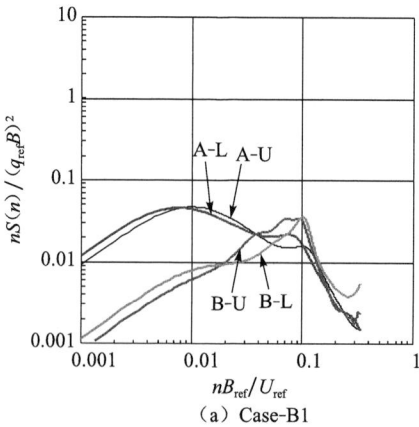

（a）Case-B1

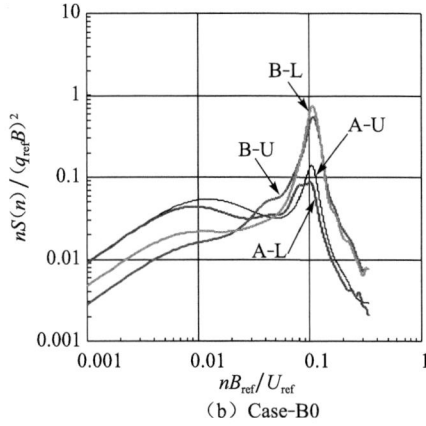

（b）Case-B0

图 5-61　Y 方向变动层风力的能量谱线密度（风向为 15°）

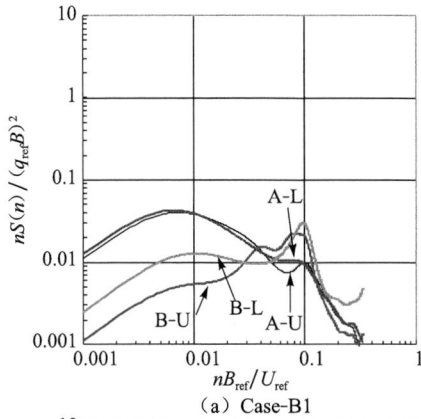

（a）Case-B1

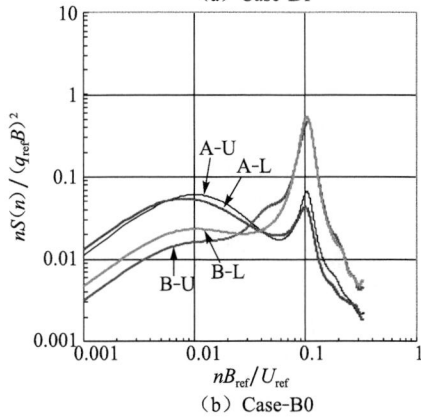

（b）Case-B0

图 5-62　Y 方向变动层风力的能量谱线密度（风向为 20°）

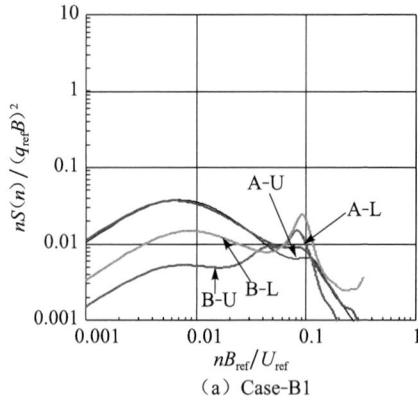

（a）Case-B1

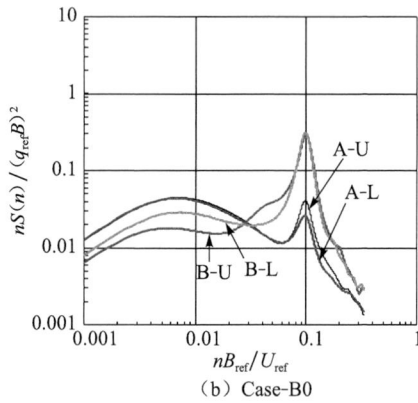

（b）Case-B0

图 5-63　Y 方向变动层风力的能量谱线密度（风向为 25°）

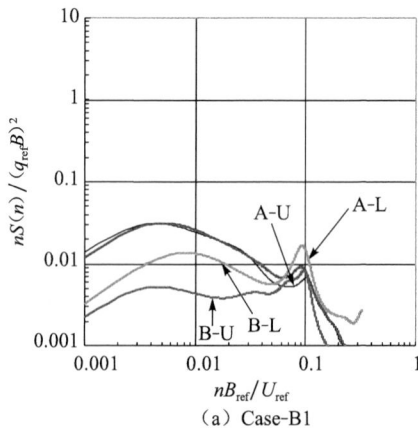

（a）Case-B1

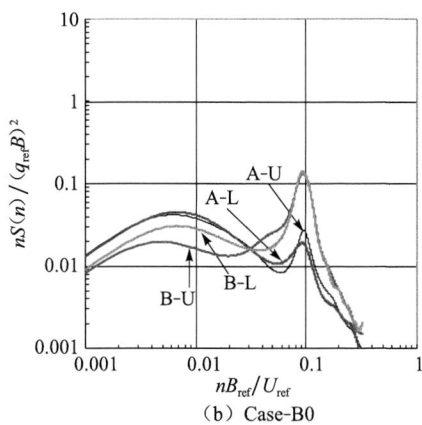

（b）Case-B0

图 5-64　Y 方向变动层风力的能量谱线密度（风向为 30°）

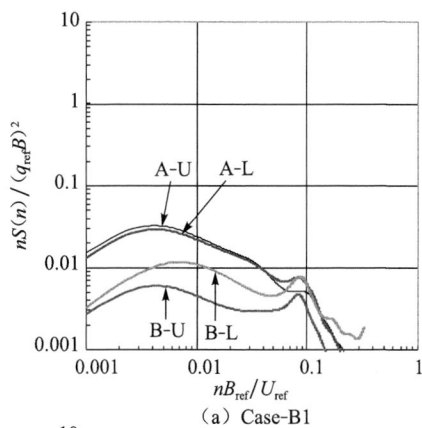

（a）Case-B1

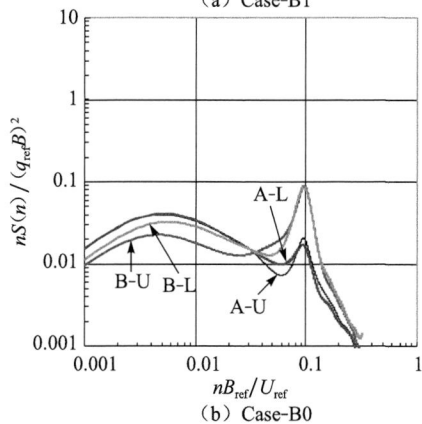

（b）Case-B0

图 5-65　Y 方向变动层风力的能量谱线密度（风向为 35°）

（a）Case-B1

（b）Case-B0

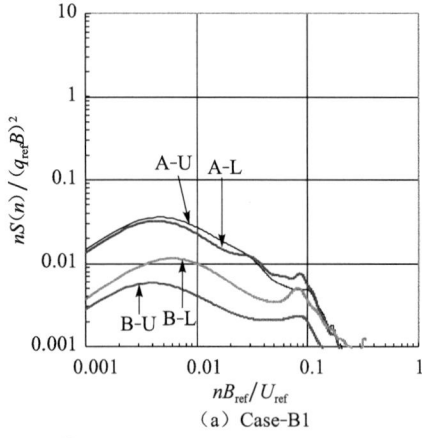

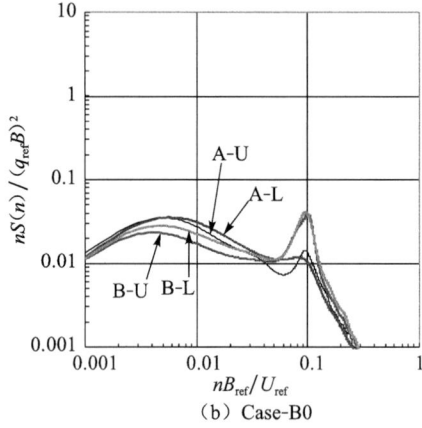

图 5-66　Y 方向变动层风力的能量谱线密度（风向为 40°）

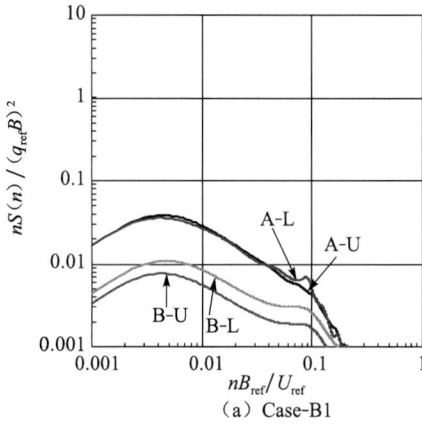

（a）Case-B1

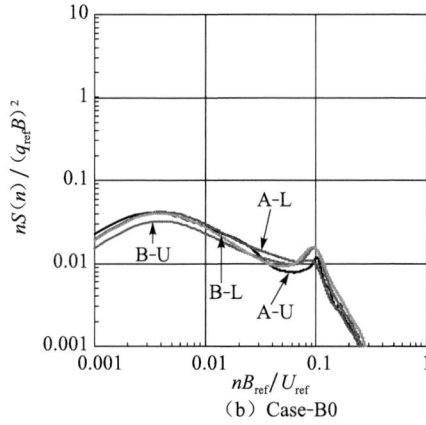

（b）Case-B0

图 5-67　Y 方向变动层风力的能量谱线密度（风向为 45°）

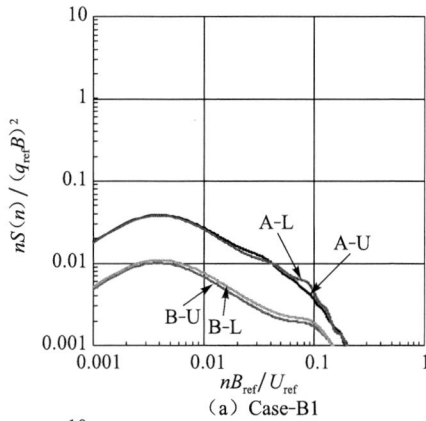

（a）Case-B1

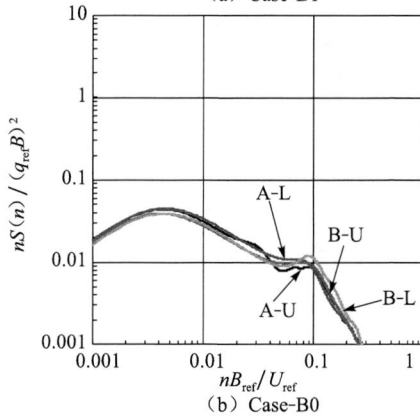

（b）Case-B0

图 5-68　Y 方向变动层风力的能量谱线密度（风向为 50°）

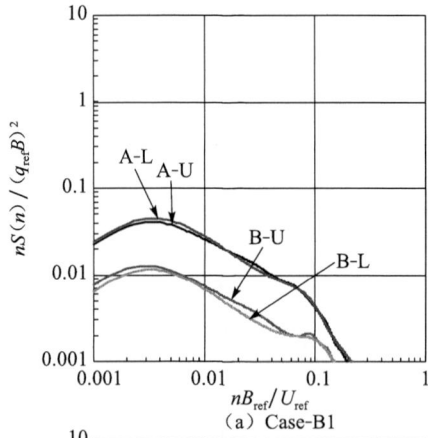

（a）Case-B1

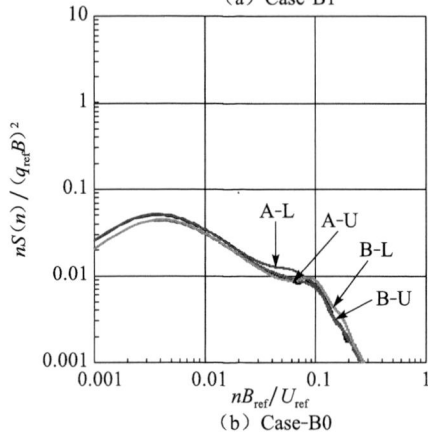

（b）Case-B0

图 5-69　Y 方向变动层风力的能量谱线密度（风向为 55°）

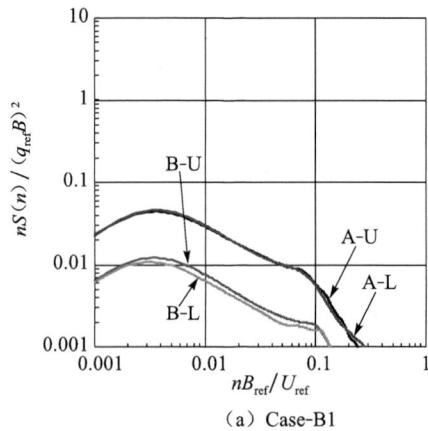

（a）Case-B1

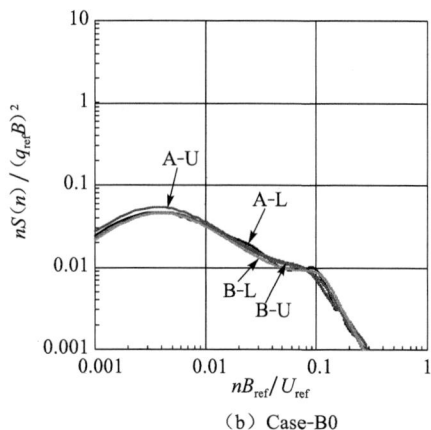

（b）Case-B0

图 5-70　Y 方向变动层风力的能量谱线密度（风向为 60°）

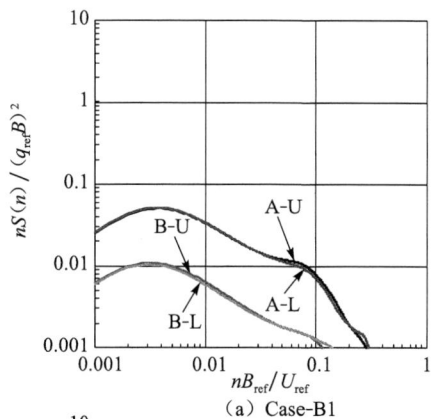

（a）Case-B1

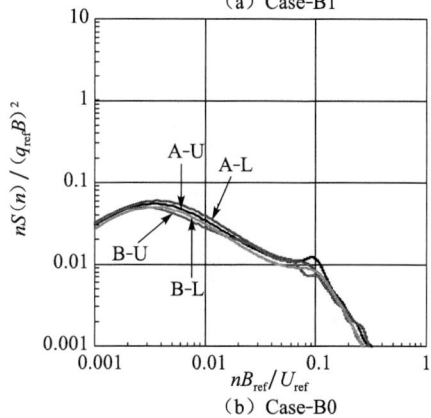

（b）Case-B0

图 5-71　Y 方向变动层风力的能量谱线密度（风向为 65°）

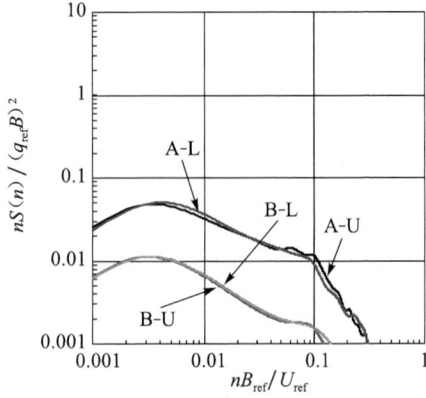

（a）Case-B1

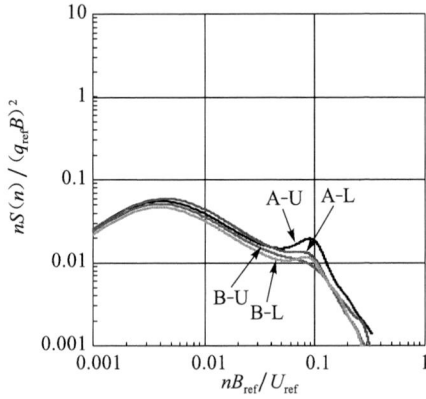

（b）Case-B0

图 5-72　Y 方向变动层风力的能量谱线密度（风向为 70°）

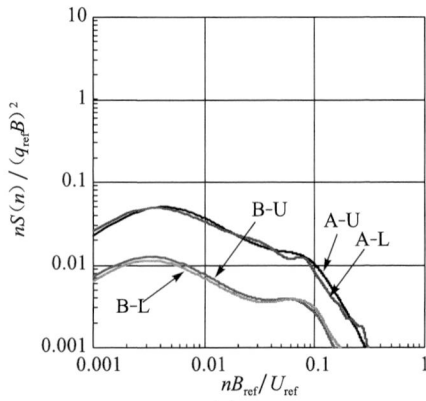

（a）Case-B1

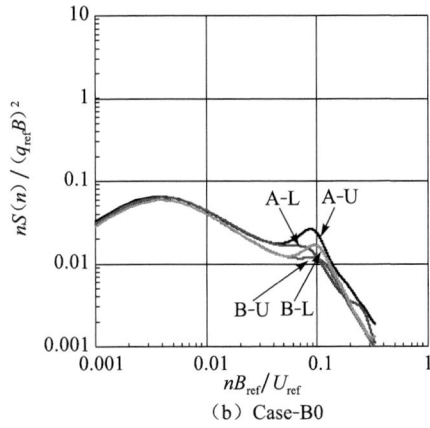

（b）Case-B0

图 5-73　Y 方向变动层风力的能量谱线密度（风向为 75°）

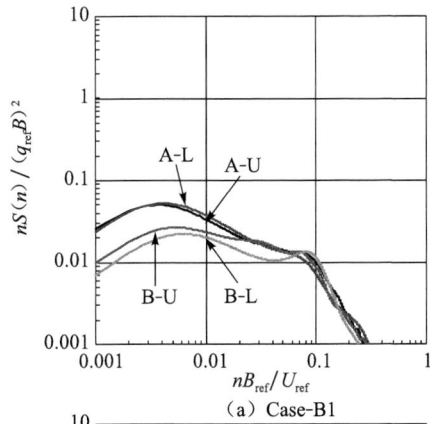

（a）Case-B1

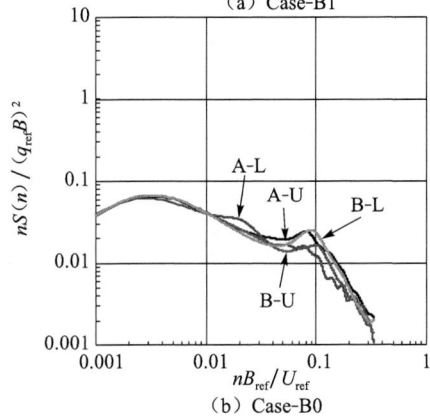

（b）Case-B0

图 5-74　Y 方向变动层风力的能量谱线密度（风向为 80°）

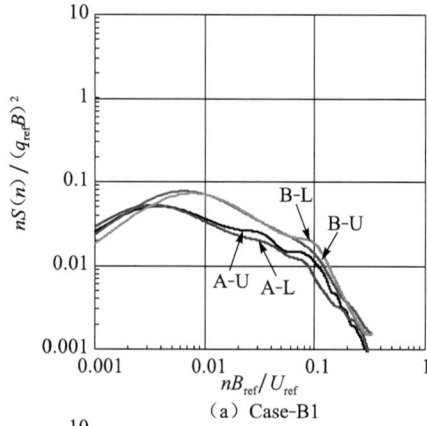

（a）Case-B1

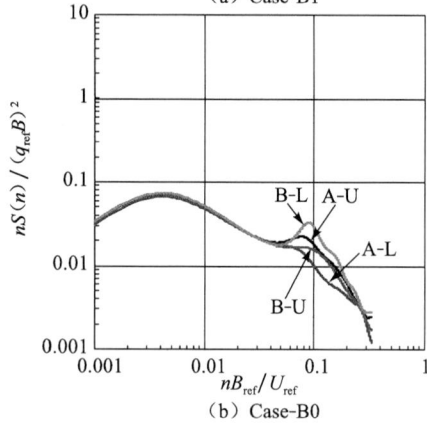

（b）Case-B0

图 5-75　Y 方向变动层风力的能量谱线密度（风向为 85°）

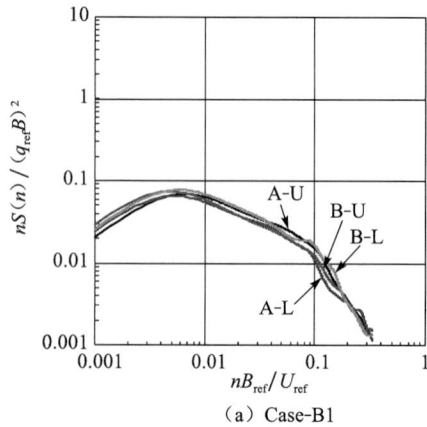

（a）Case-B1

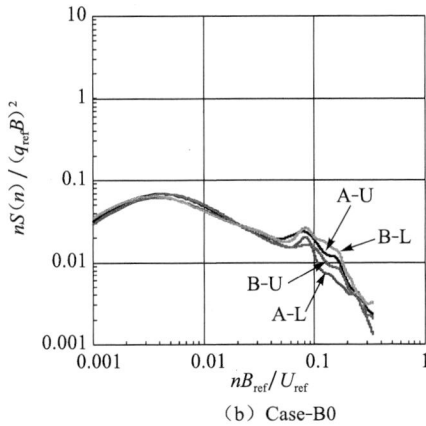

（b）Case-B0

图 5-76 Y 方向变动层风力的能量谱线密度（风向为 90°）

卡门涡旋产生的变动风力的频率和倒 Y 塔架的固有频率 f_0 相一致的共振风速 U_{cr} 可以由式(5-56)计算，即

$$U_{cr} = \frac{f_0 B_{ref}}{0.1} \tag{5-56}$$

由式(5-56)计算出的共振临界风速如果比设计风速大，就不存在问题，但是在同等程度的情况下，需要提高塔架的刚度以及衰减性能。在采取结构设计措施有困难的情况下，可以采用像工况 Case-B0a 那样有效的临时措施或者在倒 Y 塔架的施工时避开台风季节。

5.4.3 风洞试验结论

对新型斜拉桥与摩天轮复合结构进行风洞试验，其目的是获得为确定作用于结构物整体的风力系数所需要的设计资料，以及为了研究主塔的不稳定振动所进行的风力特性测定。通过试验得出以下结论。

（1）摩天轮回转轴中心高度处的风压在结构面面积（为 $1.45 \times 10^4 \text{m}^2$）无量纲化后，结构面法线方向的平均整体风力系数的最大值为 0.51。并且在风荷载作用下进行结构计算设计时，应考虑雷诺数的影响来设定风力系数。

（2）对主塔的不稳定振动研究表明，在整体结构完成后不会发生空气不稳定振动现象，在施工中只有主塔的情况下，如果共振风速比设计风速大，也不会发生空气不稳定振动现象，但在风速相近时，可采取倒 Y 塔架间设置隔板的措施提高主塔的刚度，避免空气不稳定振动现象的发生。

第 6 章　斜拉桥索的风致振动与抑振措施

最早人们发现带冰雪的电线在风作用下会发生大幅振动[66]，后来悬索桥、斜拉桥的拉索振动引起了人们对拉索的空气动力现象的关注[67]。从德国一些早期的斜拉桥及 1977 年建成的法国布罗道纳（Brotonne）大桥开始，许多斜拉桥都在遭到严重的索振，如荷兰伊雷斯缪斯（Erasmus）大桥、英国塞文河第二（Second Severn）大桥、贝敦（Baytown）大桥、日本东神户（Higashi Kobe）大桥，以及我国上海的南浦和杨浦大桥、湖南岳阳洞庭湖大桥都发生过剧烈的拉索振动现象[68]。近年来，由于斜拉桥具有结构合理和外形美观的特点，建造的数量不断增加。随着斜拉桥的大量修建及其跨度的不断增大，斜拉索的长度也不断加大，由此而引起的斜拉索的风致振动问题也越来越受到桥梁界的关注。斜拉索的风致振动会产生交变应力，导致斜拉索根部出现反复挠曲，索中钢丝产生附加的挠曲应力，从而加速钢丝的疲劳，引起拉索的疲劳损伤，破坏拉索的防腐系统，严重地影响拉索的寿命。因此，为了保证斜拉索的使用年限，消除人们心理上的不安，应对斜拉索振动采取必要的抑振措施。

6.1　斜拉索的风致振动

在使用拉缆索的桥梁结构中，斜拉索截面通常为圆形，其阻尼较小，对数衰减率一般为 0.002～0.008，因为结构阻尼对气动力稳定性至关重要，所以斜拉索本身就属于一种难以稳定的结构。引起拉索振动的主要原因是风，即斜拉索的主要振动是风致振动。例如，加拿大龙氏溪桥主跨 217m，桥梁运营时发生风振，当时风速为 11～13m/s，桥跨最大振幅达 20cm；法国布罗敦桥的斜拉索为圆形截面，主梁合龙前后在比较低的风速下即发生涡激振动，风向与桥轴交角为 30°～45°时的最大全振幅达 1m 左右；天津永和桥施工期间，在大风时也发现某些斜拉索上、下剧烈振动，全振幅达 1m 左右。

6.1.1　斜拉索振动的主要类型

斜拉索受风激作用有可能发生斜拉缆索特有的涡激振动、参数共振、抖振、驰振、尾流驰振和风雨振等振动现象[69]。目前前五种振动的产生机理已经清楚,但是风雨振的产生机理尚未完全清晰。图 6-1 表明了各种已知的拉索振动形式。

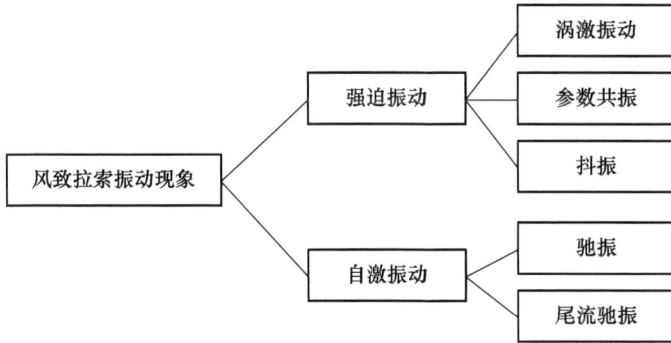

图 6-1　已知的拉索风振形式

1. 卡门涡激振动(Karman vortex induced oscillation)

卡门涡激振动是一种常见的风振现象。1898 年,斯特劳哈尔通过试验发现,当流体绕过圆柱体后,在尾流中将出现交替脱落的旋涡。事实上,不仅是圆柱体,对于其他钝体,如方形、矩形或各种桥梁截面受到均匀流的作用时,截面背后的周期性旋涡脱流将产生周期性的气流作用力——涡激力,由此引起的振动称为涡激振动。常见的拉索小振幅振动属于涡激振动。当空气流过拉索时,在拉索背风侧尾流区中将出现交替的旋涡,且由一侧向另一侧交替脱落形成涡旋尾迹,称为卡门涡列。图 6-2 显示了涡流的形态。卡门涡列的发生使拉索两侧的升力呈周期变化,当涡流脱离频率与拉索某阶固有频率一致即风速达到临界风速时,拉索受激产生上下振动,并形成驻波即产生涡激共振。

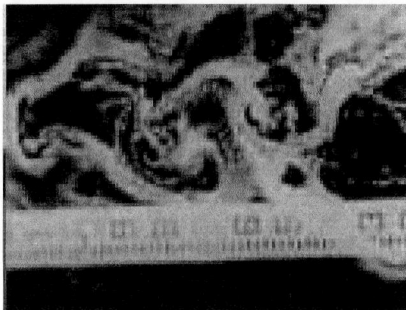

图 6-2　风洞中涡流

其产生振动的风速一般在 2～10m/s 的低风速范围内发生,因此涡激力不大,但是发振频率较高。由于斜拉桥每根拉索的索力直径与长度都是不同的,其固有振动频率也各不相同,所以在不同的风速条件下会激起不同部位的拉索涡振,一般拉索越长涡激振动出现的概率越高。涡激振动作为一种带有某种自激性质的强迫振动现象具有以下特征:

(1) 在较低风速区发生有限振幅振动;

(2) 只在某一风速区域内发生;

(3) 最大振幅对阻尼有很大的依赖性。

2. 参数共振(parametric vibration)

参数共振是当斜拉桥主梁受到各种外力作用,桥面以总体的弯曲基频发生振动时,将使与桥面相连接的拉索以同样的频率随之纵向振动,当桥面的振动频率与拉索的横向固有振动频率相同或者相近时引发的共振现象。参数共振系统中激励依赖于时间作为参数出现在方程中,且参数随时间变化。发生参数共振的条件是桥面振动频率和拉索横向振动的频率成倍数关系[70]。研究表明,由于风荷载的作用,斜拉桥桥面将会发生竖直方向的振动,在斜拉桥桥面某一阶固有频率与拉索固有频率的比值为 2 倍左右时,桥面的小幅振动将会激发拉索的大幅振动。由桥面的微振引起的拉索振动的示意图如图 6-3 所示。

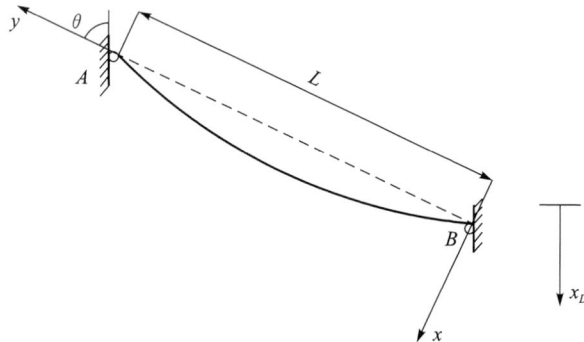

图 6-3　桥面微振引起的参数共振示意图

3. 抖振(buffeting vibration)

当一根索处于另一根索的卡门涡列之中时可发生抖振。两根并列斜拉索背风向拉索的频率与顺风向频率接近时极有可能发生抖振现象,抖振实际上是一种顺风向共振,属于强迫振动。斜拉桥索的抖振振幅较小,一般不作为控制对象。

4. 驰振(galloping)

驰振是发生在具有特殊横截面形状的细长结构物的一种典型单自由度气动不稳定现象。驰振通常发生在截面形状特殊的结构上,在风的作用下具有气动不稳定的性质,产生了负阻尼导致横风向运动失稳[69]。驰振是一种自激振动。

在有关驰振临界风速问题的分析中,常运用 Den Hartog 判据分析,即

$$\left(\frac{\mathrm{d}C_L}{\mathrm{d}a}+C_D\right)<0 \tag{6-1}$$

这是驰振不稳定性的必要条件,其充分条件为

$$2m\omega\xi+\frac{1}{2}\rho UB\left(\frac{\mathrm{d}C_L}{\mathrm{d}a}+C_D\right)<0 \tag{6-2}$$

即结构阻尼 $2m\omega\xi$ 小于气动负阻尼的绝对值 $\left|\frac{1}{2}\rho UB\left(\frac{\mathrm{d}C_L}{\mathrm{d}a}+C_D\right)\right|$,导致系统的阻尼为负值,结构在横风向失稳。

5. 尾流驰振(wake galloping)

两根或多根斜拉索并列设置时,因迎风一侧缆索的尾流导致背风侧缆索发生的振动现象,称为尾流驰振。根据 Wardlaw 等对两根电线在风的作用下振动的研究[71],当两根电线的中心间距为电线直径的 10～20 倍时,上层的电线以直径 10 倍的振幅做椭圆形振动;当电线间隔为 20 倍电线直径时,产生振动的风速非常高;当中心间距为电线直径的 6～7 倍时,不能看到显著的振动。对于斜拉桥,尾流驰振受拉索间距的影响,尾流驰振产生的条件为 $1.5D\leqslant H\leqslant 6D$,其中 H 为拉索中心间距,D 为拉索直径。根据已有的工程经验,当 $H/D>5.2$ 时,拉索一般不会发生尾流驰振。但近年来最新的调查报告显示,几乎所有的并列索都会发生尾流驰振。当风速为 30m/s 左右时,由于雷诺数超过了临界范围的值,尾流驰振有可能不发生。研究表明,发生尾流驰振的临界风速可近似表示为

$$U_{\mathrm{wc}}=cf_kD\left(\frac{m\xi}{\rho D^2}\right)^{\frac{1}{2}} \tag{6-3}$$

式中,c 为常数,当沿风向上、下游拉索间距为 2～6 倍拉索直径时,取 $c=25$,

当沿风向上、下游拉索间距为 10~20 倍拉索直径时,取 $c=80$;参数 $\dfrac{m\xi}{\rho D^2}$ 称为 Scruton 数,Scruton 数越大,振幅越小。拉索的尾流驰振的特性如下:

(1) 短拉索上段基本静止,拉索下段以垂直方向为主做椭圆运动。

(2) 长拉索上下段逆相位在竖直方向上振动,拉索下段的振幅较大。因为如果拉索下段停止振动则拉索上段也停止振动,可见使拉索上段发生振动的原因并不是空气动力,而是拉索下段将能量传给上段使拉索振动。

(3) 发生尾流驰振时的风向多集中在与桥轴垂直方向水平偏角为 0~10° 及 170°~180°的范围内。

(4) 风速为 3~4m/s 时长拉索发生振动,风速为 6~7m/s 时短拉索发生振动。

(5) 振幅随风速的增加而增大,在某风速下达到最大值,此后虽然风速仍增加,但振幅开始减小。

6. 风雨振(wind rain induced vibration)

风雨振是在风雨共同作用下引起的桥斜拉索的振动,是在强风伴随降雨出现时产生的一种强烈的空气动力现象。下雨时,雨水沿斜拉索流下,在某种风向和风速时在缆绳的表面形成水路,拉索的截面形状变成了空气动力学上的不安定的截面形式,所以产生风雨振现象(图 6-4)。1984 年,日本学者 Hikami 首先观测到名港西大桥拉索的风雨振现象,并提出风雨振概念[72]。观测记录表明,在雨天,由于水线的存在,拉索的气动外形发生了改变,导致大幅振动的发生。在无措施的情况下,风速为 14m/s 时,振幅的峰

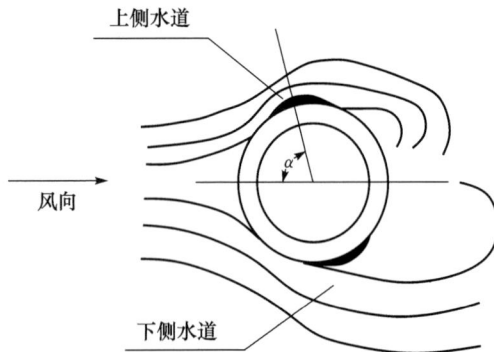

图 6-4　风雨振形成示意图

值达到 55cm,另外伴随着振动在拉索的根部其角位移达到了 2°。特别是当顺风向向下倾斜索的尾部产生轴向流以及在有一定的水平偏角 β(25°~45°)的风及一定雨量(10~20mm)中的索,振幅可达 1.5m,对索的危害极大。上水路及其沿圆周向的振荡以及拉索尾流的二次轴向流是导致拉索雨振的两大主要原因。斜拉索的风雨振与缆绳的倾角、风向和雨量等因素有关,振动现象复杂,产生机理微妙。风雨振与驰振的区别在于:当风速小于临界风速 U_0 时,驰振的振幅几乎为零;而当风速大于临界风速 U_0 后,结构的阻尼之和 $2m\omega\xi + \frac{1}{2}\rho UB\left(\frac{\mathrm{d}C_L}{\mathrm{d}a} + C_D\right) < 0$,作用在结构上的阻尼力为负,横风向的运动将会失稳。图 6-5 是驰振振幅与风速的关系。风雨振只在一定速度范围内有振动,其振幅与风速的关系如图 6-6 所示。

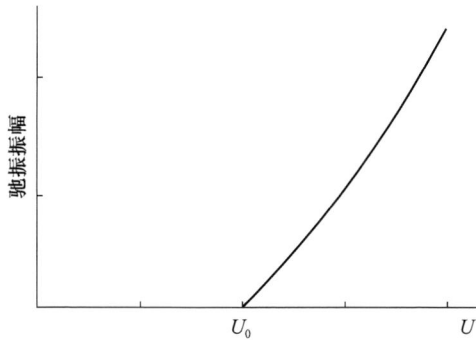

图 6-5　驰振振幅与风速的关系

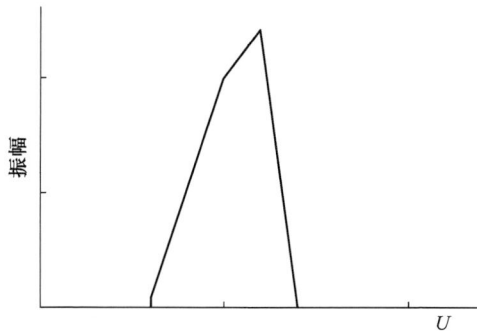

图 6-6　斜拉索风雨振振幅与风速的关系

6.1.2 风雨振的特点及形成条件

风雨振发生时,拉索的表面上有雨水形成的水线,沿倾斜的拉索向下流动。水线随着拉索的振动在拉索的表面摆动,如图 6-7 所示。从对已建桥梁的观测及试验结果的分析,总结风雨振的特点和发生条件如下。

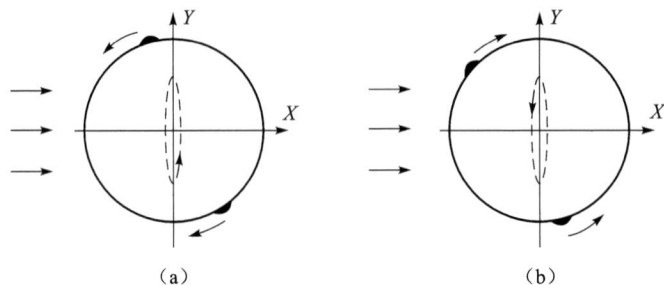

图 6-7　拉索表面风雨振现象示意图

1. 风雨振的特点

(1) 振幅:振幅峰值为 50~100cm,为直径的 3~4 倍,英国的第二塞文桥振动最强烈,振幅达数米。

(2) 频率:与涡激共振相比,出现在 1~3Hz 的低频状态下,与拉索的自振频率相同。

(3) 振型:振型多为单一振型,第一至四阶振型均有出现,振动的主模态为拉索的第二和三阶模态,特别细长的拉索也可能是第四阶模态。

(4) 风速:高风速时易发生在倾斜度大的拉索上,低风速时易发生在倾斜度小的拉索上。

(5) 风向:风雨振与风向、风攻角有关,背风索面(索向风的来流方向倾倒)容易发生激振,因此常出现一个索面振动而另一个索面不振的现象。

(6) 阻尼:发生风雨振时的模态阻尼很小,文献[66]中发生振动的长索的阻尼比为 0.007 左右,随着桥梁跨度的增加,拉索的阻尼比将进一步减小。

(7) 振动受斜拉索、风、雨等条件相互作用的控制,其中一方的微小变化有可能引起大幅振动。

(8) 振动以拉索面内振动为主,伴随有面外振动,因而振动轨迹成椭圆形。

(9) 振动常以"拍"的形式出现。

2. 风雨振发生的条件

（1）拉索的空间姿态：通常只在沿风向向下倾斜的索上发生风雨振，如图 6-8 和图 6-9 所示。风雨振多发生在地形比较平坦、顺风向有向下坡度的斜拉索上，向下坡度的斜拉索上面和下面都可以形成水路，会发生风雨振，而向上倾斜的斜拉索不能形成水路，就不会发生风雨振现象。

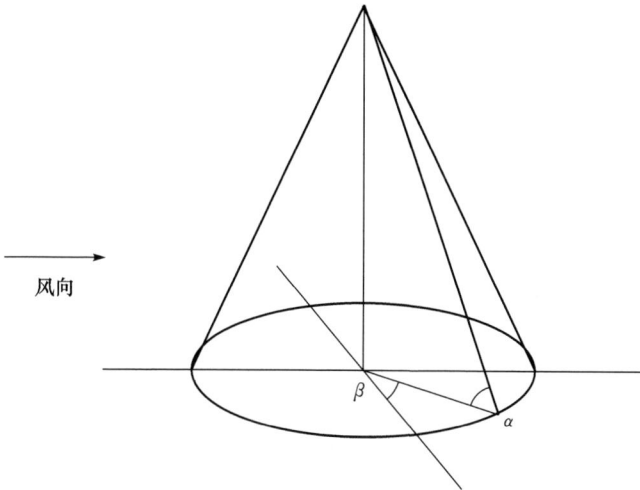

图 6-8　拉索空间姿态和方向

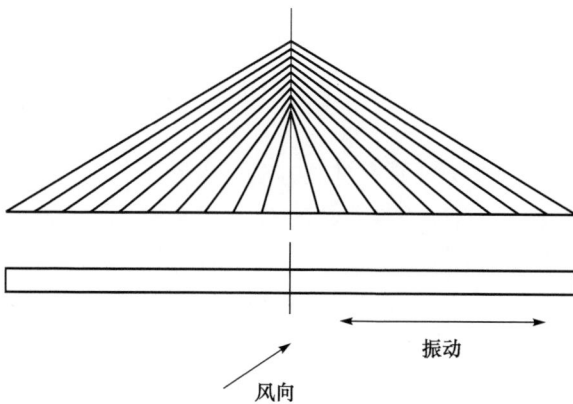

图 6-9　桥面上拉索风雨振发生位置和风向

（2）频率：斜拉索的固有频率在 3.0Hz 以下时发生的可能性比较大。

（3）风速：风雨振动是在一定的风速范围内发生的，风速一般为 8～15m/s，风速太低仅能形成水路但不能发生振动。当风速达到某一值且有表面水路时，在此风速下索开始振动。如果风速太高，表面水路的位置沿斜拉索向上移动，移动到某一位置时在风的作用下振动停止，风速在 20m/s 以上时，低阶振型易发生风雨振；风的湍流强度越大，风雨振越难发生。

（4）雨量：雨是拉索发生激烈振动的必要条件，在大、中、小的雨量下都可能发生拉索风雨振。关于雨量的影响，根据降雨装置的差异影响较大，试验结果也不同。例如，风速在 9m/s 以上会发生发散型的振动，但喷嘴的位置稍微变化，风速在 5～11m/s 范围内也会发生拉索振动。

（5）拉索的表面材料：斜拉索表面越光滑形成的水路则越小，振动越弱。直径为 120～200mm、表面光滑的聚乙烯套拉索易于发生风雨振；灰尘等对振动有重要的影响[73]，在表面有灰尘的拉索较容易发生风雨振。

（6）索长：长索发生风雨振的可能性较大，但即使是竖直平面内倾角达 69°的短索，也观测到了风雨振的现象。

（7）上雨线的形成是发生风雨振的必要条件，其机理复杂，仍是当前的研究难点问题之一。

6.2　斜拉索的抑振措施

控制斜拉索的风振一般都采取增大拉索的阻尼或增加系统的刚度来减缓振动。例如，加拿大龙氏溪桥在主梁外侧加设一个大三角形抗风构件，控制风振；法国布罗敦桥在斜拉索下端设减振器来防止风振；日本六甲大桥则是在斜拉索间用钢丝连接来减缓风振；天津永和桥是在拉索两端与钢套管间加垫橡胶阻尼块来实现减振[74]。

控制拉索振动的方法主要有机械方法[75-77]和空气动力学方法[78,79]两种。机械方法是在结构上采取措施，主要有：①通过采用不锈钢钢丝绳将拉索互相连接的方法，形成有干扰效应的索组，达到减小振动的目的；②通过安装油压减振器的方法增加系统本身的阻尼。根据产生阻尼力的能量不同，又可以分为被动、主动及半主动控制三种拉索振动控制方法。我国目前应用较多的机械方法还有安装阻尼橡胶圈减振。但油压阻尼减振器容易产生漏油及渗油现象，并且对于小振幅的振动不敏感；而长拉索其平面内一阶正对称振动在靠近锚固端处振动幅度变小，使得油压减振器的平面内一阶模态的实际测量值比设计值小得多。在拉索根部装橡胶圈的目的是减小根部应力的二阶效应，目前应用的阻尼橡胶减振圈只对一些短索的抑振有效。近年来出现的黏性剪切阻尼器是一种新型的机械减振方法,它利用高分子黏性阻尼材料来增加阻尼,达到减振的效果。空气动力学方法是指根据流体与拉索的相互作用原理,通过改变拉索的断面形状来改变它们的接触状态,使拉索周围的流场特性发生变化,从根本上消除振动。例如,在拉索表面设置凹凸条、V 形或 U 形槽、压花及在斜拉索的 PE 护套表面设置双螺旋线凸缘或者在拉索表面涂超不黏水剂等。但目前空气动力学措施还缺乏较好的理论分析方法,只能用试验来确定。对于现在研究较多的拉索风雨振,由于其机理的特殊性,多采用空气动力学方法抑振。具有代表性的例子有日本的多多罗大桥和法国的诺曼底大桥,并取得了一定的减振效果。

6.2.1　机械方法

1. 设置锚固装置

斜拉索的振动发生在桥面上数米至十米左右位置,用锚固筋将拉索连接并与桥体固定可以控制振动的发生(图 6-10),这种方法对风雨振和尾流驰振都适用,并取得了相当好的效果。但是其效果与固定拉索的位置、张力的大小有关,对于长斜拉索,采用这种办法控振有可能出现固定点和桥塔之间的斜拉索作为新的跨度形成振动的现象,所以这种方法未必是完美的控振措施。

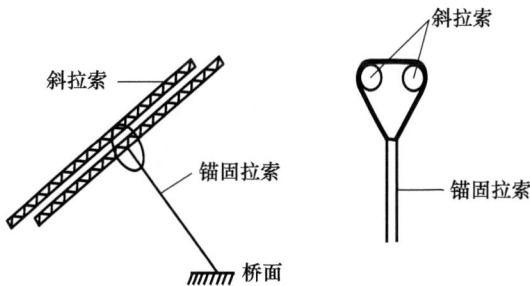

图 6-10　设置锚固拉索控振

2. 设置二次索

二次索是指在斜拉索之间一定位置用钢索进行连接,缩短斜拉索的自由长度,提高索的固有频率[80,81]。在日本六甲大桥、名港西大桥、柜石岛·岩黑岛桥、呼子大桥都采用了设置二次索的方法来控振,这种方法对风雨振和尾流驰振均有效。设置二次索的方式有很多种,既有采用一根连接索的方法,也有采用多根连接弦的方法,主要有水平弦连接、双根弦垂直斜拉索连接、垂直弦连接和多根弦垂直斜拉索连接(图 6-11)。以日本六甲大桥为例分析该方法的控振效果。

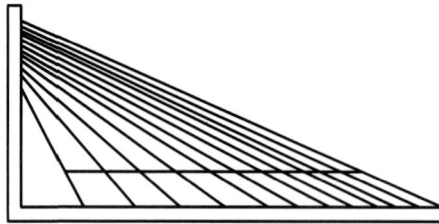

（a）水平弦连接

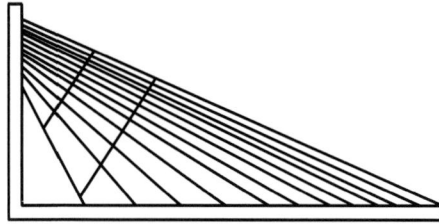

（b）双根弦垂直斜拉索连接

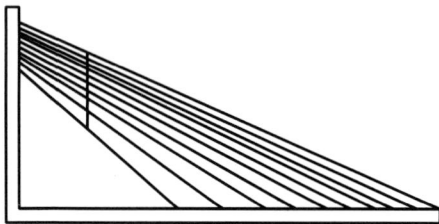

（c）垂直弦连接

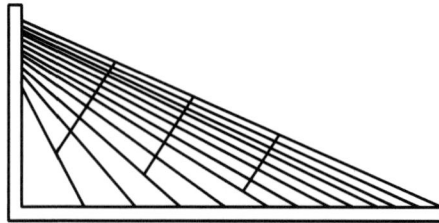

（d）多根弦垂直斜拉索连接

图 6-11　斜拉索连接方式

六甲大桥采用如图 6-11(d)所示的控振措施。为了确定其实际效果,对桥梁进行了振动试验,试验结果如表 6-1 和图 6-12 所示。可以看出,将缆绳连接后振动频率变化不大,但结构阻尼的对数衰减率大幅增加。并且连接索采用 1 根和 5 根,其频率和对数衰减率没有很大的差别。斜拉索设置二次索的方法控振效果总结如下。

表 6-1　不同拉索连接控振方法比较

斜拉索形式	不连接	拉索连接控振方法			
		将两侧索连接	5 根连接索	3 根连接索	1 根连接索
斜拉索形式					
频率/Hz	1.1	1.1	1.3	1.3	1.2
图例	▨	▨	○	●	△

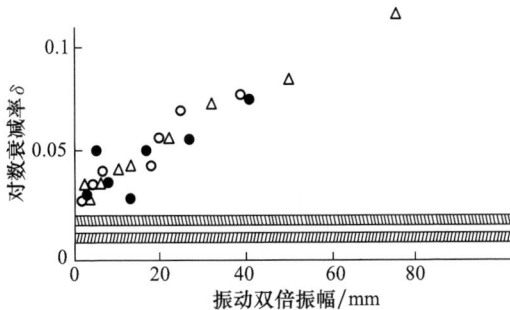

图 6-12　不同拉索连接控振方法的对数衰减率

（1）设置二次索,减少了拉索的有效长度,提高了索的固有频率,另外可使各索之间产生耦合,利用它们不同时发生振动的特点,通过二次索传递能量以达到减振的目的。

（2）通过拉索相互连接使对数衰减率增加,而且最上段拉索比中间拉索显著。从实际观测的情况来看,相邻拉索的相对位移越大其衰减越快,连接弦的安装位置邻近振动模型的腹部最好。

（3）当斜拉索较长时,设置一根连接弦并不能控制高频振动,所以需要设置多根连接弦。

使用二次索也存在问题:首先,此方法存在影响美观的问题;其次,拉索风雨振常以第二、三、四阶振型发生振动,因此二次索的安装不一定能起到较好的减振效果；再次，有时由于斜拉索的大幅振动会引起二次索的拉断，而且二次索的疲劳问题和防腐蚀问题也待进一步深入研究和克服。

3. 设置阻尼减振器

在桥面和拉索根部之间安装阻尼减振器[67]是一种常用的方法。可用的阻尼器有油阻尼器、黏滞阻尼器、磁流变阻尼器等。安装阻尼减振器属于被动控制方法。我国的岳阳洞庭湖大桥通过安装磁流变阻尼器拉索减振系统，成功地抑制了该桥拉索的强烈风雨振。设置阻尼减振器通过加大附加结构阻尼的方法可以大大减小风振振幅(图 6-13)。具体地，增大拉索的附加结构阻尼使拉索的对数衰减率达到 $\delta \geq 0.05$ 时，可以抑制尾流驰振的发生。对于风雨振，附加阻尼对数衰减率 $\delta \geq 0.025 \sim 0.030$ 就可以得到较好的控制效果。

图 6-13　磁流变阻尼器

在国外，通过在索锚处安装油压阻尼减振器以达到控振的效果[73]，这种方法广泛应用在 Brotonne 桥(法国)、Kohlbrand 桥(德国)、Tjorn 桥(瑞典)、荒津大桥(日本)等许多国家的桥梁抑振。日本荒津大桥在桥面中央分离带处安装阻尼器(图 6-14 和图 6-15)作为控制风雨振的对策。阻尼器安装后增加的衰减量能够用计算来预测，通过在拉索端部安装对一次和多次振动有效，一般安装阻尼器后单根斜拉索的对数衰减率可以由 $\delta = 0.01$ 增加到 $\delta = 0.07 \sim 0.1$，这对控制斜拉索的风雨振和尾流驰振是有效的。阻尼器的减振效果比较明显，但是限于桥面狭小的空间，阻尼器的安装位置不能太高，因此减振效果也受到限制。分析和试验还表明，索长增加会降低这种方法的效果。另外，油压阻尼减振器还要考虑其耐久性[82]、漏油和维护管理等问题，在已建桥梁上安装阻尼器还要考虑安装的难易程度和桥梁的美观等问题。

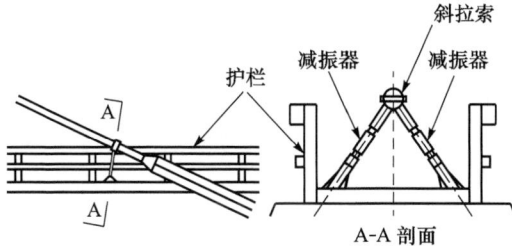

图 6-14　斜拉索设置阻尼减振器示意图

图 6-15　阻尼减振器

4. 主动控制方法

通过主动控制索张力或索横向力可改变拉索固有频率、振型以及横向阻尼,从而控制其振动。但这一方法存在设备昂贵、复杂及可靠性低等问题,且要求在现场有较大的能量提供,以保证主动控制装置的正常工作,这一点在斜拉桥拉索振动控制中很难实现。

5. 半主动控制方法

半主动控制吸收了被动控制与主动控制各自的优点,一般不需要太大的能量,有的半主动控制装置甚至采用电池就能提供给其足够的能量,而其控制效果则能接近于主动控制。但半主动控制同样也存在设备昂贵、复杂的问题。

6.2.2　空气动力学方法

目前,有关拉索振动控制的空气动力学措施基本上都是针对拉索的风雨振。在风雨振中,雨流起到了极其重要的作用。因此,从空气动力学抑振角度,在风雨振中抑制雨流的产生,将对抑制拉索的振动产生关键的作用。空气动力学方法采用的抑振方法基本上都是在拉索的表面做处理。一个基本原则是:在拉索表面经过处理后,要求索的阻力系数不能过高,最大允许阻力系数为 0.63。

1. 拉索的表面加工控振对策

日本学者 Kobayashi 及 Minami 等通过风洞试验对几种拉索的表面处理进行了分析。由分析可知,为控制风雨振,可采用对斜拉索表面进行加工的措施(图 6-16),其控振原理是:通过斜拉索外表面的粗糙度,阻止拉索表面水路的形成,稳定拉索表面的气动力,从而避免振动的发生。具体方法有在斜拉索的 PE 护套表面设置双螺旋线凸缘(图 6-16(a))或使用相应工艺在斜拉索表面压花(图 6-16(b))以阻碍水路的形成。此外,还可以在斜拉索表面设置凹凸条(图 6-16(c))来抑制风雨振。但是,如果对光滑拉索表面进行加工就会使阻力系数增加,导致雷诺数降低。实际上,雷诺数降低在设计风速下对非光滑表面拉索的抑振是不利的。因此,对于控制风雨振问题,希望得到在空气动力作用下能够保持稳定,而且阻力系数在设计风速附近较小,对雷诺数的变化范围也较小的缆索。另外,用洗剂清洗斜拉索表面会提高索的憎水性,同样可以减少风雨振的发生。

(a) 在斜拉索的PE护套表面设置双螺旋线凸缘

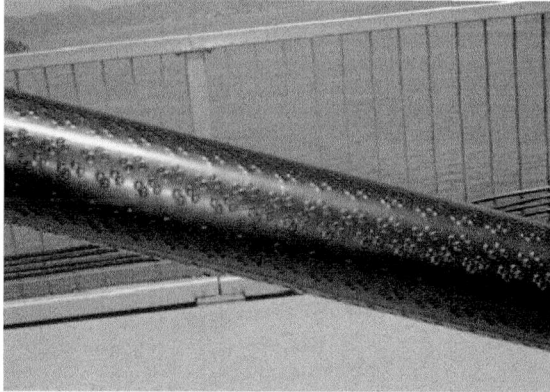

（b）在斜拉索表面压花

（c）在斜拉索表面设置凹凸条

图 6-16　斜拉索的表面加工

2. 拉索加椭圆形厚板

控制拉索风雨振的另一种空气动力学方法是在拉索的套管上每隔一段距离加一椭圆形厚板[67,83]，如图 6-17 所示。这种处理方法是从风雨振的二次轴向流的产生机理出发的。二次轴向流一般产生于拉索的背面，椭圆形厚板从不同角度抑制了二次轴向流的产生，并从另一角度控制了拉索表面雨流的产生，因此用这种处理方法对于控制拉索风雨振十分有效。文献[76]的风洞试验结果表明，该方法比在拉索表面打孔及开凹槽更为有效。但这种方法带来的不利因素也是可想而知的，当来流风从另一角度吹来时，拉索将会产生很大的阻力系数。另外，这种方法将会很大程度上破坏斜拉桥的美观。

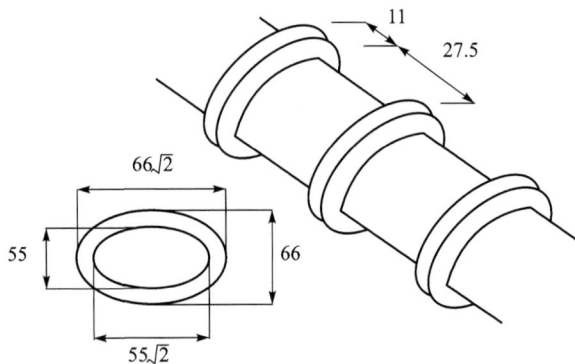

图 6-17　带椭圆板的拉索模型(单位:mm)

3. 涂超不黏水剂控振

作为风雨振的控振对策,目前多采用在拉索下端设置阻尼减振器来增大拉索的阻尼以减缓振动。这种方法方便有效,但仍存在成本高、影响桥的美观等问题。在拉索表面涂超不黏水剂是一种经济有效的防风雨振方法。超不黏水剂是在防水剂和防垢剂的基础上开发的硅系列的对人畜无害的产品。采用这种涂料能将拉索表面的雨水迅速排掉,使拉索表面无法形成发生风雨振所必需的水流,是一种很好的抑振对策。超不黏水剂的最大特点是在拉索表面形成以硅为媒体的离子电荷,雨滴在自然界 $70\%\sim80\%$ 带有电荷,超不黏水剂使附着在拉索表面的电荷处于不安定状态,变得容易分散达到其不黏水的效果(图 6-18)。

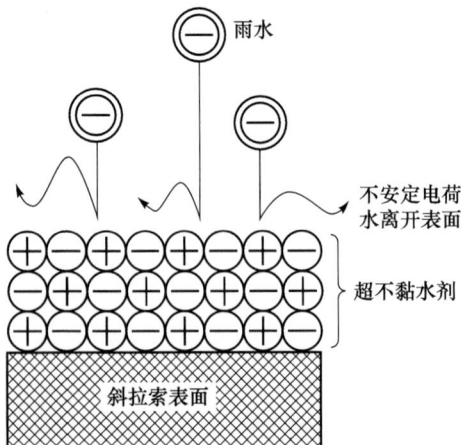

图 6-18　超不黏水剂工作原理示意图

另外,将超不黏水剂涂抹在平面表面上,受硅离子电荷的影响水易于成为球状,表面易于处于非常不黏水的状态。

超不黏水剂的性能可以通过室内试验和电子显微镜照片确认,经超不黏水剂涂抹的拉索表面的不黏水性大幅提高。即使在现场涂抹超不黏水剂后在拉索上浇水,下面水路也难以形成,如图 6-19 所示,水路一出现就迅速飞散成水滴。

图 6-19　水路难以形成

6.3　斜拉索振动的典型事例及抑振措施

6.3.1　名港西大桥

名港西(Meikonishi)大桥位于日本名古屋环状 2 号线与伊势湾岸路的交叉位置,是桥长 758m 的双塔斜拉桥。主梁是梁高 2.8m 的钢箱梁,缆绳直径有 125mm、140mm、165mm 三种,缆绳最长 194.5m,最短 64.9m。1984 年 6 月 10 日当不再架设中间跨时,斜拉索发生了很大的振动,从振动的特性来看并不是涡激共振。经过 3 个半月的拉索自动监测发现,拉索振动时必须伴有降雨,即使是在与振动方向相同的风作用下,如果雨停则振动也停止,可见雨是振动产生的原因,说明此振动为风雨振。

作为名港西大桥的控振对策,采取了在拉索之间用弦连接的方式,见图 6-20。具体是在桥面上 9～13m 处的拉索全部用弦连接,并且在采取抑振措施前,将 5 根拉索连接进行试验,通过振动试验确定控振弦的设计拉力。计算表明,通过增大附加结构阻尼使拉索的对数衰减率增大到 0.035,避免了风雨振的发生。

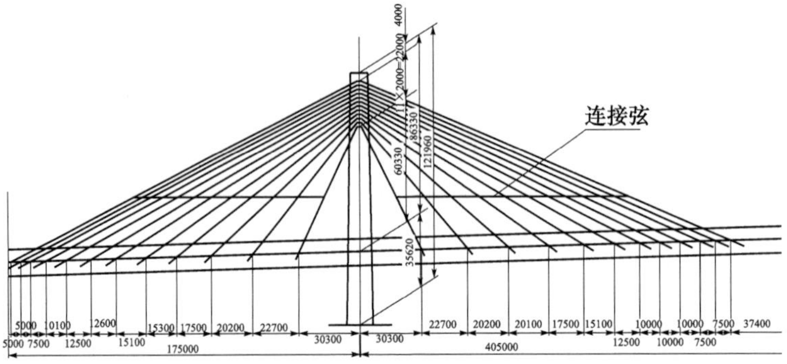

图 6-20　名港西大桥的抑振措施(单位:mm)

6.3.2　柜石岛·岩黑岛桥

　　柜石岛·岩黑岛桥位于日本本州和四国相连道路的中央,夹着岩黑岛的公共汽车总站,是一座等跨双塔斜拉桥。缆绳由两层聚乙烯管包裹,钢绞线与管套之间用聚乙烯树脂填充。桥塔两侧均设斜拉索构成双面索,有可能会发现尾流驰振现象。

　　在施工阶段对斜拉索的风致振动进行了观测,并在振动阻尼装置安装前采用自由振动法测定了拉索的对数衰减率。试验中各段并列的两根拉索截面相同,初始张力相同,所以当单个拉索振动时在另一个拉索上观测到尾流驰振现象。假设共振强制停止时拉索的对数衰减率与单个拉索的对数衰减率相同,则测得拉索的对数衰减率为 $\delta = 0.007 \sim 0.0015$。可以看出,拉索越长,附加阻尼对数衰减越大。对柜石岛·岩黑岛桥拉索的风振,目测观察到的振幅达到了 200~500mm。

　　对于柜石岛·岩黑岛桥的控振措施,最初拟采用连接并列拉索的垫片控振装置,在实际工程中,采用这种方式对于控制高频振动是必要的,但是对防止并列斜拉索共振效果并不十分理想。最终,在拉索间又追加设置了连接弦(图 6-21 和图 6-22)。考虑到高阶振动,为了防止面外振动,可以将连接弦相交,提高面外刚度。

6.3.3　塔科马大桥

　　塔科马(Tacoma)大桥位于美国华盛顿州,是一座全长 1810.56m、主跨长853.4m、桥宽 11.9m,而梁高仅 1.3m 的大跨度悬索桥。通过两年的施工,于1940 年 7 月 1 日建成通车。1940 年 11 月 7 日,该桥因风振致毁(图 6-23)。

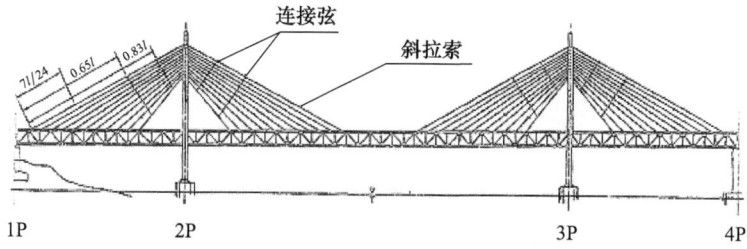

图 6-21　柜石岛·岩黑岛桥的抑振措施

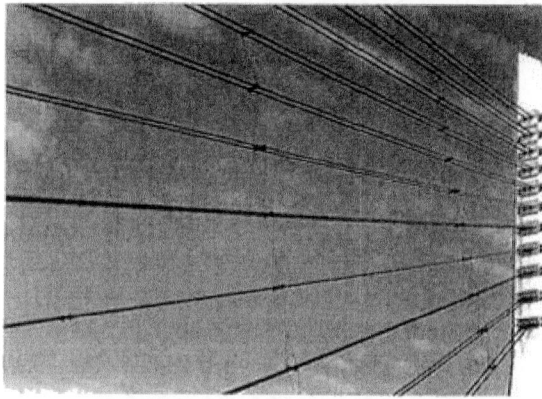

（a）

（b）

图 6-22　柜石岛·岩黑岛桥斜拉索的连接

（a）桥面扭转

（b）主跨破坏

（c）边跨下垂

图 6-23　塔科马大桥的破坏形式

塔科马大桥的破坏是由于当时人们对柔性结构在风作用下的动力响应的认识
还不深入,该桥的加劲梁形式极不合理,为板式钢梁,导致在 19m/s 的中等风
速下结构就发生破坏。幸好在桥梁破坏之前封闭了交通,没有造成人员伤亡。
10 年以后,重新修建塔科马大桥,仍采用悬索桥形式,但加劲梁改为桁架式。
新桥总长较旧桥长 12m,于 1950 年 10 月 14 日建成通车。

6.3.4 伯劳东纳桥

法国的伯劳东纳(Brotonne)桥 1976 年 10 月主梁合龙前后在 15m/s 的风
速下即发生风振,风向与桥轴交角为 30°～45°时的最大振幅达 1m 左右。作
为控振措施,在中央分离带桥面以上约 2.5m 处呈倒 V 状各配置两个油压减
振器(图 6-24)。

图 6-24 伯劳东纳桥的抑振措施

6.3.5 科尔布兰特桥

德国的科尔布兰特(Kohlbrand)桥为了控制振幅为 500mm 的风振,也采
用安装减振器的方法(图 6-25)。

6.3.6 其他风振实例

此外,世界上桥梁的风振现象还有很多。

丹麦的大海带(Storbaltbro)桥 6 个月内观测到了 20 次大振幅的风雨振,
最大振幅达到 1～1.5m。对此采取了将拉索相互连接的方法进行控振。

天津永和桥施工期间,在大风时发现某些斜拉索上、下剧烈振动,全振幅
达 1m 左右。对此采用在斜拉索两端与钢套管间加垫橡胶阻尼块来减振。

图 6-25　科尔布兰特桥的抑振措施

6.4　永乐桥斜拉索的风致振动及抑振措施

对于永乐桥,吊挂桥梁的单侧 6 根斜拉索的中心线间距约为 7m。此处斜拉索的直径为 175mm 和 105mm,这就确保了斜拉索间距与拉索直径之比在 6 倍以上,因此认为发生尾流驰振的可能性极低。

另外,吊挂桥梁的斜拉索的角度很陡,故产生风雨振的水路难以形成。但是倒 Y 塔架的稳定索的倾角约为 45°,具有形成水路的条件。而且在永乐桥周围只有连续的低层建筑物,当风以接近平行于桥轴方向作用时,所产生的脉动风的湍流强度比产生风雨振的临界湍流强度大,所以倒 Y 塔架的稳定索可能会产生风雨振。风雨对永乐桥的危害主要表现为风雨振、抖振、涡激振动三种现象。

这三种现象都是由自然界的风雨造成的。风雨造成斜拉索的抖动,桥梁梁体振幅与梁体频率相一致时将产生巨大的破坏,导致桥梁的结构性损坏。同时,空气湿度、温度变化而导致的风雨变化更加剧了风雨振、抖振、涡激振动的强度。

永乐桥拟采用以下三种抑振方法。

(1) 对斜拉索表面进行加工或当拉索为复数的情况下调整拉索的相互配置,阻碍雨滴流下,达到空气动力上的稳定。这种方法属于空气动力学方法。

(2) 改变斜拉索外形,如在斜拉索 PE 护套上缠绕螺旋线,由此改变索体上雨水流动方向,从而减少风雨振的产生。这种方法也属于空气动力学方法。

(3) 在索体和桥梁梁体之间设置力学阻尼器,通过物理手段减少索体抖动,降低索体抖动频率,从而减少抖振。这种方法属于机械方法。

参 考 文 献

[1] 林元培. 斜拉桥[M]. 北京:人民交通出版社,1994.

[2] 严国敏. 现代斜拉桥[M]. 成都:西南交通大学出版社,1989.

[3] 中华人民共和国铁道部大桥局,桥梁科学研究所. 斜拉桥[M]. 上海:科学技术文献出版社,1992.

[4] 小西一郎. 钢桥(第十分册)[M]. 宋慕兰,董其震,译. 北京:人民铁道出版社,1980.

[5] Svensson H. The development of cable-stayed bridge in Europe[C]. Proceedings of the 1994 International Symposium on Cable-stayed Bridges,Shanghai,1994:12-24.

[6] 周念先,杨共树. 预应力混凝土斜拉桥[M]. 北京:人民交通出版社,1989.

[7] Podoiny W,Scalzi J J. Construction and Design of Cable-stayed Bridges[M]. New York:John Wiley & Sons,1986.

[8] 蔡国宏. 斜拉桥的发展经验和展望[J]. 国外公路,1997,17(4):19-24.

[9] Tang M C. Cable-stayed Bridges in North America[M]. Amsterdam:Elsevier Science Publisher,1991.

[10] 万国朝. 90年代桥梁工程发展趋势[J]. 国外公路,1995,15(4):24-28.

[11] 金增洪. 日本多多罗大桥简介[J]. 国外公路,1999,19(4):8-13.

[12] 金增洪. 斜拉桥的历史和美学(下)[J]. 国外公路,1997,17(6):26-32.

[13] Lin Y P. Cable-stayed bridges in China[C]. Proceedings of the 1994 International Symposium on Cable-stayed Bridges,Shanghai,1994:25-35.

[14] 项海帆. 21世纪世界桥梁工程的展望[J]. 土木工程学报,2000,33(3):1-6.

[15] 周明,施耀忠. 大跨径悬索桥、斜拉桥的发展趋势[J]. 中南公路工程,2000,25(3):32-34.

[16] 刘士林,梁志涛,侯金龙,等. 斜拉桥[M]. 北京:人民交通出版社,2002.

[17] Virlogeux M. Recent evolution of cable-stayed bridges[J]. Engineering Structure,1999,21:737-755.

[18] 陈仁福. 大跨悬索桥理论[M]. 成都:西南交通大学出版社,1994.

[19] 项海帆. 高等桥梁结构理论[M]. 北京:人民交通出版社,2001.

[20] Troitsky M S. Cable-stayed Bridge:Theory and Design[M]. London:Crosby Lockwood Staples,1977.

[21] 陈偕民,刘青. 考虑非线性效应的斜拉桥静力分析和自振特性分析[J]. 工程力学,1996,(A3):276-280.

[22] 范立础. 桥梁抗震[M]. 上海:同济大学出版社,1997.

[23] 华孝良,许光辉. 桥梁结构非线性分析[M]. 北京:人民交通出版社,1997.

[24] 洪锦如. 桥梁结构计算力学[M]. 上海:同济大学出版社,1998.

[25] 卫星,强士中. 利用 ANSYS 实现斜拉桥非线性分析[J]. 四川建筑科学研究,2003, 29(4):14-16.

[26] 辛克贵,刘钺强,杨国平. 大跨度斜拉桥恒载非线性静力分析[J]. 清华大学学报(自然科学版),2002,42(6):818-821.

[27] 王应良. 大跨度斜拉桥考虑几何非线性的静、动力分析和钢箱梁的第二体系应力研究[D]. 成都:西南交通大学,2000.

[28] Wang Y C. Geometric nonlinear behavior of cable-stayed bridge[D]. Boulder:University of Colorado,1994.

[29] 王华林. 斜拉桥非线性分析与施工控制[D]. 武汉:武汉理工大学,2002.

[30] Wang P H,Lin H T,Tang T Y. Study on nonlinear analysis of a highly redundant cable-stayed bridge[J]. Computers & Structures,2002,80(2):165-182.

[31] 程进,江见鲸,肖汝诚,等. ANSYS 二次开发技术及在确定斜拉桥成桥初始恒载索力中的应用[J]. 公路交通科技,2002,19(3):50-52.

[32] 彭雪林. 基于健康检测的大跨度斜拉桥基准有限元模型[D]. 福州:福州大学,2003.

[33] 任重. ANSYS 实用分析教程[M]. 北京:北京大学出版社,2003.

[34] 杨孟刚,陈政清. 基于 UL 列式的两节点悬链线索单元非线性有限元分析[J]. 土木工程学报,2003,36(8):63-68.

[35] 潘家英,吴亮明,高路彬. 大跨度斜拉桥活载非线性研究[J]. 土木工程学报,1993,26 (1):31-37.

[36] 李毅佳,马斌. 水电站进水塔结构分析方案研究[J]. 中国农村水利水电,2015,7: 170-173.

[37] Wilson E L,Kiureghian A D,Bayo E P. A replacement for the SRSS method in seismic analysis[J]. Earthquake Engineering & Structural Dynamics,1981,9(2):187-194.

[38] Anagnostopoulos S A. Response spectrum techniques for three-component earthquake design[J]. Earthquake Engineering & Structural Dynamics,1981,9(5):459-476.

[39] 钟万勰,林家浩,吴志刚,等. 大跨度桥梁分析方法的一些进展[J]. 大连理工大学学报,2000,40(2):127-135.

[40] 李毅佳,陈志华,王小盾,等. 新型斜拉桥与摩天轮组合结构在地震多点激励作用下的响应分析[J]. 工程抗震与加固改造,2006,28(2):24-31.

[41] 李毅佳,马斌. 高拱坝地震响应的行波效应分析[C]. 水力学与水利信息学进展,西安:西安交通大学出版社,2009:772-777.

[42] Shinozuka M,Deodatis G. Stochastic process models for earthquake ground motion